Program
Programming
Programmer

01

Programming Pearls 2/E

PROGRAMMING PEARLS, 2ND EDITION
by Jon Bentley

Authorized translation from the English language edition, entitled PROGRAMMING PEARLS, 2ND EDITION, by BENTLEY, JON Copyright ⓒ 2000 by Lucent Technologies.

All rights reserved. No part of this book may be reproduced or transmitted in any form or by any means, electronic or mechanical, including photocopying, recording or by any information storage retrieval system, without permission from Pearson Education, Inc.

This Korean edition was published by INSIGHT Press in 2003 by arrangement with Pearson Education, Inc. through Korea Copyright Center, Seoul.

이 책은 (주)한국저작권센터(KCC)를 통한 저작권자와의 독점계약으로 인사이트에서 출간되었습니다. 저작권법에 의해 한국 내에서 보호를 받는 저작물이므로 무단전재와 복제를 금합니다.

생각하는 프로그래밍 프로그래밍 본질에 관한 15가지 에세이

초판 1쇄 발행 2003년 2월 15일 **초판 8쇄 발행** 2012년 3월 24일 **신판 1쇄 발행** 2013년 12월 24일 **신판 5쇄 발행** 2023년 6월 27일 **지은이** 존 벤틀리 **옮긴이** 윤성준, 조상민 **펴낸이** 한기성 **펴낸곳** (주)도서출판인사이트 **영업마케팅** 김진불 **제작·관리** 이유현, 박미경 **용지** 유피에스 **인쇄·제본** 에스제이피앤비 **후가공** 이레금박 **등록번호** 제2002-000049호 **등록일자** 2002년 2월 19일 **주소** 서울시 마포구 연남로5길 19-5 **전화** 02-322-5143 **팩스** 02-3143-5579 **이메일** insight@insightbook.co.kr **ISBN** 978-89-6626-099-7(14000) **ISBN(세트)** 978-89-6626-101-7 책값은 뒤표지에 있습니다. 잘못 만들어진 책은 바꾸어 드립니다. 이 책의 정오표는 https://blog.insightbook.co.kr에서 확인하실 수 있습니다.

Programming Pearls 2/E

생각하는 프로그래밍
프로그래밍 본질에 관한 15가지 에세이

존 벤틀리 지음 | 윤성준·조상민 옮김

역자 서문

　프로그래머로서 현업에서 개발 업무를 하며 자신이 직접 정렬이나 탐색 프로그램을 개발해야 하는 경우가 얼마나 있을까? 이런 기능은 이미 라이브러리에서 기본으로 제공하고, 데이터의 양이 많은 경우에는 보통 데이터베이스를 사용하므로 이때는 데이터베이스의 기능을 활용하면 된다. 따라서 일반 프로그래머가 정렬이나 탐색(또는 기타 학교에서 배우는 알고리즘을 이용한) 프로그램을 직접 작성해야 하는 경우는 거의 없을 테고, 그보다는 비즈니스 로직과 관련된 문제로 고민하는 경우가 더 많을 것이다. 그렇다면 이런 알고리즘과 데이터 구조를 공부하는 것은 무의미한 것일까?

　알고리즘과 데이터 구조는 물론 그 자체로도 중요하겠지만, 더욱 중요한 것은 프로그래머로 하여금 문제에 접근하는 방법과 그 문제를 어떻게 해결할지에 대한 방향을 제시한다는 데 있다고 할 수 있다. 어떤 문제를 해결해야 할 때, 이미 알고 있는 알고리즘을 적용하여 쉽게 해결할 수 있는 경우도 있겠지만, 그렇지 않은 경우 또한 많다. 이 책에서는 문제를 해결하는 데 있어 처음에는 단순하게 생각할 수 있는 방법으로 접근하고 그 방법이 왜 문제인지를 설명한 다음 보다 효율적으로 문제를 풀 수 있는 다른 방법을 제시한다. 경우에 따라서 약간 복잡해지기도 하지만, 많은 경우 발상의 전환을 통해 더 간단명료한 방법을 제시한다. 단순하게 알고리즘과 데이터 구조를 나열하는 것이 아니라 문제를 분석하고 더 좋은, 더 간단하고 효율적인 방법을 찾는 사고 과정을 설명하는 것이다. 정렬 문제만 하더라도 아무 생각 없이 라이브러리의 정렬 함수를 사용하여 정렬하는 것이 아니라 문제를 잘 분석·정의하면, 때에 따라서는 라이브러리를 사용하는 것보다 훨씬 효율적이면서도 쉽고 단순한 코드로 문제를 해결할 수 있게 된다는 것을 보여준다. 저자가 말하고자 하는 것은 탐색이나 정렬 또는 기타 어려운 알고리즘과 복잡한 데이터 구조가 아니라, 프로그래머로 하여금 문제를 정확히 분석하고 효율적으로 문제를 해결할 수 있도록 생각하는 방법인 것이다.

그동안 얼마나 많은 개발자들이 단순 코딩을 하면서 프로그래머를 3D 업종 중의 하나라 비하하며 프로그래밍에 환멸을 느꼈던가? 저자는 에필로그에서 프로그래밍에 환멸을 느끼던 프로그래머가 이 책을 읽고 나서 한 명이라도 다시 자신의 일에 재미를 느끼게 된다면 소기의 목적을 달성한 것이라 생각한다고 말했다. 이 책은 생각하는 방법을 알려줌으로써 우리에게 다시금 프로그래밍이 재미있는 일이라는 것을 느끼게 해준다. 책의 중간 중간에 나오는 문제에 대해 스스로 깊이 생각해보고 친구나 동료와 여러 아이디어를 토의하다 보면, 프로그래밍 실력이 크게 발전할 것이라 믿는다.

끝으로 번역을 맡겨 주신 인사이트의 한기성 사장님과 편집·교정에 애써주신 김지연씨에게 감사드리고, 옆에서 많은 관심을 가지고 격려해준 회사 동료들에게도 감사의 마음을 전한다.

윤성준, 조상민

*이 책의 번역에 대한 질문은
ntalbs@hanmail.net으로 하기 바랍니다.

서문

컴퓨터 프로그래밍은 다양한 측면을 가지고 있다. Fred Brooks는 <The Mythical Man Month>에서 큰 그림을 제시한다. 그의 에세이는 대형 소프트웨어 프로젝트에서 관리의 중요한 역할을 강조한다. 좀더 세세한 부분을 본다면, Steve McConnell은 <Code Complete>에서 좋은 프로그래밍 스타일을 가르치고 있다. 이들 책에서 다루는 주제는 좋은 소프트웨어를 개발하기 위한 핵심이고 전문 프로그래머의 특징이기도 하다. 그러나 불행하게도 이런 훌륭한 공학적 원리를 적용하는 것이 항상 흥미로운 것만은 아니다. 소프트웨어가 적절한 시간 내에 완성되고 별다른 이상 없이 동작할 때까지는 말이다.

이 책에 대하여

이 책에 있는 칼럼은 진주를 프로그래밍 하는(programming pearls)[1] 좀더 매력적인 측면에 대한 것인데, 그 기원은 충실한 공학을 넘어 통찰과 창조의 영역에 있다. 보통의 자연산 진주가 진주조개를 거슬리게 하는 모래 알갱이로부터 자라는 것과 같이, 이 프로그래밍의 진주는 프로그래머를 짜증나게 하는 실제 문제로부터 자라난다. 이들 프로그램은 재미있고, 중요한 프로그래밍 기법과 본질적인 디자인 원리를 가르친다.

---

1) 역자 주 : 이 책의 원제목

여기 있는 대부분의 에세이는 Communications of the Association for Computing Machinery[2]의 "Programming Pearls" 칼럼에 나와있다. 이것들을 모아서 교정하여 1986년에 이 책의 1판이 출간되었다. 2판에서는 1판의 13개 칼럼 중 12개가 다시 편집되었고, 세 개의 새로운 칼럼이 추가되었다.

이 책에서 가정하는 배경지식은 단지 고급 언어(high-level language) 프로그래밍 경험뿐이다. 때로는 고급 기술(C++의 템플릿과 같은)도 나오지만, 이런 주제에 익숙하지 않은 독자는 그냥 다음 절로 넘어가도 된다.

각각의 칼럼은 따로 읽어도 되지만, 전체 칼럼은 논리적으로 배치되어 있다. [칼럼1]부터 [칼럼5]까지가 이 책의 1부를 구성한다. 여기서는 문제 정의, 알고리즘, 데이터 구조, 프로그램 검증, 테스팅과 같은 프로그래밍의 기본을 복습한다. 2부에서는 효율성에 관한 주제를 다루는데, 효율성은 때론 그 자체로도 중요하고, 흥미로운 프로그래밍 문제로 뛰어드는 좋은 시작점이 된다. 3부에서는 이들 기술을 정렬, 탐색, 문자열과 같은 여러 가지 실질적인 문제에 적용한다.

에세이를 읽는 독자들께 한가지 힌트를 주자면, 너무 빨리 읽지 말라는 것이다. 한 자리에서 하나씩 주의 깊게 읽기 바란다. 문제가 제시되는 대로 해결 방법을 생각해보라. 몇몇은 머리를 싸매고 한두 시간 동안 생각해보기 전까지는 쉬워 보일지도 모르겠다. 그런 다음에는 각 칼럼의 뒷부분에 있는 연습문제를 열심히 풀어보기 바란다. 연필로 직접 해결 방법을 연습장에 끄적거리다 보면 이 책에서 배운 대부분의 내용이 나올 것이다. 그리고 가능하다면, 책 뒤의 힌트나 해답을 보기 전에 친구나 동료와 여러분의 아이디어를 토의해보기 바란

---

[2] 역자 주 : Communications of the ACM 또는 줄여서 CACM - 컴퓨터 전반에 대한 내용을 다루는 대표적인(아마도 세계에서 가장 많은 전문 개발자들이 보는) 컴퓨터 잡지로 ACM에서 발행.

ACM - 최초의 컴퓨터 ENIAC이 개발된 다음 해인 1947년에 설립된 후 지속적으로 성장하여 현재는 컴퓨터 산업 및 과학 분야를 선도하고 있다.

다. 각 칼럼의 마지막에 있는 더 읽어볼거리는 학술적 참고문헌으로 나열한 것이 아니라, 개인적으로 소장하고 있는 책 중에서 중요하고도 훌륭한 책을 추천하는 것이다.

이 책은 프로그래머를 위해 쓰였다. 나는 연습문제나 힌트, 연습문제 해답, 더 읽을거리가 여러분에게 도움이 되길 바란다. 이 책은 알고리즘, 프로그램 검증, 소프트웨어 공학 등의 강좌에서 교재로 사용되었다. [부록1]에 있는 알고리즘 카탈로그는 초급 프로그래머를 위한 레퍼런스이고, 또한 이 책이 어떻게 알고리즘과 데이터 구조 강좌에 사용될 수 있는지를 보인다.

코드

이 책 1판의 가상코드 프로그램은 모두 구현되었지만, 그 실제 코드를 본 사람은 나뿐이었다. 2판을 작업하면서 나는 예전 프로그램을 모두 재작성하였고, 그만큼의 새로운 코드를 작성하였다. 코드는 다음 사이트에서 다운로드 받을 수 있다.

www.programmingpearls.com[3]

코드에는 함수의 테스트, 디버깅, 시간 측정을 위한 스캐폴딩[4]이 많이 포함되어 있다. 위의 사이트에는 책과 관련된 다른 자료도 포함하고 있다. 지금은 엄청나게 많은 소프트웨어를 온라인으로 구할 수 있기 때문에, 2판에서는 소프트웨어 컴포넌트를 어떻게 평가(evaluate)하고 사용해야 하는지에 대한 주제가

---

3) 역자 주 : 역자가 작업하는 곳에서는 위의 URL로 접근할 수가 없었다. 위의 URL로 제대로 접근하지 못하는 경우에는 다음 URL로 시도해보라.
   www.cs.bell-labs.com/cm/cs/pearls
4) 역자 주 : 5장 참조

새로 추가되었다.

이 책에서는 간결한 코딩 스타일을 사용한다. 변수 이름도 짧고, 빈 줄은 거의 사용하지 않으며, 에러 확인도 거의 하지 않는다. 대형 소프트웨어 프로젝트에서는 이런 식의 코딩 스타일이 적합하지 않지만, 알고리즘의 핵심 아이디어를 전달하는 데는 편리하다. 연습문제 5.1의 해답에 이런 스타일에 대한 자세한 설명이 있다.

이 책의 본문에 있는 몇몇 프로그램은 실제 C 또는 C++로 작성되었지만, 대부분의 함수는 공간을 적게 차지하고 우아하지 못한 문법을 피할 수 있는 가상 코드로 표현되어 있다. for i = [0, n)은 i를 0부터 n-1까지 반복하라는 뜻이다. 이런 for 루프에서 둥근 괄호는 열린 범위(경계값을 포함하지 않는)를 나타내고, 각 괄호는 닫힌 범위(경계값을 포함하는)를 나타낸다. function(i, j)는 여전히 파라미터 i와 j로 함수를 호출하는 것을 뜻하고, array[i, j]는 배열의 요소에 접근하는 것을 뜻한다.

이 책에서 나타나는 여러 프로그램에 대한 실행시간은 내 컴퓨터(400MHz 펜티엄II, 128MB RAM, Windows NT 4.0)에서 측정한 것이다. 나는 몇몇 다른 머신에서도 프로그램의 실행시간을 측정했지만, 내가 본 것과 실질적인 차이를 발견하지 못했다. 모든 실험에서 컴파일러가 제공하는 가장 높은 수준의 최적화를 사용했다. 여러분의 머신에서도 프로그램의 실행시간을 직접 측정해 보기 바란다. 아마 각 프로그램간의 실행시간 비율은 내가 측정한 것과 비슷할 것이다.

제1판 독자에게

나는 여러분이 이 책을 대충 훑어보면서 "1판이랑 비슷한데"라고 하다가, 몇 분 후에는 "이건 전에 못 봤던 건데"라고 반응하기를 바란다.

2판은 1판과 같은 초점을 가지고 있지만, 컨텍스트는 좀더 넓어졌다. 데이터베이스, 네트워크, 사용자 인터페이스 등의 여러 분야에서 많은 발전이 있었다. 프로그래머라면 대부분 이런 기술에 익숙해야 한다. 그러나 이런 각 영역의 중심은 결국 프로그래밍 문제이다. 바로 이런 프로그램이 이 책의 주제로 남아있다. 2판은 훨씬 큰 연못에 있는 조금 더 큰 물고기인 것이다.

1판에서는 [칼럼4]의 한 절(section)로 설명되었던 이진 탐색 구현의 내용이 불어나 2판에서는 테스트, 디버깅, 시간 측정까지 포함하는 [칼럼5]가 되었다. 1판의 [칼럼11]도 내용이 불어나 [칼럼12(원래의 문제에 대한 내용)]와 [칼럼13(집합 표현)]으로 분리되었다. 1판의 [칼럼13]에서는 64KB 주소공간에서 동작하는 맞춤법 검사기를 설명했는데, 이 칼럼은 삭제되었지만 핵심적인 내용은 13.8절에 남겨두었다. 2판의 [칼럼15]는 문자열 문제에 대한 것이다. 많은 절이 새로 추가되거나, 삭제되었다. 새로운 연습문제, 해답, 그리고 새로운 4개의 부록도 추가되어 2판은 예전보다 내용이 25% 증가했다.

역사적 흥미 때문에, 많은 사례 연구는 변하지 않고 남아있다. 몇몇 오래된 이야기는 현대적 용어로 다시 쓰였다.

제1판에 대한 감사의 글

많은 사람들의 도움에 감사를 드린다. Communications of the ACM의 칼럼을 위한 아이디어는 원래 Peter Denning과 Stuart Lynn이 착안했다. Peter는 ACM에서 열심히 일하여 그 칼럼을 가능하게 만들었고, 그 작업에 나를 채용했다. ACM의 Roz Steier와 Nancy Adriance는 이들 칼럼이 원래의 형태 그대로 출판되도록 많은 지원을 해주었다. 나는 특히 칼럼들이 책으로 출판될 수 있도록 격려해준 ACM과 원래의 칼럼에 다양한 의견을 제시해주고, 칼럼을 확장하여 책으로 출판하는 것을 가능하게 해준 CACM 독자 여러분에게 큰 은혜를 입고 있다.

Al Aho, Peter Denning, Mike Garey, David Johnson, Brian Kernighan, John Linderman, Doug McIlroy, Don Stanat는 모두 각 칼럼을 매우 주의 깊게 읽어 주었다(때로는 극한의 시간적 압박하에서). 또한 매우 좋은 의견을 준 Henry Baird, Bill Cleveland, David Gries, Eric Grosse, Lynn Jelinski, Steve Johnson, Bob Melville, Bob Martin, Arno Penzias, Marilyn Roper, Chris Van Wyk, Vic Vyssotsky, Pamela Zave에게 감사드린다. Al Aho, Andrew Hume, Brian Kernighan, Ravi Sethi, Laura Skinger, Bjarne Stroustrup는 책을 만드는데 귀중한 도움을 주었고, West Point 생도들이 완성되기 직전의 원고를 확인해주었다. 모두에게 감사드린다.

제2판에 대한 감사의 글

Dan Bentley, Russ Cox, Brian Kernighan, Mark Kernighan, John Linderman, Steve McConnell, Doug McIlroy, Rob Pike, Howard Trickey, Chris Van Wyk는 모두 이 책을 매우 주의 깊게 읽어주었다. 특히 좋은 의견을 준 Paul Abrahams, Glenda Childress, Eric Grosse, Ann Martin, Peter McIlroy, Peter Memishian, Sundar Narasimhan, Lisa Ricker, Dennis Ritchie, Ravi Sethi, Carol Smith, Tom Szymanski, Kentaro Toyama에게 감사드린다. 이 책의 2판을 준비하는 데 도움을 준 Addison-Wesley의 Peter Gordon과 그의 동료들에게도 감사드린다.

1985년 12월
1999년 8월
J.B
Murray Hill, New Jersey

차례

역자 서문 • 5
서문 • 7

1부 준비

칼럼1 | 조개 껍질 깨기 • 19

1.1 대화 • 19 / 1.2 정확한 문제 기술 • 21 / 1.3 프로그램 디자인 • 22 / 1.4 구현 스케치 • 24 / 1.5 원리 • 25 / 1.6 연습문제 • 28 / 1.7 더 읽을거리 • 31

칼럼2 | 아하! 알고리즘 • 33

2.1 세 가지 문제 • 34 / 2.2 여기저기에서 쓰이는 이진 탐색(Binary Search) • 34 / 2.3 기초적인 조작의 위력 • 38 / 2.4 정렬 • 41 / 2.5 원리 • 42 / 2.6 연습문제 • 44 / 2.7 더 읽을거리 • 47

Sidebar 전철어구 프로그램의 구현 • 48

칼럼3 | 프로그램의 구조를 결정하는 데이터 • 53

3.1 설문 조사 프로그램 • 54 / 3.2 폼 레터 프로그래밍 • 57 / 3.3 다른 예제들 • 60 / 3.4 데이터 구조화하기 • 63 / 3.5 특화된 데이터를 위한 강력한 도구 • 64 / 3.6 원리 • 67 / 3.7 연습문제 • 68 / 3.8 더 읽을거리 • 71

칼럼4 | 정확한 프로그램 작성 • 73

4.1 생각보다 어려운 이진 탐색 • 74 / 4.2 프로그램 작성 • 75 / 4.3 프로그램에 대한

이해 • 78 / 4.4 원리 • 82 / 4.5 프로그램 검증의 역할 • 85 / 4.6 연습문제 • 86 / 4.7 더 읽을거리 • 91

칼럼5 | 프로그래밍에서의 사소한 문제 • 93

5.1 가상코드로부터 C로 • 94 / 5.2 테스트 장치(harness) • 96 / 5.3 단정문 사용 요령 • 99 / 5.4 자동화된 테스트 • 101 / 5.5 시간 측정 • 103 / 5.6 완전한 프로그램 • 106 / 5.7 원리 • 107 / 5.8 연습문제 • 108 / 5.9 더 읽을거리 • 110
Sidebar 디버깅 • 112

2부 퍼포먼스

칼럼6 | 퍼포먼스에 대한 개관 • 117

6.1 사례 연구 • 117 / 6.2 디자인의 수준 • 121 / 6.3 원리 • 124 / 6.4 연습문제 • 125 / 6.5 더 읽을거리 • 127

칼럼7 | 봉투 뒷면에 하는 간단한 계산 • 129

7.1 기초 기술 • 130 / 7.2 퍼포먼스 추정 • 135 / 7.3 안전 계수(Safety Factors) • 139 / 7.4 Little의 법칙 • 141 / 7.5 원리 • 143 / 7.6 연습문제 • 143 / 7.7 더 읽을거리 • 145
Sidebar 일상 생활에서의 간단한 계산 • 147

칼럼8 | 알고리즘 디자인 기법 • 149

8.1 문제 및 간단한 알고리즘 • 149 / 8.2 $O(n^2)$ 알고리즘 두 가지 • 151 / 8.3 나누어 푸는 알고리즘 • 153 / 8.4 스캐닝(scanning) 알고리즘 • 155 / 8.5 무엇이 중요한가? • 157 / 8.6 원리 • 159 / 8.7 연습문제 • 161 / 8.8 더 읽을거리 • 165

칼럼9 | 코드 튜닝 • 167

9.1 전형적인 이야기 • 168 / 9.2 코드 튜닝의 몇 가지 예제 • 170 / 9.3 대수술-이진 탐색 • 177 / 9.4 원리 • 183 / 9.5 연습문제 • 186 / 9.6 더 읽을거리 • 189

칼럼10 | 메모리 절약 • 191

10.1 핵심-단순함 • 192 / 10.2 이해를 돕는 문제 • 193 / 10.3 데이터 공간을 위한 기법 • 198 / 10.4 코드 공간을 위한 기법 • 204 / 10.5 원리 • 207 / 10.6 연습문제 • 209 / 10.7 더 읽을거리 • 212
Sidebar 대규모 절감 • 213

3부 프로덕트

칼럼11 | 정렬 • 219

11.1 삽입 정렬 • 219 / 11.2 간단한 퀵 정렬 • 222 / 11.3 개선된 퀵 정렬 • 227 / 11.4 원리 • 231 / 11.5 연습문제 • 232 / 11.6 더 읽을거리 • 235

칼럼12 | 표본 선정 문제 • 237

12.1 문제 • 237 / 12.2 솔루션 하나 • 239 / 12.3 디자인 공간 • 241 / 12.4 원리 • 245 / 12.5 연습문제 • 247 / 12.6 더 읽을거리 • 250

칼럼13 | 탐색 • 251

13.1 인터페이스 • 252 / 13.2 선형적 구조 • 254 / 13.3 이진 탐색 트리 • 260 / 13.4 정수를 위한 구조 • 263 / 13.5 원리 • 266 / 13.6 연습문제 • 268 / 13.7 더 읽을거리 • 270
Sidebar 실질적 탐색 문제 • 271

칼럼14 | 힙 Heaps • 277

14.1 데이터 구조 • 278 / 14.2 두 가지 중요한 함수 • 280 / 14.3 우선순위 큐 • 285 / 14.4 정렬 알고리즘 • 290 / 14.5 원리 • 293 / 14.6 연습문제 • 294 / 14.7 더 읽을거리 • 298

칼럼15 | 문자열 처리 • 299

15.1 단어 • 299 / 15.2 어구 • 304 / 15.3 텍스트 생성하기 • 309 / 15.4 원리 • 317 / 15.5 연습문제 • 318 / 15.6 더 읽을거리 • 321

1판에 대한 에필로그 • 323

2판에 대한 에필로그 • 327

부록 1 알고리즘 카탈로그 • 331

부록 2 추정 퀴즈 • 339

부록 3 시간과 공간에 대한 비용 모델 • 343

부록 4 코드 튜닝을 위한 규칙 • 351

부록 5 탐색을 위한 C++ 클래스 • 361

연습문제 힌트 • 367

연습문제 해답 • 375

찾아보기 • 419

PRELIMINARIES

1부 준비

여기 다섯 개의 칼럼에서는 프로그래밍의 기본을 복습한다. [칼럼1]은 하나의 문제에 대한 이야기다. 주의 깊은 문제 분석과 직관적인 프로그래밍 기법을 조합하여 우아한 솔루션을 얻을 수 있다. 이 칼럼은 이 책의 중심 주제(실제 경우에 대해 곰곰이 생각하는 것은 재미도 있을 뿐 아니라 실용적인 이익도 있다)를 나타낸다.

[칼럼2]에서는 세 가지 문제를 살펴보는데, 알고리즘적 통찰이 어떻게 단순하고 효율적인 코드를 이끌어내는지를 강조한다. [칼럼3]에서는 데이터의 구조가 소프트웨어 디자인에서 어떤 중요한 역할을 하는지 살펴본다.

[칼럼4]에서는 정확한 코드를 작성하는 도구로서의 프로그램 검증(verification)을 소개한다. 검증 기법은 [칼럼9 · 11 · 14]에서 미묘한 기능을 유도하는 데 폭 넓게 사용될 것이다. [칼럼5]는 이런 추상적 프로그램을 어떻게 실제 코드로 구현하는지 보인다. 우리는 기능을 증명하기 위해 스캐폴딩(scaffolding)을 사용하고, 테스트 케이스로 이것을 공략하고, 그 퍼포먼스를 측정할 것이다.

칼럼 1
조개 껍질 깨기

그 프로그래머의 질문은 간단했다. "디스크 파일을 어떻게 정렬하지?" 내가 처음에 어떤 실수를 했는지 말하기 전에, 여러분에게 내가 했던 것보다 더 잘 할 수 있는 기회를 주겠다. 여러분이라면 어떻게 대답했을까?

1.1 대화

내 실수는 그의 질문에 그냥 답하려고 했던 것이었다. 나는 그에게 디스크상에서 머지 정렬(merge sort)을 어떻게 구현하는지 간단히 설명해 주었다. 알고리즘 책을 찾아 보라는 내 충고에 그의 반응은 냉담했다. 그는 공부를 더 하려 했던 것이 아니라 문제를 해결하고자 했던 것이다. 그래서 나는 인기 있는 프로그래밍 책에 있는 디스크 정렬 프로그램에 대해 알려주었다. 그 프로그램은 한 200줄 정도의 길이였고 열 개 정도의 함수로 구성되어 있었다. 나는 그 프로그래머가 그 코드를 구현하고 테스트하는 데 길어야 일주일 정도 걸릴 것이라 생각했다.

나는 그의 문제를 해결했다고 생각했지만, 그의 망설임으로 인해 올바른 길로 돌아오게 되었다. 그 뒤의 대화는 다음과 같은 식이었다(A로 된 부분이 내 질문이다).

A: 왜 정렬을 직접 구현하려고 하는 거지? 네 시스템에서 제공되는 정렬 기능을 사용하면 안돼?

B: 난 큰 시스템의 한 부분에서 정렬이 필요한 거고, 명확하지 않은 기술적 이유 때문에 시스템에 있는 파일 정렬 프로그램을 사용할 수 없어.

A: 네가 정렬하려는 것이 정확하게 뭔데? 파일에는 레코드가 얼마나 많은데? 각 레코드의 형식은 어떤데?

B: 그 파일은 최대 1천만 개의 레코드를 가지고, 각각의 레코드는 7자리 정수로 되어 있어.

A: 잠깐, 만약 파일 크기가 작다면 왜 디스크에서 작업하려 하지? 메모리에서 정렬하면 안돼?

B: 그 머신이 메모리를 많이 가지고 있기는 하지만, 이 함수는 큰 시스템의 일부야. 그래서 이 함수가 실행되는 시점에는 아마 1MB 정도만을 할당 받을 수 있을 꺼야.

A: 레코드에 대해서 더 말해줄 것은 없어?

B: 각각은 7자리 양의 정수이고 관계된 다른 데이터는 없어. 그리고 어떤 숫자도 중복되지 않아.

컨텍스트를 알면 문제가 더욱 명확해진다. 미국에서 전화번호는 지역번호 3자리에 7자리 숫자가 따라오도록 구성되어 있다. 지역번호가 800으로 시작하는 무료통화 번호로 전화를 걸면 요금이 부과되지 않는다. 무료통화 번호에 대한 실제 데이터베이스에는 무료통화 번호, 통화가 연결될 실제 전화 번호(때로는 통화가 언제 어디서 발생했는지 규칙에 따라 여러 번호로 연결될 수 있음), 가입자의 이름과 주소 등 많은 정보가 포함되어 있다.

그 프로그래머는 이런 데이터베이스를 처리하기 위한 시스템의 일부를 구축하는 중이었고, 정렬될 정수는 무료통화 번호였다. 입력 파일은 다른 정보가 제거된 숫자의 리스트이고, 같은 숫자가 두 번 나오는 것은 에러이다. 원하는 출력은 오름차순으로 정렬된 숫자의 파일이다. 또한 퍼포먼스에 대한 요구사항도 있었다.

사용자는 대략 한 시간에 한 번 정도 정렬된 파일을 요청하고 정렬이 완료될 때까지는 아무 일도 할 수 없다. 따라서 정렬은 10초 정도의 실행시간이라면 적절하고, 오래 걸려도 2분 안에는 완료되어야 한다.

1.2 정확한 문제 기술

"디스크 파일을 어떻게 정렬 하는가?" 라는 문제에 위와 같은 요구사항이 추가되었다. 문제를 공략하기 전에, 우리가 알고 있는 것을 편견이 없는 유용한 형태로 정리해 보자.

입력: 최대 n개의 양의 정수를 포함하는 파일로, 각 숫자는 n보다 작고, $n=10^7$이다. 어떤 숫자가 두 번 이상 나오는 것은 치명적 에러이다. 정수 이외에 관련된 데이터는 없다.

출력: 입력된 정수를 오름차순으로 정렬한 리스트

제약조건: 메모리를 많아야 대략 1MB 정도를 사용할 수 있고, 디스크 공간은 충분하다. 실행시간은 최대 몇 분 정도가 될 수 있고, 10초 정도 안에 작업을 끝낼 수 있으면 충분하다

이 문제의 명세(specification)에 대해서 잠시 생각해보라. 이제 그 프로그래머에게 어떤 조언을 해줄 수 있겠는가?

1.3 프로그램 디자인

바로 떠오르는 방법은 일반적인 디스크 기반의 머지 정렬을 사용하는 것으로, 정수를 정렬한다는 사실을 이용하여 프로그램을 조금 다듬으면 200여 줄이었던 코드를 수십 줄로 줄일 수 있고, 실행속도도 더 빠르게 할 수 있다. 아마 코드를 작성하고 실행 시키는 데는 여전히 며칠 정도 걸릴 것이다.

두 번째 솔루션은 이 정렬 문제의 특별한 성질을 더 많이 이용하도록 하는 것이다. 만약 각각의 숫자를 7바이트에 저장한다면 사용 가능한 메모리(약 1MB)에 약 143,000개의 숫자를 저장할 수 있다. 그러나 각 숫자를 32비트 정수로 표현하면 1MB에 250,000개의 숫자를 저장할 수 있다. 따라서 우리는 입력 파일을 40번 읽는 프로그램을 사용할 것이다. 첫 번째 패스(pass)에서는 0부터 249,999까지의 숫자를 메모리로 읽어 들여 250,000개(최대)의 정수를 정렬한 다음 출력 파일에 저장한다. 두 번째 패스에서는 250,000부터 499,999까지의 정수를 정렬하고, 이것을 9,750,000부터 9,999,999까지 정렬하는 40번째 패스까지 반복한다. 메모리에서 정렬할 때는 퀵 정렬(Quicksort)이 효율적이고, 코드도 20여 줄이면 충분하다(칼럼11). 따라서 전체 프로그램은 한두 페이지의 분량으로 구현될 수 있다. 이것은 또한 중간 단계의 디스크 파일을 사용하는 것에 대해 걱정할 필요가 없다는 이점이 있다. 불행하게도 입력 파일 전체를 40번이나 읽는 대가를 치러야 하지만 말이다.

머지 정렬 프로그램은 입력 파일을 한번 읽어 들인 다음, 작업 파일을 여러 번 읽고 쓰는 과정을 통해 정렬을 하고, 결과를 한번에 저장한다.

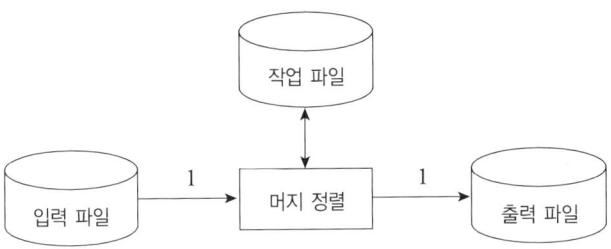

40-패스 알고리즘은 입력 파일을 여러 번 읽지만 출력은 단 한번만 저장하고, 중간 파일도 사용하지 않는다.

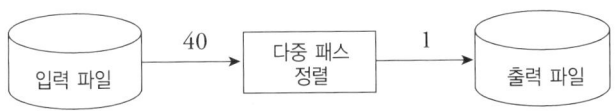

우리는 위의 두 방법의 장점을 조합한 다음 방법이 더 마음에 든다. 이 방법은 입력 파일을 한번만 읽고, 중간 파일도 사용하지 않는다.

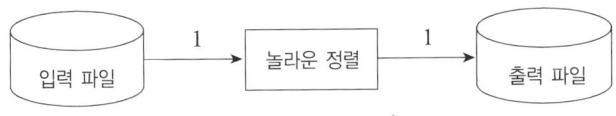

이것은 입력 파일 안에 있는 모든 숫자를 사용 가능한 메모리 내에 나타낼 수 있어야 가능하다. 따라서 문제는 최대 1천만 개의 서로 다른 정수를 약 8백만 비트에 표현할 수 있느냐로 압축된다. 적절한 표현 방법을 생각해보라.

1.4 구현 스케치

이런 관점에서 봤을 때, 비트맵(bitmap) 또는 비트 벡터(bit vector) 표현법을 사용할 수 있다. 간단히 20 이하의 음이 아닌 정수(0과 양의 정수)는 20비트의 열로 나타낼 수 있다. 예를 들면 집합 {1, 2, 3, 5, 8, 13}은 다음과 같이 나타낼 수 있다.

```
0 1 1 1 0 1 0 0 1 0 0 0 0 1 0 0 0 0 0 0
```

숫자를 나타내는 비트는 1로, 나머지 비트는 0으로 설정되어 있다.

실제 문제에서, 7자리로 된 각각의 정수는 천만보다 작은 수를 나타낸다. 우리는 파일을 비트 천만 개의 열로 나타내고, 파일 안에 정수 i가 있는 경우에만 i번째 비트가 1이 되도록 할 것이다. (그 프로그래머는 2백만 비트의 여유가 더 있다는 것을 알게 되었다. 연습문제 5에서 1MB 제한을 넘길 수 없을 때 어떻게 하는지 살펴본다.) 이 표현방법은 일반적인 정렬 문제에서는 사용하지 않는 이 문제의 세가지 특성을 이용한다.

- 상대적으로 작은 범위 내의 입력
- 중복된 숫자가 없음
- 그리고 각 레코드에 정수 이외의 다른 연관된 데이터가 없음.

파일 내의 정수 집합을 표현하기 위한 비트맵 데이터 구조가 주어졌을 때, 프로그램은 자연스럽게 세 단계로 작성될 수 있다. 첫 번째 단계에서는 모든 비트를 0으로 채워 초기화한다. 두 번째 단계에서는 파일로부터 각각의 정수를 읽은 다음 해당 비트를 1로 설정한다. 세 번째 단계에서는 각각의 비트를 확인하고 비트가 1로 되어 있으면, 그에 해당하는 숫자를 기록하여 정렬된 출력 파일을 생성한다. 만약 n을 벡터의 비트 수(여기서는 10,000,000)라고 한다면, 프로그램은 가상코드(pseudocode)로 다음과 같이 표현할 수 있다.

```
/* 1단계: 모두 0으로 초기화 */
    for i = [0, n)
        bit[i] = 0
/* 2단계: 존재하는 숫자를 비트맵에 표시 */
    for each i in the input file
        bit[i] = 1
/* 3단계: 정렬된 결과를 기록 */
    for i = [0, n)
        if bit[i] == 1
            write i on the output file
```

(for i = [0, n)은 i를 0부터 n-1까지 반복하는 것을 의미함.)

그 프로그래머가 문제를 해결하는 것은 이 스케치로 충분했다. 그가 마주친 몇몇 세부 구현 사항은 연습문제 2, 5, 7에 기술되어 있다.

1.5 원리

그 프로그래머는 그의 문제를 내게 전화로 이야기했다. 우리가 실질적인 문제를 이해하고 비트맵 솔루션을 찾는데까지는 약 15분이 걸렸다. 그가 프로그램을 구현하는 데는 두세 시간이 걸렸고 코드는 20~30줄 정도로, 수백 줄의 코드와 일주일 정도의 작업시간과 비교했을 때 훨씬 나았다. 그리고 프로그램은 번개처럼 빨랐다. 디스크상의 머지 정렬은 몇 분이 걸렸겠지만, 이 프로그램은 입력 파일을 읽고 출력 파일을 기록하는 시간보다 조금도 더 걸리지 않았다(약 10초). 연습문제 3의 해답에서 몇몇 프로그램으로 이 작업을 하는데 걸리는 시간을 비교했다.

이 사실은 이번 사례 연구(case study)를 통해 얻을 수 있는 첫 번째 교훈이 된다. 작은 문제에 대한 주의 깊은 분석으로 때로는 엄청난 실질적 이익을 얻을 수 있다. 이 경우에서는 몇분 동안의 주의 깊은 연구로 코드 길이, 프로그래머 작업시간, 실행시간을 10배 이상 줄였다. Chuck Yeager(음속 이상으로 비행한 최초의 인물) 장군은 항공기 엔진 시스템을 다음과 같이 격찬했다. "단순하고, 부품 수가 적고, 관리하기 쉽고, 매우 강력하다." 이 프로그램도 같은 특성을 가진다. 그러나 이 프로그램의 특화된 구조는 특정 부분의 명세가 변경될 경우 수정하기 어려울 것이다. 영리한 프로그래밍을 했다고 자랑하는 것 말고도 이 사례에서 다음과 같은 일반적인 원리를 알 수 있다.

정확한 문제 정의

문제를 정의하는 것은 그 문제를 해결하는 데 있어 큰 몫을 차지한다. 나는 그 프로그래머가 내가 첫 번째로 설명했던 프로그램을 사용하지 않은 것에 대해 기쁘게 생각한다. 연습문제 10, 11, 12도 일단 문제를 정확히 파악하면 우아한 솔루션을 찾을 수 있다. 힌트와 답을 보기 전에 곰곰이 생각해보기 바란다.

비트맵 데이터 구조

이 데이터 구조는 원소가 중복되지 않고 원소와 관련된 다른 데이터도 없는 촘촘한 유한 집합을 표현한다. 이런 조건을 만족하지 않는다 하더라도(가령, 원소가 여러 번 나온다든가, 다른 관련된 데이터가 있다든가), 이 비트맵 데이터 구조는 더 복잡한 엔트리를 갖는 테이블에 대한 인덱스로 사용될 수 있다. 연습문제 6, 8을 보라.

다중 패스 알고리즘

이 알고리즘은 입력 파일을 여러 번 읽어 각 단계마다 조금씩 작업한다. 우리는 1.3절에서 40-패스 알고리즘을 살펴보았다. 연습문제 5에서는 2-패스 알고리즘을 만들어 본다.

시간-공간 트레이드오프(tradeoff)인 것과 아닌 것

프로그래밍 분야에는 시간-공간 트레이드오프가 많다. 프로그램이 시간을 더 사용하면 공간을 덜 사용할 수 있다는 것이다. 예를 들면 연습문제 5의 해답에 있는 2-패스 알고리즘은 실행시간을 두 배로 늘리는 대신 사용 공간을 반으로 줄인다. 그러나 내 경험상 프로그램이 사용하는 공간을 줄이면 그 실행시간 역시 줄어드는 경우가 자주 있었다.[1] 공간을 효율적으로 사용하는 비트맵 구조는 정렬 시간을 크게 단축시켰다. 사용 공간을 줄이는 것이 실행시간까지 단축시키는 데는 두 가지 이유가 있었다. 데이터가 적다는 것은 그것을 처리하는 데 걸리는 시간도 적다는 것을 의미하고, 데이터를 디스크보다는 메모리에 두면 디스크에 접근하는 오버헤드를 피할 수 있다. 물론 두 가지 모두를 개선할 수 있었던 것은 원래의 디자인이 최적화된 상태와는 거리가 멀었기 때문이다.

단순한 디자인

프랑스의 소설가이자 항공기 디자이너인 Antoine de Saint-Exupery는 "추가할 것이 더 이상 없을 때가 아니라 제거할 것이 없을 때, 디자이너는 완벽함에 도달했다는 것을 알게 된다."고 말했다. 더 많은 프로그래머가 자신의 작업을 평가함에 있어 이 말을 기준으로 삼아야 한다. 보통 간단한 프로그램이 복잡한 프로그램보다 더 신뢰할 수 있고, 안전하고, 견고하고, 효율적일 뿐 아니라 빌드와 유지보수를 하기 쉽다.

---

1) 모든 공학에서 트레이드오프는 일반적이다. 예를 들면 자동차 디자이너는 무거운 부품을 장착하는 대가로 단위 연료 당 주행거리를 희생할 것이다. 그러나 둘 다 개선할 수 있으면 더 좋다. 내가 예전에 운전했던 소형 자동차에 대한 리뷰에는 다음과 같은 기사가 있었다. "자동차의 기본 구조에서 무게를 줄이면 여러 섀시(chassis) 부품에서 무게를 줄일 수 있고 심지어 파워 핸들(power steering)과 같은 특정 부품은 제거할 수도 있다."

프로그램 디자인의 단계

이 사례는 12.4절에서 기술하고 있는 디자인 프로세스를 설명한다.

1.6 연습문제

이 책의 뒷부분에 선별된 문제에 대한 힌트와 해답이 있다.

1. 메모리가 충분하다면, 집합(set)의 표현과 정렬을 위한 라이브러리를 이용하여 어떻게 정렬을 구현하겠는가?

2. 비트 벡터는 비트 연산(and, or 또는 shift와 같은)을 이용해 어떻게 구현할 수 있는가?

3. 실행 시 효율성은 중요한 디자인 목표 중의 하나였고, 결과로 나온 프로그램도 충분히 효율적이었다. 여러분의 시스템에서 비트맵 정렬을 구현하고 실행시간을 측정해보라. 이것을 시스템 정렬 및 연습문제 1에서의 정렬과 비교하면 어떻겠는가? n은 10,000,000이고 입력 파일은 1,000,000개의 정수를 포함한다고 가정한다.

4. 연습문제 3번을 풀었다면, 이제 n보다 작은 k개의 정수를 중복되지 않게 만들어야 한다. 가장 간단한 방법은 처음 k개의 정수를 취하는 것이다. 이런 극단적인 데이터라도 비트맵을 이용한 방법의 실행시간을 바꾸지는 않겠지만, 시스템 정렬을 이용한 경우에는 실행시간이 왜곡될 수도 있다. 0부터 $n-1$ 사이의 k개의 정수를 랜덤한 순서로 가지는 파일을 만들 수

있겠는가? 가능한 짧고 효율적인 프로그램을 작성해보라.

5 1.1절에서 언급한 프로그래머는 약 1MB 정도의 메모리가 사용 가능하다고 했지만, 우리의 코드 스케치는 1.25MB를 사용한다. 그는 별다른 어려움 없이 여분의 공간을 찾을 수 있었다. 만약 1MB 이상 사용하는 것이 불가능했다면, 여러분은 어떻게 하겠는가? 그 알고리즘의 실행시간은 어떻게 되겠는가?

6 만약 각각의 정수가 중복될 수 없다는 조건 대신, 최대 10번까지 나타날 수 있다면 어떻게 하겠는가? 사용 가능한 메모리의 양이 변함에 따라 솔루션은 어떻게 바뀌겠는가?

7 [R. Weil] 앞의 프로그램 스케치에는 몇 가지 결함이 있다. 첫 번째는 입력에서 정수가 두 번 이상 나타나지 않는다고 가정한 것이다. 만약 정수 하나가 두 번 이상 나타난다면 어떻게 되겠는가? 이런 경우에 어떻게 그 프로그램이 에러 함수를 호출하도록 수정할 수 있겠는가? 입력 정수가 0보다 작거나 또는 n보다 크거나 같으면 어떻게 되겠는가? 만약 입력이 숫자가 아니면 어떻게 되나? 이런 상황에서 프로그램은 어떻게 대처해야 하는가? 프로그램에서 어떤 다른 확인(sanity check)을 할 수 있는가? 이 프로그램을 테스트하는 작은 데이터 집합(여기 언급된 것 이외의 다른 잘못된 상황도 포함하는)을 제시하라.

8 1.1절에서 언급한 프로그래머가 그 문제에 직면했을 때는 미국의 모든 무료통화 전화 번호의 지역번호가 800이었다. 지금은 무료통화 코드에 800뿐 아니라 877, 888이 포함되고 리스트는 계속 커지고 있다. 어떻게

이 모든 무료통화 번호를 1MB만을 사용하여 정렬할 수 있겠는가? 주어진 무료통화 번호가 사용 중인지 비어있는지를 판단하기 위한 매우 빠른 검색을 하기 위해 무료통화 번호의 집합을 어떻게 저장하겠는가?

9 실행시간을 줄이기 위해 메모리를 더 사용하도록 하는 경우 그 메모리 자체를 초기화하는 데 상당히 많은 시간이 걸릴 수 있다. 벡터의 엔트리에 처음 접근할 때 초기화하도록 하는 기법을 디자인하여 이 문제를 피하는 방법을 보여라. 초기화와 벡터의 각 요소에 접근하는 데 소요되는 시간은 일정해야 하고, 벡터의 크기에 비례하여 여분의 공간을 사용할 수 있다. 이 방법은 더 많은 공간을 사용하여 초기화 시간을 줄이기 때문에, 메모리 값이 싸고 시간이 중요하며 벡터가 희박할 때만 고려해야 한다.

10 저가의 야간 배달 서비스가 생기기 전에, 한 가게는 고객이 전화로 상품을 주문할 수 있도록 했고, 주문한 상품은 며칠 후에 배달되었다. 이 가게의 데이터베이스는 고객의 전화번호를 주키(primary key)로 사용했다(고객은 그들의 전화번호를 알고 있고, 키는 거의 유일하다). 여러분은 주문을 효율적으로 삽입하고 검색하기 위해 이 가게의 데이터베이스를 어떻게 구성하겠는가?

11 1980년대 초반 Lockheed의 기술자는 California의 Sunnyvale에 있는 CAD 시스템으로부터 Santa Cruz에 있는 테스트 스테이션으로 매일 10장 이상의 그림을 전송했다. 건물 사이의 거리는 25마일에 불과했지만, 자동차 배달 서비스로 한 시간 이상 걸렸고(교통 체증과 산길 통행으로 인해) 비용은 매일 1백 달러가 소요되었다. 다른 데이터 전송 방법을 제안하고, 그 비용을 평가하라.

12. 유인 우주 비행 개척자들은 곧 우주의 극한 환경에서도 잘 동작하는 필기도구의 필요성을 깨달았다. 전해오는 이야기에 따르면 NASA는 이 문제를 해결하기 위해 백만 달러의 연구비를 들여 특별한 펜을 개발했다고 한다. 러시아는 같은 문제를 어떻게 해결했을까?

1.7 더 읽을거리

이 칼럼에서 연습한 것은 프로그램을 명세(specifying) 하는 흥미진진한 주제에 대해 간략하게 살펴본 것에 불과하다. 이 중요한 활동에 대한 좀더 깊은 통찰을 얻기 위해서는 Michael Jackson의 <Software Requirements & Specifications(Addison-Wesley, 1995)>을 보라. 이 책에서는 독립적이지만 서로를 보강하는 짧은 에세이의 모음으로 어려운 주제를 설명한다.

이 칼럼에서 기술한 사례 연구에서, 그 프로그래머의 주된 문제는 기술적인 문제가 아니었다. 그는 잘못된 문제를 풀려고 했기 때문에 작업을 진행할 수 없었던 것이다. 우리는 결국 그의 개념적 블록(conceptual block)을 깨고 들어가 더 쉬운 문제를 풀었다. James L. Adams가 쓴 <Conceptual Blockbusting(1986년에 Perseus에서 3판을 출간함)>에서는 이런 종류의 도약을 연구하고, 좀더 창조적인 사고를 자극한다. 프로그래머를 염두에 두고 쓴 것은 아니지만, 이 책의 많은 교훈이 특히 프로그래머에게 적합하다. Adams는 개념적 블록을 "문제를 푸는 사람이 그 문제를 올바르게 인식하거나 그 해결책을 생각해내는 것을 방해하는 정신적 벽"으로 정의한다. 연습문제 10, 11, 12를 풀면서 여러분의 개념적 블록을 깨뜨려보라.

칼럼 2
아하! 알고리즘

프로그래밍을 배우는 사람은 알고리즘 코스에서 많은 것을 얻을 수 있다. 알고리즘 코스를 통해 새로운 문제를 푸는데 필요한 중요한 작업과 기술을 익힐 수 있다. 우리는 나중에 나올 칼럼에서 고급 알고리즘이 개발 기간을 단축하고 실행 속도를 빠르게 하는 두 가지 모두에 있어 어떻게 소프트웨어 시스템에 영향을 미치는지 살펴 볼 것이다.

이에 못지않게 중요한 것은 알고리즘이 위와 같은 면에서 뿐만 아니라 프로그래밍의 좀더 일반적인 수준에서 훨씬 더 중요한 영향을 끼친다는 점이다. Martin Gardner는 <Aha! Insight>(여기서 이 칼럼의 제목을 훔쳐왔다)에서 알고리즘의 공헌을 다음과 같이 묘사했다(나도 이에 동감한다). "어려워 보이는 문제이지만 간단하면서도 기대하지 않았던 솔루션이 있는 경우가 있다." 고급 방법들과는 달리, 알고리즘에 대해 생기는 "아하!"라는 영감은 꼭 깊은 연구를 통해서만 얻어지는 것이 아니다. 코딩을 하기 전, 하는 중, 그리고 하고 나서 진지하게 생각하려 한다면 어느 프로그래머나 얻을 수 있는 것이다.

2.1 세 가지 문제

이 칼럼은 세 가지의 간단한 문제를 중심으로 전개된다. 계속 읽어가기 전에 한번 풀어보도록 하라.

A. 최대 40억 개의 32비트 정수가 랜덤한 순서로 들어있는 순차적 파일이 주어졌다. 이때 이 파일에 포함되지 않은 임의의 32비트 정수 하나를 찾아라. (적어도 하나는 없을 것임이 분명하다. – 이유는?) 메모리를 넉넉히 쓸 수 있다면 이 문제를 어떻게 풀겠는가? 메모리는 수백 바이트밖에 없고, 너댓 개의 외부 임시 파일을 사용할 수 있는 상황이라면 어떻게 해결할 수 있을까?

B. n개의 원소를 가지는 1차원 벡터를 i만큼 왼쪽으로 회전시켜라. 예를 들어 $n=8$, $i=3$ 일 경우 *abcdefgh*라는 벡터를 회전시키면 *defghabc*가 된다. 간단한 코드로는 n개의 원소를 가지는 임시 벡터를 사용하여 n번의 단계를 통해 해결할 수 있다. 여분의 메모리가 수십 바이트 밖에 안 되는 상황에서도 n에 비례하는 시간 내에 벡터를 회전시킬 수 있겠는가?

C. 주어진 영어단어 사전에서 전철어구(anagram)의 집합을 모두 찾아내라. 예를 들어 "pots", "stop", "tops"는 철자의 순서만 바꾸면 만들어지므로 서로 전철어구이다.

2.2 여기저기에서 쓰이는 이진 탐색(Binary Search)

내가 1부터 100사이의 정수를 하나 맘 속으로 생각할 테니 맞춰보라. 50? 너무 작다. 75? 너무 크다. 숫자를 맞출 때까지 계속 해보자. 숫자를 원래 1부터 n 사이에서 골랐다면, $\log_2 n$번의 추측 내에 맞출 수 있다. n이 1,000이면 10번을 추측해야 하고, n이 100만이면 최대 20번의 추측이 필요하다.

  이 예는 무수한 프로그래밍 문제를 해결하는 기법인 이진 탐색에 대한 것이다. 대상이 주어진 범위 안에 있고, 위치를 추측했을 때 대상이 그 위치에 있는지, 아니면 그보다 위에 있는지 아래에 있는지를 검사할 수 있다. 이진 탐색은 현재 범위의 중간 위치를 반복 검사하여 대상의 위치를 찾아내는 기법이다. 중간 위치에 대상이 없다면 현재 범위를 반으로 나누어 계속한다. 대상의 위치를 찾아내거나 현재 범위가 빌 때 탐색을 멈춘다.

  프로그래밍에서 이진 탐색이 가장 일반적으로 사용되는 예는, 정렬된 배열 내의 한 요소를 찾아내는 것이다. 50이라는 요소를 찾을 때 알고리즘에 의해 다음과 같은 검사를 하게 된다.

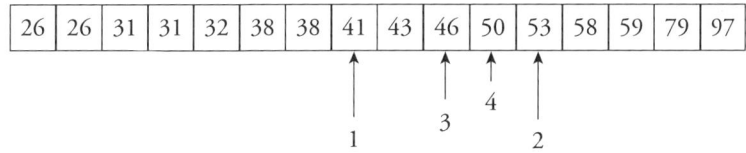

이진 탐색 프로그램은 제대로 구현하기 어려운 것으로 유명하다. [칼럼4]에서 코드에 대한 자세한 사항을 다룰 것이다.

  n개의 원소로 이루어진 집합을 대상으로 할 때 순차 탐색은 평균적으로 약 $n/2$번의 비교를 하는 반면에, 이진 탐색은 최대 $\log_2 n$번의 비교를 하게 된다. 이것은 시스템 퍼포먼스에 있어 큰 차이를 만든다. <Communications of the ACM>의 "TWA 예약 시스템"에 대한 사례 연구로부터의 일화가 이에 적절한 예가 되겠다.

> 우리에게는 매우 큰 용량의 메모리에 대해 1초당 100회에 이르는 순차 탐색을 수행하는 프로그램이 있었다. 네트워크가 커짐에 따라, 메시지 하나를 처리하는 데 드는 평균 CPU 시간이 0.3ms까지 올라갔다. 이것은 우리에게 너무 심한 성능저하였다. 우리는 순차 탐색이 문제라는 것을 알았고, 이진 탐색으로 바꾸었더니 문제가 해결되었다.

나는 많은 시스템에서 위와 같은 경우를 보았다. 처음에는 순차 탐색을 지원하는 간단한 데이터 구조를 가지고도 충분히 빠른 시스템을 만들 수 있다. 시스템의 속도가 너무 느려지기 시작한다면, 테이블을 정렬하고 이진 탐색을 사용함으로써 병목을 제거할 수 있다.

그러나, 이진 탐색의 응용은 정렬된 배열을 빠르게 탐색하는 것에서 그치지 않는다. Roy Weil은 1,000여 줄에 이르는 입력 파일로부터 하나의 잘못된 줄을 제거하기 위해 이 기법을 사용하였다. 불행하게도 어느 줄이 망가졌는지는 눈으로는 알 수 없고, 그 파일의 일부를 프로그램으로 실행 시킨 다음 완전히 잘못된 답이 나오는 것을 보고 확인할 수 밖에 없었는데, 이 작업은 수분이 걸렸다. 디버깅을 하던 그의 전임자는 잘못된 부분을 찾기 위해 한번에 몇 줄씩을 프로그램으로 실행 시켜 보았고, 작업 진척은 달팽이가 기어가는 것만큼이나 느렸다. Weil은 어떤 방법으로 프로그램을 단 10번만 실행 시키고 잘못된 줄을 찾을 수 있었을까?

이 물음을 준비운동으로 삼아 문제 A를 공략할 수 있다. 입력은 순차적 파일이다(테이프나 디스크를 생각해 보라 - 디스크는 랜덤한 접근이 가능하지만, 파일은 처음부터 끝까지 읽는 것이 일반적으로 훨씬 빠르다). 파일에는 최대 40억 개의 32비트 정수가 들어있고, 우리는 여기에 포함되지 않은 32비트 정수 하나를 찾을 것이다. (적어도 한 개의 32비트 정수가 존재하지 않을 것이다. 32비트 정수는 2^{32} 또는 4,294,967,296개나 되기 때문이다.) 넉넉한 메모리가 있다면 [칼럼1]에서 언급한 비트맵 기법을 사용하여 이미 확인된 정수를 표시하기 위해 536,870,912바이트를 할당할 수 있다. 그러나, 수백 바이트 정도의 메모리와 서너 개의 임시 파일만을 쓸 수 있는 상황이라면 이 기법은 사용할 수 없다. 이진 탐색을 적용하기 위해서는 어떤 범위와 그 범위 안에 포함되는 원소들에 대한 표현을 정의해야 한다. 또 주어진 범위의 양쪽 절반 중 어느 쪽에 존재하지 않는 정수가 포함되는지를 알아내는 검사 방법도 필요하다. 어떻게 할 수 있겠는가?

우리는 적어도 하나의 원소가 빠진 정수의 열을 범위로 사용하고, 이 정수열을 모두 포함하는 파일로 범위를 표현할 것이다. 이때 어떤 범위의 중간지점 위쪽과 아래쪽에 있는 원소의 개수를 세어봄으로써 그 범위를 검사할 수 있음을 알 수 있다. 어떤 범위의 위쪽 절반이나 아래쪽 절반에는 최대 전체 범위의 원소의 반에 해당하는 개수의 원소가 있을 수 있다. 그런데, 전체 범위에는 하나의 원소가 없기 때문에 양쪽 절반을 비교하여 적은 원소를 가진 범위에 빠진 원소가 있음을 알 수 있는 것이다. 위의 사항이 이 문제를 풀기위한 이진 탐색 알고리즘의 모든 요소이다. Ed Reingold가 어떻게 했는지 답을 보기 전에, 위에 나열한 사항을 종합하여 풀어보라.

위에서 살펴본 이진 탐색의 사용 예는 프로그래밍 영역에서 응용된 수많은 사례에 비하면 수박 겉핥기에 불과하다. 변수가 하나인 방정식의 해를 찾을 때는 범위를 연속적으로 절반으로 나누는 이진 탐색을 사용하는데, 수치 분석가는 이것을 이분법(bisection method)이라고 부른다. 연습문제 11.9의 해답에 나오는 선택 알고리즘이 랜덤한 원소의 주위를 분할하고 그 원소를 중심으로 한쪽 방향에 있는 모든 원소들에 대해 재귀적인 동작을 하는 것은, 랜덤화된 이진 탐색 기법이다. 이진 탐색은 트리형 데이터 구조에도 포함되고, 프로그램을 디버깅할 때에도 사용된다(프로그램이 아무런 에러 메시지 없이 죽어버릴 때, 소스 코드의 어느 구문이 원인인지를 어떻게 찾아낼 것인가?). 지금까지 나온

예에서 보았듯이, 기초적인 이진 탐색 기법일지라도 그 위에 약간의 장식을 얹어서 어떻게 프로그래밍을 할 것인가 생각하다 보면, 어느 순간에 프로그래머는 "아하!"라는 영감을 얻을 수 있다.

2.3 기초적인 조작의 위력

이제 여러 가지의 해법이 있는 문제를 생각해보자. 문제 B는 n개의 원소를 가지는 벡터 x를 i만큼 왼쪽으로 회전시키고자 하는 것이다. 이 때 회전시키는 데 드는 시간은 n에 비례해야 하고, 수십 바이트 정도의 여분 메모리만을 사용할 수 있다. 이 문제는 다양한 상황에서 여러 가지 모습으로 발생한다. 일부의 프로그래밍 언어는 벡터에 대한 기본적인 기능으로서 회전을 지원하기도 한다. 더 중요한 점은 회전이란 결국 서로 크기가 다른 인접한 메모리 블록의 자리를 바꾸는 작업이라는 것이다. 어떤 텍스트 블록을 다른 곳에 끌어다 놓는(drag-and-drop) 동작은 두 메모리 블록의 위치를 바꾸도록 하는 것이다. 실행시간과 메모리 사용량은 대부분의 애플리케이션에서 중요한 제약 조건이다.

x의 처음 i개 원소를 임시 배열에 복사하고 나머지 $n-i$개의 원소를 i만큼 왼쪽으로 옮긴 후 x의 뒤쪽에 임시 벡터에 있던 i개의 원소를 다시 복사하는 방법으로 회전을 구현할 수도 있다. 그러나 이 방법에서는 i만큼의 여분 메모리가 사용되므로 메모리 낭비다. 또 x를 왼쪽으로 1씩 회전시키는 함수(이 함수의 실행시간은 n에 비례한다)를 정의한 후에 이 함수를 i번 반복하는 것이 대안이 될 수 있지만, 이 경우에는 실행시간이 문제가 된다.

정해진 조건 안에서 이 문제를 풀어내려면 훨씬 복잡한 프로그램이 필요함이 분명하다. 한 가지 성공적인 접근 방법으로는 저글링 조작(juggling action)을 사용하는 것이다. 저글링 조작이란 $x[0]$를 임시 저장소인 t로 옮긴 후 $x[i]$를 $x[0]$로, $x[2i]$를 $x[i]$로 옮기는 식의 조작을 말한다. 이 조작은 t로부터 원래의 $x[0]$를 가져오면서 끝난다. i=3, n=12일 경우에는 다음 그림과 같은 양상이 된다.

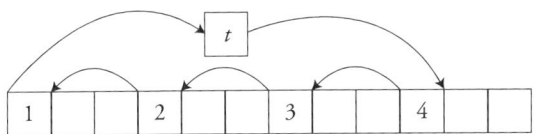

한 번의 조작으로 모든 원소가 옮겨지지 않았다면, 다시 x[1]을 시작으로 조작을 가한다. 이 과정을 모든 원소가 옮겨질 때까지 반복한다. 연습문제 3은 이 아이디어를 코드로 구현하도록 하는 것인데 주의해서 풀어보기 바란다.

이 문제를 보는 관점을 바꾸면 또 다른 알고리즘을 생각해낼 수 있다. 벡터 x를 회전시키는 것은 결국 벡터 ab의 두 부분을 맞바꾸어서 벡터 ba로 만드는 것이다. (a는 x의 처음 i개의 원소를 나타낸다.) a의 원소의 개수가 b보다 작다고 가정하면, b를 b_l과 b_r로 나눌 수 있다(b_r의 원소의 개수가 a와 같도록). 이제 a와 b_r을 교환하면, a는 최종목적지까지 옮겨지게 되는 것이므로, b의 두 부분을 다시 바꾸는 새로운 문제에만 집중할 수 있다. 그런데, 사실 이 새로운 문제는 원래의 문제와 같은 형태이므로 다시 같은 방법을 사용하면 되고, 최종적인 답이 나올 때까지 같은 과정을 반복한다. 이 알고리즘을 사용하면 우아한 프로그램을 만들 수 있다(연습문제 3의 해답에서 Gries와 Mills의 반복적 솔루션을 설명한다). 그러나, 그렇게 하기 위해서는 코드를 정교하게 작성하고 충분히 효율적인지도 살펴보아야 한다.

"아하!"라는 감탄사와 함께 깨닫기 전까지는 문제가 어렵게 보인다. 위의 문제를 배열 ab를 변환하여 ba로 만드는 문제라고 생각해 보자. 그리고 배열의 특정 부분의 원소들을 반전시키는 함수가 이미 존재한다고 가정하면, ab에서 시작하여 a를 반전한 $a^r b$를 얻을 수 있고, 다시 b를 반전하여 $a^r b^r$을 얻게 된다. $a^r b^r$의 전체를 반전하면 $(a^r b^r)^r$이 되는데, 이것은 정확히 ba와 같다. 다음의 코드를 참고하라. 주석에서 *abcdefgh*를 왼쪽으로 3만큼 회전시키는 과정을 볼 수 있다.

```
Reverse(0, i-1)        /* cbadefgh */
Reverse(i, n-1)        /* cbahgfed */
Reverse(0, n-1)        /* defghabc */
```

Doug McIlroy는 아래 그림과 같이 손을 사용하여 10개의 원소를 가진 배열을 위쪽으로 5만큼 회전시키는 방법을 보여주었다. 손바닥이 몸을 향하고 왼손이 오른손 위에 있는 상태에서 시작한다.

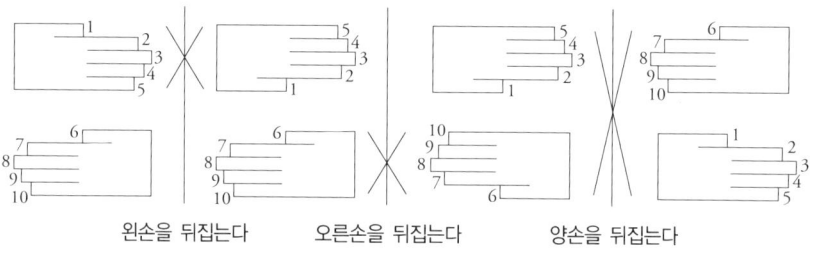

반전 코드는 메모리 사용량이 적고 빠르다. 그리고 짧고 간단하며 잘못 작성하기가 더 어렵다. Brian Kernighan과 P.J. Plauger는 1981년에 <Software Tools in Pascal>에서, 텍스트 편집기에서 줄을 옮기는 기능을 구현하기 위해 이 코드를 사용하였다. Kernighan은 이 코드를 사용함으로써 그 기능이 처음으로 정확히 작동하게 되었다고 보고하였다. 그 전에는 연결 리스트(linked list)를 기반으로 구현하였는데 몇몇 버그가 있었다고 한다. 이 코드는 내가 이 칼럼을 처음에 작성할 때 사용한 편집기를 포함하여 많은 텍스트 편집기에 사용되었다. Ken Thompson은 1971년에 편집기와 반전 코드를 만들었는데, 그것은 그때 이미 아는 사람은 다 아는 기법이라고 주장하였다.

2.4 정렬

이제 문제 C를 살펴보자. 영어단어 사전이 주어져 있고(한 줄에 한 단어씩, 소문자로 기록되어 있다), 그 중에서 모든 전철어구의 집합을 찾아내야 한다. 이 문제는 연구해야 할 이유가 충분하다. 첫째는 기술적인 이유이다. 올바른 관점과 적절한 기법을 잘 조합해야 이 문제에 대한 답을 찾을 수 있다. 둘째는 계몽적인 이유이다. 어떤 파티에 참석했는데 "deposit"와 "dopiest", "posited", "topside"가 전철어구임을 모르는 사람이 당신 한 명 뿐이라면 좋겠는가? 이런 이유들로 충분하지 않다면, 연습문제 6을 보기 바란다. 이와 비슷한 문제가 실제 시스템에서 사용된 예가 나온다.

이 문제에 대한 많은 접근방법은 아주 비효율적이고 복잡하다. 어떤 단어에 포함되어 있는 모든 문자의 순열을 고려하는 방법은 당연히 실패할 것이다. 단어 "cholecystoduodenostomy"("duodenocholecystostomy"의 전철어구로 내 사전에 수록되어 있다)는 22!개의 순열을 가진다. 곱셈을 몇 번만 해보면 22!이 대략 1.124×10^{21}이나 됨을 알 수 있다. 하나의 순열을 만드는 동작이 1ps[1]라는 눈 깜짝할 시간밖에 안 걸린다고 가정하더라도, 모든 순열을 만들려면 1.1×10^{19}초나 필요하다. "π초는 1나노 세기"(7.1절을 참조)라는 주먹구구식 지침에 따르면 1.1×10^{19}초는 수십 년에 해당하는 시간이다. 모든 단어쌍을 비교하려면 어떤 방법을 사용해도 밤새도록 실행 시켜야 한다. 내가 사용하는 사전에는 약 230,000개의 단어가 있는데, 전철어구인지를 한번 비교하기 위해 적어도 $1\mu s$가 필요하다면, 총 소요시간은 대략 다음과 같다.

$$230,000개 단어 \times 230,000 비교/단어 \times 1 \mu s/비교$$
$$= 52,900 \times 10^6 \mu s = 52,900초 \approx 14.7시간$$

---

1) 역자 주 : ps(pico sec) = 10^{-12}sec

이런 위험을 피할 수 있는 방법을 찾을 수 있겠는가?

아하! 사전에 있는 각 단어에 일정한 표시를 하는데, 그 표시가 전철어구끼리는 같게 한다면 어떨까? 나중에는 같은 표시를 가진 단어를 모으기만 하면 될 것이다. 이 발상은 원래의 문제를 두 개의 작은 문제로 나누게 한다. 하나는 표시를 정하는 것이고, 나머지는 같은 표시의 단어를 모으는 것이다. 더 읽어가기 전에 이 두 문제에 대해서 생각해 보라.

첫 번째 문제는 정렬을 기반으로 한 표시를 사용하면 된다.[2] 단어에 있는 문자들을 알파벳 순서로 정렬하는 것이다. "deposit"의 표시는 "deiopst"가 되는데, "dopiest"의 표시도 이와 같다. 두 번째 문제는 단어들을 각각의 표시 순서에 따라 정렬하여 풀 수 있다. 이 알고리즘에 대해 내가 들어본 것 중 최고는 Tom Cargill의 설명이었다. 이쪽(수평)으로 정렬하고 저쪽(수직)으로 정렬한다는 설명이었는데, 이 알고리즘에 대한 구현은 2.8절에서 설명한다.

2.5 원리

정렬

정렬을 사용하는 것은 당연히 정렬된 출력을 위한 것으로, 시스템의 명세(specification)일 수도 있지만 다른 프로그램을 위한 준비 단계일 수도 있다(이진 탐색의 경우가 그렇다). 전철어구를 찾는 문제에서의 관심사는 정렬 자체가 아니었다. 같은 종류의 원소(표시가 같은 원소)를 모으기 위해 정렬시켰을 뿐이다. 이 표시도 역시 정렬의 또 다른 응용이다. 어떤 단어 내의 문자들을 정렬하면 전철어구 집합을 대표하는 성격의 결과물을 얻게 된다. 레코드에 추가 키를 부여하고 이 키에 따라 정렬한다면, 디스크에 있는 파일들을 재배치하는 데

---

[2] 이 전철어구 알고리즘은 1960년대 중반부터 많은 사람들이 제각각 개발하였다.

에 응용될 수 있다. 정렬에 대한 주제는 3부에서 몇 번 더 다룰 것이다.

이진 탐색

정렬된 집합에서 원하는 원소를 찾아내는 알고리즘으로서, 매우 효율적이고, 메모리나 디스크상에서 사용될 수 있다. 유일한 단점은 전체의 집합을 미리 알고 있어야 하며 탐색에 앞서 이미 정렬된 상태여야 한다는 점이다. 많은 애플리케이션에서 이 간단한 알고리즘에 기반한 방법을 사용한다.

표시

하나의 동치관계(equivalence relation)가 집합을 정의하는 경우, 그 집합에 포함되는 모든 원소가 같은 표시를 가지도록 정의하는 것이 도움이 된다. 물론 동치관계가 아닌 원소들은 표시가 달라야 한다. 단어 내의 문자를 정렬하여 하나의 전철어구 집합에 대한 표시를 만들 수 있다. 정렬을 한 후 같은 문자의 개수를 나타내는 것도 표시가 될 수 있다. ("Mississippi"의 표시는 "i4m1p2s4" 또는, 1을 생략하여 간단히 "i4mp2s4"로 정의할 수 있다.) 또는 26개의 정수로 이루어진 배열을 사용하여 포함된 각 문자의 개수를 표시할 수도 있다. 이런 표시는 FBI에서 지문을 인덱싱하는 방법과, 소리는 같지만 철자는 다른 이름을 구별하기 위해 사용하는 사운덱스(Soundex)[3] 휴리스틱에서도 응용된다.

---

3) 역자 주 : Soundex – 발음이 비슷한 단어는 동일한 코드가 되도록 부호화(encoding)하는 알고리즘. 첫 번째 문자를 그대로 복사하고, 그 뒤에 오는 문자는 다음과 같이 코드로 바꾼다.

bfpv → "1", cgjkqsxz → "2", dt → "3", l → "4", mn → "5", r → "6"

다른 문자는 무시하고 반복되는 문자는 그중 하나만을 사용한다. 코드의 길이가 4가 되면 부호화가 끝나고, 길이가 모자랄 때는 0을 채운다.

이름	사운덱스 표시
Smith	s530
Smythe	s530
Schultz	s243
Shultz	s432

Knuth는 <Sorting and Searching>의 6장에서 사운덱스 기법을 설명하였다.

문제 정의

[칼럼1]에서는 사용자가 원하는 것이 무엇인지를 파악하는 것이 프로그래밍의 필수적인 요소라는 것을 보였다. 이 칼럼의 주제는 문제를 정의한 다음의 과정이다. 어떤 기초적인 조작을 통해 문제를 해결할 것인가? 새로운 간단한 조작을 정의함으로써 어렵던 문제가 쉽게 해결되는 것을 앞의 예제를 통해 알 수 있다.

문제 해결자의 관점

훌륭한 프로그래머는 약간 게으른 면이 있다. 그들은 처음의 아이디어를 바로 적용하려고 달려들기보다는 문제를 좀더 깊게 분석하여 어떤 영감을 얻으려고 한다. 물론 분석만 하고 있으면 안되고 적당한 때에 구현을 시작할 수 있는 균형이 필요하다. 그 적당한 때를 아는 것이 진정한 능력이다. 이에 대한 판단력은 문제의 솔루션을 찾고 그것을 구현하는 경험을 통해서만 얻을 수 있다.

2.6 연습문제

1 단어 하나를 입력 받아 그에 대한 모든 전철어구를 찾는 문제에 대해 생각해 보자. 입력된 단어와 사전만을 이용하여 어떻게 문제를 풀 수 있는가? 전철어구를 찾기 전에 약간의 시간과 메모리(또는 디스크)를 사용하

여 사전을 조작할 수 있다면 어떻겠는가?

2. 4,300,000,000개의 32비트 정수가 들어있는 순차적 파일이 있다. 이중에서 두 번 이상 나타나는 정수를 찾는 방법을 설명하라.

3. 우리는 앞에서 약간 어려운 코드가 필요한 두 가지의 벡터 회전 알고리즘을 배웠다. 각각의 알고리즘을 구현하라. 각 프로그램에서 i와 n의 최대공약수가 어떻게 사용되는가?

4. 일부 독자들이 앞에서 언급한 세 가지의 회전 알고리즘이 모두 n에 비례하는 시간을 필요로 하지만, 저글링 알고리즘이 반전 알고리즘보다 확실히 2배나 빠르다고 지적하였다. 그 이유는 저글링 알고리즘의 경우 집합 내의 원소들을 딱 한 번씩 옮기지만, 반전 알고리즘은 두 번씩 옮기기 때문이다. 실제로 프로그램을 통해 실험해보라. 메모리 참조의 지역성(locality)과 관련된 문제에 특히 민감할 수 있다.

5. 벡터 ab를 ba로 만들어 주는 벡터 회전 함수가 있다고 하자. 이 함수를 이용하여 벡터 abc를 cba로 변환하는 방법을 설명하라(비인접 메모리 블록들을 교환하는 문제를 모방했다).

6. 1970년대 말, Bell 연구소는 직원들이 일반적인 버튼 전화기를 조작하여 사내 전화번호부를 찾을 수 있도록 하는 프로그램을 배치했다.

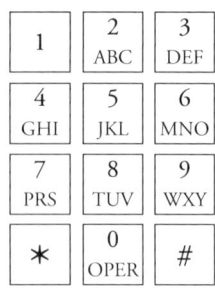

예를 들어, 이 시스템의 설계자인 Mike Lesk의 전화번호를 알려면 "LESK*M*"(즉, "5375*6*")를 누르면 전화기가 번호를 알려주는 것이다. 오늘날에는 이런 서비스가 흔하다. 이런 시스템에서 발생할 수 있는 문제점 중의 하나는 이름은 다르지만 버튼코드는 같을 수 있다는 것이다. 대도시의 전화번호부와 같은 큰 파일에 대해 이런 기능을 제공할 때, 이와 같은 잘못된 연결을 어떻게 찾겠는가? (Lesk가 비슷한 경우에 대해 실험을 했는데, 틀리게 찾는 확률이 0.2% 밖에 안 된다는 것을 알아냈다.) 또, 특정 버튼코드에 해당하는 모든 이름을 반환하는 기능을 어떻게 구현할 수 있을까?

7 1960년대 초에 Vic Vyssotsky는 한 프로그래머와 같이 일하게 되었는데, 그는 자기 테이프에 저장되어 있는 4000×4000행렬(각 레코드는 수십 바이트씩 같은 형식으로 되어 있다)의 전치행렬을 구하는 프로그램을 구현해야 했다. 동료 프로그래머가 처음에 생각했던 아이디어를 구현하면 실행시간이 50시간이나 될 것으로 예상되었다. Vyssotsky는 어떤 방법을 사용하여 실행시간을 30분으로 단축시켰을까?

8 [J. Ullman] n개의 실수로 이루어진 집합 A와 실수 t, 정수 k가 주어졌다.

k개의 원소를 가지는 A의 부분집합 중에 원소의 총합이 t이하인 집합이 존재하는지를 어떻게 빨리 알 수 있을까?

9 순차 탐색과 이진 탐색은 탐색 시간과 전처리(preprocessing) 시간을 맞바꾼 것이다. n개의 원소를 가진 집합에서 이진 탐색을 사용할 때, 집합 정렬을 위해 소비된 전처리 시간을 만회하려면 탐색을 몇 번 이상 수행해야 하는가?

10 Tomas Edison은 어느날 자신의 회사에서 일하게 된 신입 연구원에게 빈 전구 한 개의 부피를 계산해오라고 지시했다. 그 연구원은 캘리퍼스와 미적분을 동원하여 몇 시간동안 계산한 끝에 $150cm^3$라고 보고했다. Edison은 직접 계산을 시작한지 몇 초 만에 "155에 더 가까운데"라고 대답했다. Edison은 어떤 방법을 썼을까?

2.7 더 읽을거리

알고리즘에 관한 좋은 책 몇 권이 8.8절에 소개된다.

(Sidebar[4])

전철어구 프로그램의 구현

전철어구 프로그램을 세 단계의 파이프라인(pipeline)으로 구성해 보았다. 한 프로그램의 출력이 다음 프로그램의 입력이 되는 구조이다. 첫 번째 프로그램(sign)은 단어에 표시를 하고, 두 번째 프로그램(sort)은 표시된 파일을 정렬하며, 세 번째 프로그램(squash)은 전철어구가 되는 단어들을 한 줄로 합친다. 다음 그림은 6개의 단어를 포함한 사전을 처리하는 과정이다.

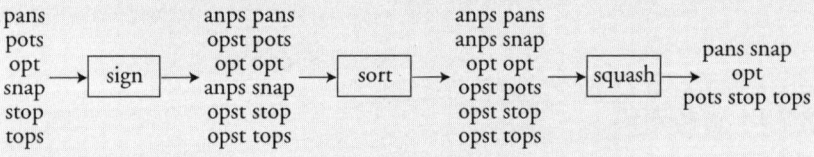

최종적으로 3개의 전철어구 집합이 출력된다.

다음은 C로 만들어진 표시 프로그램(sign)으로, 단어의 길이가 100을 넘지 않고, 입력 파일은 소문자와 개행 문자만으로 이루어져 있다고 가정했다(따라서, 대문자를 모두 소문자로 바꾸도록 사전에 대해 미리 작업을 해두었다).

---

4) 잡지의 칼럼에 있는 사이드 바는 본문을 보충하는 내용으로 이루어져 있으며, 주로 페이지의 한 쪽에 바 형식으로 수록된다. 사이드 바는 칼럼의 핵심 내용은 아니지만, 칼럼의 내용에 대한 통찰력을 가져다 준다. 이 책에서는 칼럼의 마지막 절에 "Sidebar"라는 표시와 함께 이런 내용을 수록한다.

Sidebar

```
int charcomp(char *x, char *y) { return *x - *y; }

#define WORDMAX 100
int main(void)
{   char word[WORDMAX], sig[WORDMAX];
    while (scanf("%s", word) != EOF ) {
        strcpy(sig,word);
        qsort(sig, strlen(sig), sizeof(char), charcomp);
        printf("%s %s\n", sig, word);
    }
    return 0;
}
```

while 루프에서는 한 단어를 읽어서 word에 넣는 것을 파일의 끝까지 반복한다. strcpy 함수는 입력된 단어를 sig에 복사한다. 그리고 sig에 포함된 문자들은 C 표준 라이브러리인 qsort 함수를 통해 정렬된다(파라미터를 순서대로 설명하면 정렬할 배열, 배열의 길이, 각 원소의 바이트 수, 두 원소 - 이 경우에는 단어 내의 문자 - 를 비교해주는 함수의 이름이다). 마지막으로 printf문을 통해 표시와 단어, 개행 문자를 차례로 출력한다.

다음은 시스템 프로그램인 sort를 사용하여 같은 표시를 가지는 단어들을 모아준다. squash 프로그램은 모여있는 같은 표시의 단어들을 한 줄에 출력한다. 다음은 squash 의 코드이다.

```
int main(void)
{   char word[WORDMAX], sig[WORDMAX], oldsig[WORDMAX];
    int linenum = 0;
    srtcpy(oldsig, "");
    while(scanf("%s %s", sig, word) != EOF) {
        if (strcmp(oldsig, sig) != 0 && linenum > 0 )
            printf("\n");
        strcpy(oldsig, sig);
```

Sidebar

```
            linenum++;
            printf("%s ", word);
    }
    printf("\n");
    return 0;
}
```

실질적인 결과는 두 번째 printf문에 의해 출력되는데, 각 입력 행의 단어 뒤에 공백을 붙여 출력한다. if문은 표시가 바뀌는 것을 검사한다. sig의 값이 oldsig(이전 행의 표시)와 다르면 새로운 행에 출력하도록 한다. 마지막에 있는 printf 구문은 최종적으로 개행 문자를 출력한다.

나는 각각의 단계를 작은 파일에 테스트한 후, 아래의 명령을 실행시켜 전철어구 리스트를 얻었다.

```
sign <dictionary | sort | squash >gramlist
```

위의 명령은 sign에 dictionary라는 파일의 스트림을 입력하고, 파이프를 통해 sign의 출력을 sort에, sort의 출력을 squash에, 그리고 squash의 출력을 gramlist라는 파일에 저장하도록 하는 것이다. 이 프로그램의 실행시간은 18초였는데, sign은 4초, sort는 11초, squash는 3초였다.

다음은 내가 230,000개의 단어가 수록되어 있는 사전에 이 프로그램을 실행 시켜 얻은 결과 중에 흥미로운 몇 가지를 옮긴 것이다(이 사전에는 -s나 -ed로 끝나는 변형 단어가 수록되어 있지 않다).

```
        subessential suitableness
        canter creant cretan nectar recant tanrec trance
        caret carte cater crate creat creta react recta trace
        destain instead sainted satined
```

Sidebar

```
adroitly dilatory idolatry
least setal slate stale steal stela tales
reins resin rinse risen serin siren
constitutionalism misconstitutional
```

칼럼 3
프로그램의 구조를 결정하는 데이터

대부분의 프로그래머는 짧고 깔끔하고 멋지게 작성되어야 했을 프로그램이 길고 난잡하고 추하게 작성된 것을 보았을 것이다. 그리고 훌륭한 프로그래머라도 그런 코드를 적어도 한번쯤은 작성한 경험이 있을 것이다. 나는 다음 코드와 같이 요약될 수 있는 프로그램을 여러 번 봤다.

```
if (k ==   1) c001++
if (k ==   2) c002++
...
if (k == 500) c500++
```

실제로는 좀더 복잡한 작업을 처리하는 프로그램이었지만, 그것을 파일 내에 1부터 500까지의 정수가 각각 얼마나 많이 나오는지를 세는 것으로 본다 하더라도 크게 틀리지는 않을 것이다. 각각의 프로그램은 1,000줄 이상의 코드로 되어 있었다. 요즘 대부분의 프로그래머는 다른 데이터 구조(500개의 각 변수를 500개의 요소를 가지는 배열로 대체하도록)를 이용하는 아주 짧은 프로그램으로 같은 작업을 처리할 수 있다는 것을 바로 알 수 있을 것이다.

이 칼럼의 제목이 뜻하는 바와 같이, 데이터에 대한 올바른 관점이 프로그램의 구조를 결정하는 것이다. 이 칼럼에서는 내부 데이터 구조를 바꿈으로써 더 작고, 더 좋게 만들 수 있었던 여러 프로그램에 대해 설명한다.

3.1 설문 조사 프로그램

우리가 살펴볼 다음 프로그램은 특정 대학에서 학생들이 작성한 약 2만 개의 설문지를 요약하는 것이다. 출력의 일부를 보면 다음과 같다.

```
                  Total    US   Perm Temp   Male Female
                           Citi Visa Visa
African American  1289    1239    17    2    684    593
Mexican American   675     577    80   11    448    219
Native American    198     182     5    3    132     64
Spanish Surname    411     223   152   20    224    179
Asian American     519     312   152   41    247    270
Caucasian        16272   15663   355   33   9367   6836
Other              225     123    78   19    129     92
       Totals   19589   18319   839  129  11231   8253
```

각각의 인종 그룹에 대해 남성의 수와 여성의 수를 더한 수가 전체 수보다 약간 적은데, 이는 몇몇 질문에 대답하지 않은 사람들이 있기 때문이다. 실제 출력은 좀더 복잡했다. 나는 행에 대해서는 7개의 행(row)과 합계를 나타내는 행을 모두 표시했지만 열(column)에 대해서는 합계를 나타내는 열과 다른 두 카테고리, 즉 시민권 상태와 성별을 나타내는 6개의 열만 표시했다. 실제 문제에서는 8개의 카테고리로 나뉘지는 25개의 열이 있었다. 또한 출력은 세 페이지로 되는데, 서로 다른 두 캠퍼스 각각에 대한 것과 이 둘의 합을 구한 것으로 구성된다. 그리고 설문에 응답하지 않은 학생 수와 같이, 밀접하게 관련된 다른 몇 개의 테이블을 출력해야 했다. 각각의 질문은 레코드로 표현되었는데, 엔트리 0(첫 번째 질문, 또는 질문 0)은 그룹을 나타내는 0부터 7까지의 정수(7개의 카테고리와 "응답 거부")로 부호화되었고, 엔트리 1(두 번째 질문)은 캠퍼스를 (0부터 2 사이의 정수), 엔트리 2(세 번째 질문)는 시민권 상태, 이런 식으로 엔트리 8까지 계속 되었다.

프로그래머는 시스템 분석가의 고수준(high-level) 디자인으로부터 프로그램을 만들었는데, 그는 두 달 가량 작업하여 천 줄 정도의 코드를 작성한 후, 작업을 반 정도 끝냈다고 판단했다. 나는 그 디자인을 살펴본 후에 그의 어려운 처지를 이해하게 되었다. 그 프로그램은 약 350개(25개의 열 × 7개의 행 × 2페이지)의 별개의 변수를 가지고 있었다. 변수 선언부 다음부터 그 프로그램은 입력 레코드를 읽은 다음에 어떤 변수를 증가시킬지 결정하는 매우 복잡한 로직을 포함하고 있었다. 여러분이었다면 이 프로그램을 어떻게 작성했을지 잠시 생각해 보라.

숫자를 배열로 저장하는 것이 결정적인 해결책이다. 그 다음을 결정하는 것이 더 어렵다. 배열을 출력 구조에 맞추는 것(캠퍼스, 그룹, 그리고 25개의 열로 하여 3차원 배열로)이 좋을까, 아니면 입력 구조에 맞추는 것(캠퍼스, 그룹, 카테고리, 그리고 카테고리 내의 값의 4차원 배열로)이 좋을까? 캠퍼스에 따른 분류를 무시하면 두 접근 방법은 다음 그림과 같이 볼 수 있다.

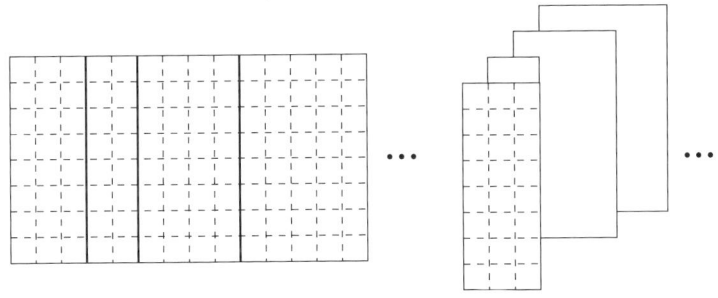

두 방법 모두 동작한다. 내가 작성한 프로그램에서 3차원 관점(왼쪽)은 데이터를 읽을 때 좀더 많은 작업을 하지만, 대신 출력 작업이 조금 줄어들었다. 그 프로그램은 150줄 정도였는데, 80줄은 테이블을 만들고, 30줄은 위에서 설명한 출력을 생성하고, 나머지 40줄은 다른 테이블을 만드는 것이었다.

숫자를 세는 프로그램(count program)과 설문조사 프로그램(survey program)은 모두 클 필요가 없는 프로그램이었다. 두 경우 모두 하나의 배열로 대체될 수 있는 수많은 변수를 포함하고 있었다. 코드 길이를 10분의 1 이상 줄임으로써 개발 기간을 단축했고, 쉽게 테스트하고 유지보수 할 수 있는 올바른 프로그램이 되었다. 또한 이들 프로그램에서 이것이 별로 문제가 되지 않더라도, 실행시간이나 메모리 측면에서 작은 프로그램이 큰 프로그램보다 더 효율적이다.

왜 프로그래머들은 작은 프로그램으로도 충분한 것을 큰 프로그램으로 작성할까? 2.5절에서 언급했던 게으름의 부족이 그 이유 중 하나이다. 보통은 처음 떠오르는 생각을 가지고 바로 코드로 달려든다. 그러나 내가 앞에서 기술한 두 경우는 모두 더 심각한 문제가 있었다. 프로그래밍 언어 중에는 보통 배열을 프로그램이 시작할 때 초기화한 후 값이 변하지 않는 고정 테이블로 사용하는 언어가 있는데, 그 프로그래머들은 그런 언어에서 문제를 생각했던 것이다. 1.7절에서 언급한 James Adams라면, 그 프로그래머들은 배열을 카운터(counter)로 사용하는 것에 대한 "개념적 블록(conceptual block)"을 가지고 있었다고 말할 것이다.

프로그래머가 이런 실수를 하는 데는 여러 가지 다른 이유가 있다. 이 칼럼의 집필을 준비하면서 내가 직접 작성한 설문 조사 프로그램에도 비슷한 실수가 있었다는 것을 알게 되었다. 주 입력 루프는 5개의 구문으로 된 8개의 블록으로 구성되어 총 40줄의 코드로 되어 있었는데, 처음 두 블록은 다음과 같다.

```
ethnicgroup = entry[0]
campus = entry[1]
if entry[2] == refused
    declined[ethnicgroup, 2]++
else
    j = 1 + entry[2]
```

```
      count[campus, ethnicgroup, j]++
   if entry[3] == refused
      declined[ethnicgroup, 3]++
   else
      j = 4 + entry[3]
      count[campus, ethnicgroup, j]++
```

나는 오프셋(0, 0, 1, 4, 6, ...)을 표현하는 배열을 도입하여, 40줄의 코드를 6줄로 줄일 수 있었다.

```
   for i = [2, 8]
      if entry[i] == refused
         declined[ethnicgroup, i]++
      else
         j = offset[i] + entry[i]
         count[campus, ethnicgroup, j]++
```

나는 코드 길이를 10배 이상 줄일 수 있어 만족스러웠다.

3.2 폼 레터 프로그래밍

여러분이 좋아하는 상점의 웹 사이트에 로그인 하기 위해 아이디와 패스워드를 입력했다. 그 다음의 페이지는 다음과 같은 식이 될 것이다.

```
Welcome back, Jane!
We hope that you and all the members
of the Public family are constantly
reminding your neighbors there
on Maple Street to shop with us.
As usual, we will ship your order to
   Ms. Jane Q. Public
   600 Maple Street
   Your Town, Iowa 12345
   ...
```

프로그래머로서, 여러분은 시스템이 내부적으로 여러분의 아이디를 검색하여 데이터베이스로부터 다음과 같은 필드를 읽어왔다는 것을 알 수 있다.

Public|Jane|Q|Ms.|600|Maple Street|Your Town|Iowa|12345

그러나 프로그램이 어떻게 여러분의 데이터베이스 레코드로부터 이런 웹 페이지를 만들어 냈을까? 성미가 급한 프로그래머라면 다음과 같은 식의 프로그램을 작성하고 싶은 생각이 들 것이다.

```
read lastname, firstname, init, title, streetnum,
    streetname, town, state, zip
print "Welcome back, ", firstname, "!"
print "We hope that you and all the members"
print "of the", lastname, "family are constantly"
print "reminding your neighbors there"
print "on", streetname, "top shop with us."
print "As usual, we will ship your order to"
print "    ", title, firstname, init ".", lastname
print "    ", streetnum, streetname
print "    ", town, ",", state, zip
...
```

이런 프로그램을 작성하고 싶은 유혹이 들겠지만, 좀 지겹게 보인다.

   좀더 우아한 방법은 다음과 같은 폼 레터 스키마를 사용하는 폼 레터 생성기 (form letter generator)를 작성하는 것이다.

```
Welcome back, $1!
We hope that you and all the members
of the $0 family are constantly
reminding your neighbors there
on $5 to shop with us.
As usual, we will ship your order to
    $3 $1 $2. $0
    $4 $5
```

```
      $6, $7 $8
      ...
```

i는 레코드에서 i번째 필드를 나타낸다. 즉 0은 성(last name)이고, 나머지도 같은 식이다. 이 스키마는 다음과 같은 가상코드에 의해 인터프리트(interpret)되는데, 입력 스키마에 $$가 있으면 $문자로 가정한다.

```
read fields from database
loop from start to end of schema
   c = next character in schema
   if c != '$'
      printchar c
   else
      c = next character in schema
      case c of
        '$':       printchar '$'
        '0' - '9': printstring field[c]
        default:   error("bad schema")
```

프로그램 내에서 이 스키마는 텍스트의 각 줄이 개행문자로 끝나는 하나의 긴 문자 배열로 표현된다. (Perl이나 다른 스크립트 언어에서는 작업이 더 쉽다. $lastname$과 같은 변수도 사용할 수 있다.)

 생성기와 스키마를 작성하는 것은 아마 print문으로 다 해결하는 프로그램을 작성하는 것보다 쉬울 것이다. 데이터를 제어(control)로부터 분리하면 큰 이득이 된다. 레터 형식이 재디자인 되었을 때에도 텍스트 에디터로 스키마를 편집만 하면 되고, 다른 형식의 페이지도 쉽게 만들 수 있다.

 내가 관리하던 5,300줄의 COBOL 프로그램도 리포트 스키마 개념을 사용했더라면 아주 단순하게 만들 수 있었을 것이다. 한 가정의 재정 상태에 대한 내용을 입력하면 재정 상태를 요약하고 앞으로의 방침을 제안하는 소책자를 출력하는 프로그램이었다. 120개의 입력 필드, 18페이지에 걸친 400줄의 출력

결과, 입력 데이터를 정리하기 위한 300줄의 코드, 800줄의 계산 코드, 그리고 출력을 위한 4,200줄의 코드... 나는 계산 코드는 바꾸지 않더라도 4,200줄의 출력 코드는 길어봐야 수십 줄 정도의 코드로 된 인터프리터와 400줄 정도의 스키마로 대체될 수 있다고 생각했다. 처음부터 이런 식으로 프로그램을 작성했다면 그 COBOL 코드는 크기가 커봐야 원래 코드의 1/3정도가 됐을 테고 유지보수도 훨씬 더 쉬웠을 것이다.

3.3 다른 예제들

메뉴

나는 Visual Basic 프로그램에서 사용자가 메뉴 항목을 클릭하여 여러 가지 항목 중 하나를 선택할 수 있도록 하고 싶었다. 예제 프로그램을 둘러보다가 사용자가 8개의 옵션 중 하나를 선택하도록 하는 코드를 발견했다. 내가 그 코드를 자세히 보았을 때, 항목 0에 대한 코드는 다음과 같은 식이었다.

```
sub menuitem0_click()
    menuitem0.checked = 1
    menuitem1.checked = 0
    menuitem2.checked = 0
    menuitem3.checked = 0
    menuitem4.checked = 0
    menuitem5.checked = 0
    menuitem6.checked = 0
    menuitem7.checked = 0
```

항목 1에 대한 코드도 다음 부분이 바뀐 것만 빼고는 거의 같았다.

```
sub menuitem1_click()
    menuitem0.checked = 0
```

```
menuitem1.checked = 1
    ...
```

이런 코드가 항목 7까지 계속 되었다. 메뉴 항목 선택에 대한 코드를 다 합치면 100줄 가까이 된다.

   나는 이와 비슷한 코드를 직접 작성해 보았다. 메뉴 항목 두 개를 가지고 시작했는데 코드는 합당했다. 세 번째, 네 번째 항목을 계속 추가해 가면서, 나는 그 코드의 기능에 너무 흥분한 나머지, 비합리적인 부분을 지나쳐 버렸다.

   조금만 생각을 하면, 각 checked 필드를 0으로 설정하는 uncheckall 함수 하나로 대부분의 코드를 옮길 수 있다. 이렇게 하면 첫 번째 항목에 대한 코드는 다음과 같이 된다.

```
sub menuitem0_click()
    uncheckall
    menuitem0.checked = 1
```

그러나 아직 7개의 비슷한 함수에 대해서 작업해 주어야 한다.

   다행히 Visual Basic은 메뉴 항목의 배열을 지원하므로, 우리는 8개의 비슷한 함수를 하나로 대체할 수 있다.

```
sub menuitem_click(int choice)
    for i = [0, numchoices)
        menuitem[i].checked = 0
    menuitem[choice].checked = 1
```

반복되는 코드를 하나의 공통 함수로 모아 100줄의 코드를 25줄로 줄였고, 배열을 적절히 사용하여 이것을 다시 4줄로 줄였다. 항목을 추가하기도 훨씬 간단해졌고, 잠재적으로 버그를 포함할 수 있었던 코드가 이젠 아주 명확하게 바뀌었다. 이와 같은 방법으로 나는 단지 몇 줄의 코드만을 사용하여 문제를 해결했다.

에러 메시지

지저분한 시스템은 수백 개의 에러 메시지가 코드 여기저기에 흩어져 있고, 다른 출력문과 섞여 있다. 깔끔한 시스템은 하나의 함수를 통해 에러 메시지에 접근하도록 한다. 지저분한 시스템과 깔끔한 시스템에서 다음 작업을 수행하는 데 있어서의 어려움을 생각해보라.

- 모든 가능한 에러 메시지에 대한 리스트를 만들라.
- 모든 "심각한" 에러 메시지에 대해 경고음을 발생시키도록 변경하라.
- 에러 메시지를 프랑스어나 독일어로 번역하라.

날짜 함수

연도(year)와 연중 몇 번째 날인지가 주어졌을 때, 몇 월 며칠인지를 구하라. 예를 들면, 2004년의 61번째 날은 3월 1일이다. Kernighan과 Plauger는 <Elements of Programming Style>에서 다른 프로그래밍 책으로부터 발췌한 55줄의 프로그램을 보여주었다. 그런 다음 26개의 정수를 담은 배열을 하나 사용하여, 같은 작업을 하는 5줄의 프로그램을 제시하였다. 연습문제 4에서 날짜 함수와 관련하여 흔히 나오는 문제를 소개한다.

단어 분석

프로그램으로 영어단어를 분석하는 데는 많은 문제가 나타난다. 우리는 13.8절에서 맞춤법 검사기(spelling checker)가 어떻게 접미사를 제거하여 (suffix stripping) 사전을 압축하는지 살펴볼 것이다. 사전에는 여러 가지 접미사("-ing", "-s", "-ed" 등과 같은)가 없이 "laugh" 하나만을 저장한다. 언어학자들은 이런 작업에 대한 상당히 많은 규칙을 개발했다. Doug McIlroy는 1973년에 텍스트를 말로 바꾸는 최초의 실시간 음성 합성 장치를 만들었는데, 코드만으로는 이런 규칙을 다루기에 적합하지 않다는 것을 알았다. 그는 대신 1,000줄의 코드와 400줄의 테이블을 사용하여 그 장치를 만들었다. 다른 사람이 테이블에 아무것도 추가하지 않고 그 프로그램을 수정했을 때, 20%를 더 처리하기 위해 2,500줄의 코드가 추가로 필요했다. McIlroy는 확장된 작업을 처리하는데 있어 테이블을 좀더 추가하면 1,000줄 미만의 코드로 작업이 가능했을 것이라고 단언한다. 비슷한 규칙의 집합에 대해 직접 해보고 싶으면 연습문제 5를 보라.

3.4 데이터 구조화하기

잘 구조화된 데이터란 어떤 것일까? 시간이 지남에 따라 점차 표준이 나타나기 시작했다. 초창기에는 구조화된 데이터란 잘 지어진 변수이름을 뜻했다. 평행 배열이나 레지스터로부터의 오프셋이 사용되던 곳은 나중에 언어에 도입된 레코드, 구조체 및 이들에 대한 포인터가 대신하게 되었다. 우리는 데이터를 조작하는 코드를 insert나 search와 같은 이름의 함수로 바꿀 수 있다는 것을 알게 되었는데, 이것은 프로그램의 나머지 부분을 손상시키지 않으면서 데이터의 표현방법을 쉽게 변경할 수 있도록 했다. David Parnas는 이 접근 방법을 확장하여, 시스템이 처리하려는 데이터가 좋은 모듈 구조에 대한 깊은 통찰을 준다는 것을 알게 되었다.

"객체지향 프로그래밍"은 한 단계 더 나아갔다. 프로그래머들은 자신의 디자인에서 기본적인 객체를 인식하고, 객체에 대한 추상화(abstraction)와 기본적인 오퍼레이션을 세상에 공표하고 구현상의 세부 사항은 숨기는 법을 알게 되었다. Smalltalk나 C++와 같은 언어는 이런 객체를 클래스로 캡슐화하는 것을 허용한다. 우리는 [칼럼13]에서 집합에 대한 추상화와 구현을 살펴보면서 이 접근방법에 대해 자세히 공부할 것이다.

3.5 특화된 데이터를 위한 강력한 도구

예전의 별로 좋지 않던 시절에는 모든 애플리케이션을 프로그래머가 처음부터 직접 작성했다. 오늘날의 도구는 프로그래머(또는 다른 사람)가 최소의 노력으로 애플리케이션을 작성하도록 한다. 이 절에서는 이런 도구들에 대한 내용을 간략하게나마 나열해본다. 각각의 도구는 특정 문제(그러나 흔한)를 해결하기 위해 데이터의 어떤 특성을 이용한다. Visual Basic, Tcl, 기타 다양한 셸(shell)과 같은 언어는 이런 도구를 조합할 수 있는 "접착제"를 제공한다.

하이퍼텍스트

1990년대 초반 수천 개의 웹사이트가 생겨났을 때, 나는 CD-ROM에 수록된 레퍼런스 북(reference book)에 매혹되었다. 데이터의 양이 엄청났는데, 백과사전, 사전, 연감(almanacs), 전화번호부, 고전 문학, 교과서, 시스템 레퍼런스 매뉴얼, 그리고 그 이상의 것들이 내 손바닥 안에 있었다. 그러나 불행하게도 다양한 데이터에 대한 사용자 인터페이스 또한 엄청나게 많았다. 모든 프로그램에 대한 인터페이스가 달랐던 것이다. 요즘은 CD나 웹에 있는 이런 데이터에 접근할 때의 인터페이스는 보통 내가 선택한 웹 브라우저이다. 이것은 사용자에게나 프로그램을 구현하는 사람에게나 모두 도움이 된다.

이름과 값의 쌍(Name-Value Pairs)

도서 목록 데이터베이스는 다음과 같은 엔트리를 가질 것이다.

```
%title      The C++ Programming Language, Third Edition
%author     Bjarne Stroustrup
%publisher  Addison-Wesley
%city       Reading, Massachusetts
%year       1997
```

Visual Basic은 인터페이스에서 컨트롤을 기술하기 위해 이 접근 방법을 채택했다. 폼(form)의 좌측 상단에 있는 텍스트 박스(text box)는 다음과 같은 속성(이름)과 설정(값)으로 기술될 수 있다.

Height	495
Left	0
Multiline	False
Name	txtSample
Top	0
Visible	True
Width	215

(텍스트 박스에 대한 완전한 속성은 40여 개에 이른다.) 예를 들어 텍스트 박스의 폭을 늘리려면, 마우스로 오른쪽 가장자리를 드래그하거나, 215의 자리에 더 큰 값을 입력하거나, 또는 프로그램에서 다음과 같은 대입문 코드를 사용한다.

```
txtSample.Width = 400
```

프로그래머는 편한 방법을 선택하여 이와 같이 간단하지만 강력한 구조를 조작하면 된다.

스프레드시트

내가 속한 조직에 대한 예산을 지속적으로 추적하는 것은 어렵게 보였다. 내 습관에 걸맞지 않게, 나는 이 작업을 위해 복잡한 사용자 인터페이스를 가지는 큰 프로그램을 작성할 뻔했다. 다른 프로그래머는 좀더 넓은 시각을 가지고 있었는데, Visual Basic에 제공되는 몇몇 함수를 이용하여 그 프로그램을 스프레드시트로 구현하였다. 인터페이스는 주 사용자인 회계 관련 작업자들에게 아주 자연스러운 것이었다(지금 대학 설문 조사 프로그램을 작성해야 한다면, 많은 사람들이 스프레드시트를 이용하라고 할 것이다).

데이터베이스

여러 해 전의 일이다. 어떤 프로그래머가 스카이다이빙을 즐기기 시작했는데, 처음 10여 차례의 점프에 대한 세부사항을 종이로 된 일지에 기록하다가, 나중에는 자신의 기록을 자동화하고 싶어졌다. 그때보다 몇년 전이라면, 복잡한 레코드 포맷을 정한 후 손으로 직접(또는 리포트 프로그램 생성기를 사용하여) 입력, 갱신(update), 검색(retrieve)하는 프로그램을 만들어야 했었다. 그러나, 그때 그 프로그래머는 최신의 상용 데이터베이스 패키지를 사용하여 작업했다. 데이터베이스 오퍼레이션에 대한 새로운 스크린을 정의하는 데 예전 같으면 며칠이 걸렸을 것을 단 몇 분 만에 할 수 있다는 것을 보고, 나와 그 프로그래머는 모두 무척 깊은 감명을 받았다.

도메인 언어(Domain-Specific Languages)

GUI(Graphical User Interface)는 다행히도 예전의 복잡한 텍스트 기반 언어(textual languages)를 대체했다. 그러나 어떤 애플리케이션에서는 특별한 목적을 위한 언어가 여전히 유용하다. 다음과 같은 간단한 수학공식을 입력하고 싶을 때 스크린상의 계산기 버튼을 누르기 위해 마우스를 사용해야만 한다면 짜증이 날 것이다.

```
n = 1000000
47 * n * log(n)/log(2)
```

텍스트 박스와 연산자 버튼을 이상하게 조합하여 질의(query)를 작성하는 것보다 다음과 같은 언어로 작성하는 편이 나을 것이다.

(design or architecture) and not building

수백 줄의 실행 가능한 코드로 명시적으로 지정해야 했던 윈도우가 지금은 수십 줄의 HTML로 기술될 수 있다. 일반적인 사용자 입력에 대해서는 거의 사용하지 않게 된 언어도 어떤 애플리케이션에서는 여전히 강력한 도구일 수 있다.

3.6 원리

이 칼럼의 이야기들은 수십 년에 걸쳐 여러 언어에 적용될 수 있지만, 각각의 교훈은 모두 같다. 짧게 해도 충분한 프로그램을 길게 작성하지 마라! 대부분의 구조가 Polya의 <How to Solve It>에 나오는 "발명가의 패러독스"의 예가 된다. "더 일반적인 문제가 풀기에도 더 쉬울 것이다." 프로그래밍에서 생각해보면 n가지 경우를 처리할 수 있는 일반적인 프로그램을 작성한 다음 그것을 n=23인 경우에 적용하는 것보다, n=23인 경우에 대해 직접 문제를 푸는 것이 더 어렵다는 뜻이다.

이 칼럼에서는 데이터 구조를 잘 설계하면 큰 프로그램을 작게 만들 수 있다는 점을 강조했다. 잘 설계된 데이터 구조는 실행시간과 메모리 사용량을 감소시키고, 포팅과 유지보수를 쉽게 하는 등 여러 가지 긍정적인 효과를 가진다. Fred Brooks는 <Mythical Man Month>의 9장에서 메모리 사용량 절감에 대해 언급했지만, 다른 특성을 바라는 프로그래머에게도 역시 좋은 충고가 될 것이다.

> 작업을 하다 메모리가 부족해 어떻게 해야 할지 모를 때에는 코드에서 한 걸음 물러나 불만을 가지면서 데이터를 주의 깊게 살펴보는 것이 최선이다. 데이터의 표현(representation)이 프로그래밍의 본질이다.

다음에 여러분이 코드에 불만을 가질 때 생각해볼 만한 몇 가지 원리가 있다.

반복되는 코드는 배열을 사용하여 다시 작업해 보라

비슷한 코드가 길게 반복될 때에는 종종 배열과 같은 간단한 데이터 구조를 이용하면 코드를 단순하게 표현할 수 있다.

복잡한 구조는 캡슐화하라

복잡한 데이터 구조가 필요한 경우에는 추상화하고 그에 대한 오퍼레이션을 표현하여 클래스로 정의하라.

가능하면 최신 도구를 사용하라

하이퍼텍스트, 이름과 값의 쌍, 스프레드시트, 데이터베이스, 언어 같은 것들은 특정 문제 영역(domain)에서 강력한 도구다.

데이터 구조가 프로그램이 되게 하라

이 칼럼의 주제는 복잡한 코드를 적절한 데이터 구조로 바꾸는 것을 통해 데이터가 프로그램의 구조를 정할 수 있다는 것이었다. 세세한 사항은 변하겠지만, 주제는 여전히 유효하다. 훌륭한 프로그래머는 코드를 작성하기 전에 그 프로그램이 사용할 입력과 출력, 그리고 중간의 데이터 구조에 대해 전반적으로 이해한다.

3.7 연습문제

1 이 책의 2판이 인쇄에 들어갈 당시, 미국에서 개인 소득에 대한 세금은 다섯 단계의 비율로 부과되었는데, 그중 최대는 40%에 달했다. 과거에는

상황이 더욱 복잡했고, 세율도 더 높았다. 어떤 프로그래밍 책에는 1978년 당시 미국에서의 소득세를 계산하는 데 다음과 같이 25개의 if문으로 작성된 코드를 합당한 방법으로 제시하였다. 0.14, 0.15, 0.16, 0.17, 0.18, ...과 같은 수열로 되어 있었고, 이후에는 0.1 이상씩 증가한다. 의견을 말해보라.

```
if income <= 2200
    tax = 0
else if income <= 2700
    tax =          0.14 * (income - 2200)
else if income <= 3200
    tax =     70 + 0.15 * (income - 2700)
else if income <= 3700
    tax =    145 + 0.16 * (income - 3200)
else if income <= 4200
    tax =    225 + 0.17 * (income - 3700)
    ...
else
    tax = 53090 + 0.70 * (income - 102200)
```

2 상수 계수를 포함하는 k차 선형 회귀(linear recurrence)는 다음과 같은 급수(series)를 정의한다.

$$a_n = c_1 a_{n-1} + c_2 a_{n-2} + \cdots + c_k a_{n-k} + c_{k+1}$$

$c_1, ..., c_{k+1}$은 실수이다. k, $a_1, ..., a_k$, $c_1, ..., c_{k+1}$과 m이 입력으로 주어졌을 때 $a_1, ..., a_m$을 출력하는 프로그램을 작성하라. 이 프로그램을 작성하는 것이 배열을 사용하지 않고 특정 차수(예를 들면 5차) 회귀만을 평가하는 프로그램을 작성하는 것과 비교하여 얼마나 어렵겠는가?

3 대문자 알파벳 하나가 입력되었을 때, 문자를 배열하여 입력된 문자를 그

래픽으로 표현하는 출력을 생성하는 배너(banner) 함수를 작성하라.

4 다음 날짜 문제를 푸는 함수를 작성하라.
- 주어진 두 날짜 사이에 며칠이 포함되었는지를 계산하는 함수
- 주어진 날짜가 무슨 요일인지를 리턴하는 함수
- 주어진 연도와 달에 대한 달력을 문자의 배열로 생성하는 함수

5 이 문제는 영어단어에 하이픈('-')을 삽입하는 문제의 일부를 다룬다. 다음 규칙 리스트는 'c'로 끝나는 단어에 대한 적절한 하이픈 삽입 규칙을 나타낸다.

　　et-ic al-is-tic s-tic p-tic -lyt-ic ot-ic an-tic n-tic c-tic at-ic h-nic n-ic
　　m-ic l-lic b-lic -clic l-ic h-ic f-ic d-ic -bic a-ic -mac i-ac

규칙은 반드시 위에 나타난 순서대로 적용되어야 한다. 그렇게 해야 "eth-nic"이 규칙 "h-nic"에 의해 처리되고, "clinic"이 테스트에서 실패하다가 "n-ic"에 의해 처리된다. 단어가 주어졌을 때 적절한 하이픈 삽입 접미사를 리턴하는 함수를 구현하기 위해 이런 규칙을 어떻게 표현할 수 있겠는가?

6 데이터베이스 내의 각 레코드에 대한 맞춤 문서(customized document)를 만들어내는 폼-레터 생성기(종종 "메일-머지" 기능이라고 불리는)를 작성하라. 간단한 스키마와 프로그램이 제대로 작동하는지를 확인하는 입력 파일을 설계하라.

7 일반적인 사전에서는 단어의 정의를 찾아볼 수 있고, 연습문제 2.1에서는 단어의 전철어구를 찾을 수 있는 사전에 대해 설명한다. 주어진 단어

의 정확한 스펠링을 찾을 수 있는 사전과 단어의 동운어(rhyme)[1]를 찾을 수 있는 사전을 디자인하라. 정수로 된 수열(integer sequence), 화학 구조, 노래의 운율 구조를 찾을 수 있는 사전에 대해 토의해보라.

8 [S. C. Johnson] 디지털 숫자 표시 장치(seven-segment device)는 10개의 숫자를 표시하는 저렴한 방법을 제공한다.

디지털 숫자 표시 장치는 보통 다음과 같이 번호가 붙어있다.

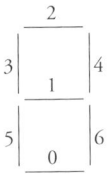

5개의 디지털 숫자 표시 장치를 사용하여 16비트 양의 정수를 표시하는 프로그램을 작성하라. 출력은 5바이트의 배열이다. 바이트 j의 비트 i는 j번째 자리의 i번째 세그먼트가 켜져야 할 때만 1로 설정된다.

3.8 더 읽을거리

데이터가 프로그램의 구조를 결정하기도 하지만, 지혜로운 프로그래머만이

---

[1] 역자 주: 동운어(rhyme) — "face"와 "grace", 또는 "vanity"와 "sanity"처럼 강세가 있는 모음 이하의 음이 동일하고 그 앞의 자음은 다른 단어.

대형 소프트웨어 시스템을 구조화할 수 있다. Steve McConnell의 <Code Complete>는 Microsoft Press에서 출판되었는데, 부제(subtitle) "소프트웨어 구축에 대한 실용적 안내서(A Practical Handbook of Software Construction)"가 이 책의 내용을 정확하게 설명하고 있다. 이 책은 프로그래머가 지혜롭게 되는 첩경을 제시한다.

"데이터"에 대한 8장부터 12장까지가 이 칼럼과 가장 관련이 깊다. McConnell은 데이터를 선언하고 데이터의 이름을 선택하는 기본적인 것에서부터 테이블 기반의 프로그램과 추상 데이터 타입(abstract data type; ADT)을 포함하는 고급 주제까지 설명한다. "디자인"에 대한 4장부터 7장까지는 이 칼럼의 주제를 자세히 설명하고 있다.

소프트웨어 프로젝트를 수행하는 데는 작은 기능을 구현해보는 것으로부터 큰 소프트웨어 프로젝트를 관리하는 것까지 넓은 범위에 걸친 지식이 필요하다. 특히 그의 <Rapid Development(Microsoft Press, 1996)>, <Software Project Survival Guide(Microsoft Press, 1998)>와 결합되면, McConnell의 저작은 두 극단과 그 사이의 대부분의 영역을 포괄한다. 그의 책은 읽기에 재미있지만, 어렵게 얻은 그의 개인적 경험을 말하고 있다는 것을 잊으면 안 된다.

칼럼 4
정확한 프로그램 작성

1960년 말에 사람들은 프로그램의 정확성을 검증하는 새로운 프로그램에 대해 기대하기 시작했다. 불행하게도, 수십 년이 지나도록 아주 몇 안되는 예외를 제외하고는 자동화된 검증 시스템에 대해 이야기하는 것 이상 진전되지는 않았다. 기대가 실현되지는 않았지만, 우리는 프로그램 검증에 대한 연구를 통해 단순히 프로그램을 삼킨 다음, "좋다" 또는 "나쁘다" 만을 알려주는 블랙 박스보다 훨씬 더 가치 있는 어떤 것을 얻었다. 컴퓨터 프로그래밍에 대한 기초적이면서도 중요한 이해를 하게 된 것이다.

이 칼럼의 목적은 프로그래밍에 대한 이런 기초적인 이해가 어떻게 실제 프로그래머로 하여금 정확한 프로그램을 작성하도록 도움을 주는지 보여주는 것이다. 어떤 독자는, 정확한 프로그램을 작성하는 방법이란 대부분의 프로그래머가 생각하는 것처럼 "코드를 작성한 다음, 벽 너머로 던져버리고 QA(Quality Assurance)나 테스트를 통해 버그를 처리하는 것"이라고 했다. 이 칼럼에서는 이에 대한 대안을 기술한다. 우리는 본론에 들어가기 전에 프로그래밍이라는 것에 대해 정확히 파악해볼 필요가 있다. 코딩 기술은 정확한 프로그램을 작성하는 데 있어 작은 한 부분에 지나지 않는다. 작업의 대부분은 앞의 세 칼럼에서 다루었던 문제 정의, 알고리즘 디자인, 데이터 구조의 선택이다. 이 작업들을 잘 해낼 수 있다면, 정확한 코드의 구현은 쉬운 것이 보통이다.

4.1 생각보다 어려운 이진 탐색

최고의 디자인을 했더라도 프로그래머는 종종 미묘한 코드를 작성해야 한다. 이 칼럼은 신중한 코드 작성이 필요한 한 문제, 이진 탐색에 대한 것이다. 우리는 문제를 다시 살펴보고 알고리즘을 스케치한 후, 프로그램을 작성하면서 검증 원리를 사용할 것이다.

우리는 정렬된 배열 $x[0..n-1]$이 목표 t를 포함하는지의 여부를 결정하는 문제를 2.2절에서 처음 보았다.[1] 정확하게는 $n \geq 0$이고, $x[0] \leq x[1] \leq x[2] \leq ... \leq x[n-1]$이 성립하며, $n=0$이면 배열은 비어있는 것이다. t와 x의 각 요소는 같은 타입이다. 가상코드는 정수형, 부동소수점형, 문자열에 상관없이 모두 동일하게 잘 동작해야 한다. 답은 (위치를 나타내는) 정수 p에 저장된다. p가 −1이면 목표 t가 $x[0..n-1]$에 포함되지 않는다는 뜻이고, 그 외의 경우에는 $0 \leq p \leq n-1$이 성립하고 $t=x[p]$가 된다.

이진 탐색은 t를 포함하고 있는(t가 배열에 존재한다면) 배열 내의 범위를 추적하여 문제를 해결한다. 처음에 그 범위는 배열 전체가 된다. 현재 범위의 중간에 위치하는 요소를 t와 비교하여 범위의 절반을 버리면서 범위를 축소해 나간다. 작업은 t가 배열 내에서 발견되거나 t를 포함하고 있어야 할 범위가 빌 때까지 계속된다. n개의 요소를 가지는 테이블에서 이진 탐색을 사용하면 대략 $\log_2 n$번의 비교를 하게 된다.

대부분의 프로그래머는 위와 같은 정도의 설명만 있으면 코드를 쉽게 작성할 수 있다고 생각하지만, 실제로는 그렇지 않다. 그런 생각이 틀렸다는 것을 믿게 되는 유일한 방법은 바로 지금 이 책을 덮어두고 여러분이 직접 코드를 작성해

---

[1] 이런 짧은 변수 이름과 이진 탐색 함수의 정의 형식, 에러 처리 및 대형 소프트웨어 프로젝트의 성공에 중요한 기타 이슈에 대해 비판을 할 수도 있는데, 이에 대한 해설이 연습문제 5.1의 해답에 있다.

보는 것이다. 한번 해보라.

나는 이 문제를 직업 프로그래머 대상의 어떤 강좌에서 과제로 내보았다. 수강생들은 한두 시간을 들여 위의 설명을 각자가 선택한 언어로 표현했다. 고수준의 가상코드는 훌륭했다. 정해진 시간이 지나고 거의 모든 프로그래머들이 정확한 코드를 작성했다고 보고했다. 그리고 프로그래머들은 테스트 케이스를 가지고 30분 동안 그들의 코드를 시험했다. 여러 반에서 백 명이 넘는 프로그래머들의 코드가 조금씩 다른 결과를 보였다. 프로그래머의 90%는 자신의 프로그램에서 버그를 발견했다(그리고 버그가 발견되지 않은 나머지 프로그램도 모두 정확하다고 단정할 수는 없었다).

나는 놀랐다. 충분한 시간을 주었음에도 불구하고 직업 프로그래머의 10%만이 이 작은 프로그램을 정확히 작성했기 때문이다. 그러나, 이 프로그램을 정확히 작성하기가 어렵다는 것을 느낀 것은 그들뿐이 아니다. Knuth는 <Sorting and Searching>의 6.2.1절에서 이진 탐색이 처음 발표된 것은 1946년이고, 버그가 없는 최초의 이진 탐색 코드는 1962년이 되어서야 나타났다고 지적했다.

4.2 프로그램 작성

이진 탐색의 핵심 아이디어는 만약 t가 $x[0..n-1]$에 속한다면 x의 어떤 범위에 포함되어야 한다는 사실을 우리가 알고 있다는 것이다. 우리는 t가 배열에 속해있다면 특정 범위(range)에 있음이 분명하다는 말을 줄여서 mustbe(range)로 표현할 것이다. 그리고 이 기호를 사용하여 위의 이진 탐색에 대한 설명을 프로그램 스케치로 나타낼 수 있다.

```
initialize range to 0..n-1
loop
    { invariant: mustbe(range) }
```

```
if range is empty,
    break and report that t is not in the array
compute m, the middle of the range
use m as a probe to shrink the range
    if t is found during the shrinking process,
    break and report its position
```

이 프로그램의 핵심적인 부분은 중괄호 안에 있는 루프 불변식(invariant)[2]이다. 프로그램의 상태에 대한 이 단정(assertion)은 루프의 각 반복에 대해 처음부터 끝까지 참이므로 불변식이라 부르며, 우리가 위에서 확신했던 직관적인 개념을 정형화한다.

이제 우리는 모든 동작이 이 불변식을 고려하도록 하면서 프로그램을 만들어 갈 것이다. 처음 할 일은 범위를 표현하는 것이다. 범위 $l..u$를 표현하기 위해 변수 l, u(각각 lower, upper를 뜻함)를 사용할 것이다(9.3절의 이진 탐색 함수는 시작 위치와 길이로 범위를 표현한다). 논리 함수 mustbe(l,u)는 t가 배열에 속한다면 (닫힌) 범위 $x[l..u]$에 존재함을 의미한다.

다음은 초기화다. mustbe(l, u)가 참이기 위해서는 l과 u가 어떤 값을 가져야 하는가? 명백하게 0과 $n-1$을 선택할 수 있다. mustbe(0, $n-1$)은 만약 t가 x에 속한다면, $x[0, n-1]$에 존재한다는 것을 뜻하고, 이는 프로그램의 초기부터 명확히 알 수 있는 사실이다. 따라서 $l=0$, $u=n-1$로 초기화할 수 있다.

그 다음 작업은 범위가 비었는지 검사하고 새로운 중간값 m을 계산하는 것이다. 만약 $l>u$ 라면, 범위 $l..u$는 빈 것이고, 이 경우 p에 특별한 값으로 -1을 저장하고 루프를 종료한다. 코드는 다음과 같이 된다.

```
if l > u
    p = -1; break
```

---

[2] 역자 주 : 불변식(invariant) — 어떤 변환 후에 변하지 않고 남아있는 값. 여기서는 루프가 반복되어도 계속 참으로 남아있는 조건 mustbe를 불변식이라 함.

break 문은 루프를 종료하는 역할을 한다. 다음 코드는 범위의 중간값 *m*을 계산한다.

```
m = (l + u) / 2
```

연산자 '/'는 정수의 나눗셈을 구현한 것으로, 7/2는 6/2와 마찬가지로 3이다. 지금까지의 코드를 모아보면 다음과 같다.

```
l = 0; u = n-1
loop
    { invariant: mustbe(l, u) }
    if l > u
        p = -1; break
    m = (l + u) / 2
    use m as a probe to shrink the range l..u
        if t is found during the shrinking process,
        break and note its position
```

*t*와 *x*[*m*]을 비교하고, 불변식을 유지하기 위해 적절한 조치를 취하는 루프 안의 마지막 세 줄을 다듬어 보자. 코드는 일반적으로 다음과 같은 형식이 될 것이다.

```
case
    x[m] <  t: action a
    x[m] == t: action b
    x[m] >  t: action c
```

action b의 경우, *t*가 위치 *m*에 있음을 아는 것이므로 *p*에 *m*을 대입하고 루프를 종료한다. 나머지 두 경우는 서로 대칭적이므로, 우리는 첫 번째 경우에 집중하고 마지막의 경우는 이와 대칭 관계에 있는 코드를 만들면 될 것이다(이것은 다음 절에서 코드를 정확히 검사하는 이유 중의 하나이다).

$x[0] \leq x[1] \leq ... \leq x[m] < t$ 임을 알고 있으므로, $x[m] < t$이라면 *t*는 *x*[0..*m*]에

속하지 않는다. *t*가 *x*[*l..u*]에 반드시 존재한다는 사실까지 생각하면, *t*는 *x*[*m*+1..*u*]에 있을 것임이 확실하므로 mustbe(*m*+1, *u*)로 표현할 수 있다. 따라서 *l*에 *m*+1을 대입함으로써 불변식 mustbe(*l*,*u*)가 다시 성립하게 된다. 위의 코드 스케치에 이 세 가지 경우를 추가하면 다음과 같은 최종적인 결과를 얻게 된다.

```
l = 0; u = n-1
loop
    { mustbe(l, u) }
    if l > u
        p = -1; break
    m = (l + u) / 2
    case
        x[m] <  t: l = m+1
        x[m] == t: p = m; break
        x[m] >  t: u = m-1
```

수십 줄의 코드와 하나의 불변식 단정문(assertion)으로 이루어진 짧은 프로그램이다. 불변식을 정확하게 기술하고, 코드를 한 줄씩 작성하면서 불변식이 유지되는지를 확인하는 프로그램 검증의 기초적인 기법은 우리가 알고리즘 스케치를 가상코드로 바꾸는 데 큰 도움이 되었다. 이 과정을 통해 프로그램에 대해 어느 정도 자신감을 가질 수 있지만, 아직 프로그램이 정확하다고는 확신할 수 없다. 더 읽어 내려가기 전에 몇 분 정도 시간을 들여 코드가 의도한 대로 정확하게 동작하는지 확인해보기 바란다.

4.3 프로그램에 대한 이해

나는 미묘한 프로그래밍 문제를 만났을 때 앞에서 본 것과 같은 자세한 수준에서 코드를 끌어내려고 시도한다. 그리고 정확성에 대한 확신을 더욱 강화하기 위해 검증 방법을 사용한다. [칼럼 9 · 11 · 14]에서 이런 수준의 검증을 사용할 것이다.

이 절에서는 이진 탐색 코드의 검증논리에 대해 까다롭다 싶을 정도로 자세한 수준에서 살펴볼 것이다. 실제로 나는 이렇게 엄밀한 정형분석을 하지는 않는다. 다음 페이지에 있는 코드에는 우리가 처음에 코드를 작성하면서 사용했던 직관적 개념을 정형화하는 단정문이 매우 많이 첨가되어 있다.

코드 개발은 하향(top-down) 방식(일반적인 아이디어에서 출발하여 각 줄의 코드를 개선해 나가는 방식)이지만, 이 정확성 분석은 상향(bottom-up) 방식이다. 코드 한 줄, 한 줄에서 출발하여 이들이 문제를 해결하기 위해 어떻게 협동하는지를 살펴 볼 것이다.

> **경고**
> 다음의 내용은 지루하다.
> 졸음이 온다면, 4.4절로 바로
> 넘어가기 바란다.

1~3번째 줄부터 시작하자. 첫 번째 줄의 단정문 mustbe(0, *n*–1)은 mustbe의 정의(만약 *t*가 배열의 어딘가에 있다면 *t*는 *x*[0..*n*–1]에 있어야 한다)에 의해 참이다. 두 번째 줄의 대입문에서 *l*=0, *u*=*n*–1로 지정하므로, 세 번째 줄의 단정문은 mustbe(*l*, *u*)로 쓸 수 있다.

이제 어려운 부분인 4~27번째 줄을 볼 차례이다. 정확성에 대한 논증은 세 부분으로 이루어져 있고, 각각은 루프 불변식과 밀접하게 관련되어 있다.

초기화(Initialization) : 루프가 처음 실행될 때 불변식이 참이다.

보존(Preservation) : 불변식이 루프의 시작 부분에서 참인 상태로 루프 내의 구문이 실행되면, 루프 내 구문의 실행이 끝난 후에도 불변식은 여전히 참일 것이다.

종료(Termination) : 루프가 종료되고 원하는 결과를 얻게 된다(이 경우에 원하는 결과란 p에 정확한 값이 저장되어 있는 것을 뜻한다). 이것을 보이는 데는 불변식에 의해 입증된 사실을 이용할 것이다.

초기화 부분에 대해서는, 3번째 줄과 5번째 줄에 있는 단정문이 동일하다는데 주목한다. 다른 두 속성을 입증하기 위해 5 ~ 27번째 줄을 살펴볼 것이다. 9번째 줄과 21번째 줄(break문)에 대해 논의하면서 종료 속성을 입증할 것이고, 27번째 줄까지 모두 살펴보았을 때는 보존 속성도 입증했을 것이다(5번째 줄과 27번째 줄이 같으므로).

```
1.      { mustbe(0, n-1) }
2.      l = 0; u = n-1
3.      { mustbe(l, u) }
4.      loop
5.          { mustbe(l, u) }
6.          if l > u
7.              { l > u && mustbe(l, u) }
8.              { t is not in the array }
9.              p = -1; break
10.         { mustbe(l, u) && l <= u }
11.         m = (l + u) / 2
12.         { mustbe(l, u) && l <= m <= u }
13.         case
14.             x[m] <    t:
15.                     { mustbe(l, u) && cantbe(0, m) }
16.                     { mustbe(m+1, u) }
17.                     l = m+1
18.                     { mustbe(l, u) }
19.             x[m] ==   t:
20.                     { x[m] == t }
21.                     p = m; break
```

```
22.                x[m] > t:
23.                        { mustbe(l, u) && cantbe(m, n-1) }
24.                        { mustbe(l, m-1) }
25.                        u = m-1
26.                        { mustbe(l, u) }
27.            { mustbe(l, u) }
```

6번째 줄의 조건문이 참이면, 7번째 줄의 단정문으로 들어간다. 만약 t가 배열의 어딘가에 있다면 l과 u사이의 위치에 있어야 한다. 그리고 $l > u$이다. 이것은 t가 배열에 없음을 의미한다. 따라서 9번째 줄에서 p에 -1을 대입한 후, 정상적으로 루프를 종료한다.

6번째 줄의 조건이 거짓이면, 10번째 줄로 가게 된다. 불변식이 여전히 유효하고(변경한 것이 아무것도 없으므로), 조건이 거짓이었으므로 $l \leq u$임을 알 수 있다. 11번째 줄에서는 l과 u의 평균값을 소수점 이하 내림하여 m에 대입한다. 이 평균값은 항상 l과 u사이의 값이고 내림을 하여도 l보다 작을 수 없으므로, 12번째 줄의 단정문을 쓸 수 있다.

13~27번째 줄의 case문에 있는 세 가지 가능한 경우를 살펴보자. 가장 분석하기 쉬운 것은 두 번째 경우(19번째 줄)이다. 20번째 줄의 단정문이 성립하므로, p를 m으로 설정하고 루프를 종료한다. 이것은 루프를 종료하는 두 지점 중의 하나이고, 두 지점 모두 루프를 적절하게 종료하기 때문에 루프가 정확한 결과와 함께 종료됨을 입증한 것이다.

이제 case문에서 두 가지의 대칭적인 경우가 남았다. 코드를 개발할 때는 첫 번째 경우에 집중하였으므로, 이번에는 22~26번째 줄에 주의를 기울여보자. 23번째 줄의 단정문에 대해 생각해보자. l과 u가 바뀌지 않았으므로 첫 번째 항은 참이다. 또 $t < x[m] \leq x[m+1] \leq ... \leq x[n-1]$이므로 $m-1$ 위쪽에는 t가 존재하지 않고(이것을 간단하게 cantbe(m, $n-1$)이라고 표현한 것이다), 두 번째 항도 참이 된다. 논리적으로 t가 l과 u사이에 존재하고 m의 위쪽에 있지 않다면, l

과 $m-1$ 사이에 있어야 한다(t가 배열 x에 속한다면). 따라서 24번째 줄이 성립한다. 24번째 줄이 성립하는 상태에서 25번째 줄을 실행하면 당연히 26번째 줄이 참이 된다(이것이 대입(assignment)의 정의이다). 따라서 27번째 줄의 불변식이 다시 성립한다.

14~18번째 줄은 정확히 앞과 같은 형태이므로, 이제 case문의 세 가지 경우를 모두 분석한 것이다. 하나는 루프가 적절히 종료됨을 본 것이고, 나머지 둘은 불변식이 유지됨을 본 것이다.

코드를 분석하면서 만약 루프가 종료된다면 p에 적절한 값을 설정하면서 종료한다는 것을 보였다. 그러나 아직 무한 루프에 빠질 가능성이 있다. 사실 이것이 앞에서 언급한 직업 프로그래머들이 작성한 프로그램에서 가장 흔하게 나타난 버그였다.

루프가 반드시 종료됨을 증명하기 위해 범위 $l..u$의 다른 측면을 생각해 보자. 범위는 초기에 어떤 유한한 크기(n)를 가지고, 6~9번째 줄에서 범위가 한 개의 원소도 가지고 있지 않으면 루프가 종료된다는 것을 보장한다. 따라서 반드시 종료됨을 증명하려면 루프가 반복될 때마다 범위가 줄어든다는 것을 보여야 한다. 12번째 줄은 m이 항상 현재의 범위에 포함된다는 것을 나타낸다. case문의 두 가지 경우(14번째와 22번째 줄)에서는 현재 범위로부터 m을 제외시키므로, 크기가 적어도 1씩은 줄어든다. 따라서 이 프로그램은 반드시 종료된다.

이런 배경지식을 갖고 있으면 이 함수를 한층 잘 구현할 수 있을 것이라 확신한다. 구현에 대한 내용은 다음 칼럼에서 다룬다. 이 함수를 C로 구현하고, 정확성과 효율성을 보장하기 위해 테스트를 할 것이다.

4.4 원리

이 연습은 프로그램 검증의 여러 가지 강점(그 문제가 중요하고 주의 깊은 코드가 필요하다는 것, 프로그램의 개발이 검증 아이디어로 처리되었다는 것, 정확성 분석에 일반적인 도구를 이용했다는 것)을 보여준다. 문제가 중요하고 신중한 코드가 필요할 경우, 검증 아이디어에 따라 프로그램을 개발하고 일반적인 도구를 사용하여 정확성을 분석한다. 이 연습의 주된 약점은 너무 자세하다는 것이다. 사실 나는 조금 덜 정형적인 수준에서 작업한다. 다행히 자세한 분석 연습으로 다음을 포함하는 몇 가지 일반적 원리를 알게 된다.

단정문

입력, 프로그램 변수, 출력의 관계는 프로그램의 "상태"를 말해준다. 단정문이 프로그래머로 하여금 이런 관계를 정확하게 나타낼 수 있도록 한다. 프로그램의 실행 전체를 볼 때 단정문이 어떤 역할을 하는지는 다음 절에서 살펴본다.

순차 구조(Sequential Control Structures)

프로그램을 제어하는 가장 간단한 구조로서 "이 명령을 실행하고 나서 저 명령을 실행하라"와 같은 형태로 명령을 나열하는 것이다. 이런 구조는 명령 사이에 단정문을 추가하고 프로그램 진행의 각 단계를 개별적으로 분석하여 이해한다.

선택 구조(Selection Control Structures)

이 구조는 다양한 형태의 if나 case문을 포함하고, 실행 시에 여러 경우 중의 하나가 선택된다. 이런 구조의 정확성을 입증하려면 각 경우를 개별적으로 고려해야 한다. 어떤 경우가 선택되었는지를 알면, 우리는 증명에서 단정문을 사용할 수 있다. 예를 들어 if $i > j$라는 구문 다음에 오는 문장에서는 $i > j$라는 것을 단정할 수 있고, 이 사실을 이용하여 이에 관계된 다음 단정문을 이끌어 낸다.

반복 구조(Iteration Control Structures)

루프의 정확성을 증명하려면, 세 가지 속성을 입증해야 한다.

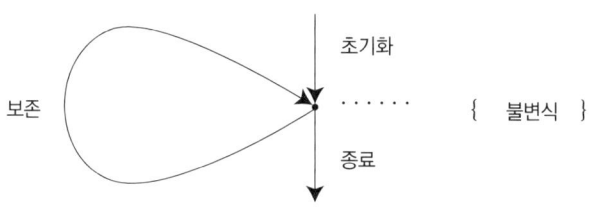

먼저 초기화에 의해 루프 불변식이 성립함을 보이고, 그 다음에는 루프의 각 반복마다 계속 불변식이 성립함을 증명한다. 이 두 단계에서는 수학적 추론으로 루프의 각 반복 전후에 불변식이 참임을 보인다. 세 번째 단계에서는 루프의 실행이 종료되면, 항상 원하는 결과가 참이라는 것을 입증한다. 이는 루프가 종료될 때 항상 적절히 종료된다는 뜻이다. 이와 함께 루프가 종료된다는 것을 다른 방법으로 증명해야 한다(이진 탐색의 종료 증명에서는 전형적인 증명 방법을 사용했다).

함수(Functions)

함수를 검증하기 위해 우리는 먼저 두 개의 단정문으로 함수의 목적을 기술한다. 두 가지란, 함수가 호출되기 전에 성립해야 하는 선조건(precondition)과 종료될 시점에서 보장되는 후조건(postcondition)이다. 따라서 C 이진 탐색 함수를 작성해보면 다음과 같다.

```
int bsearch(int t, int x[], int n)
    /*  precondition:  x[0] <= x[1] <= ... <= x[n-1]
        postcondition:
            result == -1        => t not present in x
```

```
            0 <= result < n   => x[result] = t
    */
```

이들 조건은 사실에 대한 기술이기보다는 계약에 더 가깝다. 함수가 호출되기 전에 선조건이 성립하면, 함수가 종료된 후에는 반드시 후조건이 성립한다는 뜻이다. 일단 함수의 본문에서 이런 속성이 만족된다는 것을 증명하고 나면, 구현을 다시 고려하지 않고도 선조건과 후조건 사이의 관계를 이용할 수 있다. 소프트웨어 개발에 대한 이와 같은 접근 방법을 보통 "계약에 의한 프로그래밍 (programming by contract)"이라고 한다.

4.5 프로그램 검증의 역할

프로그래머는 코드의 정확성을 확인하기 위해 주로 테스트 케이스를 사용한다. 어떤 입력에 대하여 수동으로 프로그램을 실행 시키는 것이다. 물론 이것은 강력한 도구다. 버그를 찾아내기에 충분하고, 사용이 쉬우며, 이해하기도 쉽다. 그러나 프로그래머가 그 프로그램에 대해 깊게 이해하고 있어야 한다. 만약 그렇지 않다면 처음부터 테스트 케이스를 작성할 수도 없었을 것이다. 프로그램 검증의 주된 이점 중의 하나는 이것이 프로그래머로 하여금 자신의 이해를 표현할 수 있는 언어가 된다는 점이다.

이 책의 뒷부분에서는(특히 [칼럼9 · 11 · 14]에서) 미묘한 프로그램을 개발하면서 검증 기법을 사용할 것이다. 코드를 작성하면서 모든 줄에 대한 설명을 나타내기 위해 검증 언어를 사용할 텐데, 이것은 특히 각 루프에 대한 불변식을 스케치하는 데 도움이 된다. 중요한 설명은 프로그램에서 단정문으로 나타난다. 어떤 단정문을 실제 소프트웨어에 포함시킬지를 결정하는 것은 오랜 경험으로만 익힐 수 있는 기술이다.

검증 언어는 보통 코드가 처음 작성된 후에 사용되는데, 코드를 살펴보면서 시작한다. 테스트하는 동안 단정문에 위배되는 일이 발생하면 버그의 위치를 알게 되며, 위반의 형태를 보고, 또 다른 버그를 만들지 않으면서 그 버그를 제거하는 방법을 알 수 있다. 디버깅을 할 때에는 코드뿐만 아니라 잘못된 단정문도 고쳐야 한다. 항상 코드를 이해하려 하고, "동작할 때까지 단지 고치기만 하고 싶은" 좋지 못한 충동을 이겨내야 한다. 다음 칼럼에서는 단정문이 테스트와 디버깅을 하는 동안 어떤 역할을 할 수 있는지 설명한다. 단정문은 프로그램을 유지보수(maintenance)할 때에도 중요하다. 여러분이 전에 본 적도 없고 몇 년 동안 아무도 관리하지 않던 코드를 맡게 되었을 경우, 프로그램의 상태에 대한 단정문을 통해 귀중한 통찰을 얻을 수 있다.

위와 같은 기법은 정확한 프로그램 작성을 위한 작은 한 부분일 뿐이다. 보통 코드를 간단하게 유지하는 것이 정확성을 위한 핵심이다. 그러나, 이런 기법에 익숙한 직업 프로그래머들이 그들의 경험(이제는 내가 프로그래밍을 할 때도 자주 느끼는)을 말해주었는데, 그들이 프로그램을 작성할 때 "어려운" 부분은 처음에도 잘 동작하는 반면에, "쉬운" 부분에서 버그가 생긴다는 것이다. 어려운 부분을 작업할 때에는 쭈그리고 앉아서 강력한 정형기법을 잘 사용한다. 그러나 쉬운 부분에서는 그냥 예전 방법대로 프로그래밍하고 예전과 같은 결과를 얻는다. 나는 내가 직접 경험하기 전까지는 이런 현상을 믿으려 하지 않았다. 이런 당혹스러운 경험은 검증 기법을 자주 사용하게 되는 좋은 동기가 된다.

4.6 연습문제

1 앞에서 이진 탐색을 지루할 정도로 검증했지만, 모든 규칙에 대해 다 검증한 것은 아니다. 프로그램에 런타임 에러(0으로 나누는 에러, 오버플로, 배열 인덱스가 범위를 벗어난 경우 등)가 없음을 어떻게 증명하겠는가?

여러분이 이산 수학에 대한 배경 지식이 있다면, 논리 시스템을 이용하여 이 증명을 어떻게 정형화할 수 있겠는가?

2 앞의 이진 탐색 문제가 너무 쉽게 느껴진다면, 문제를 변형하여 배열 x에서 t가 처음으로 나타나는 위치 p를 찾는 방법을 설명하라(만약 t가 여러 번 나타나면, 원래의 알고리즘은 그중 임의의 하나를 리턴할 것이다). 단, 배열 요소의 비교 횟수는 로그에 비례해야 한다. ($\log_2 n$번 이하의 비교로 처리하는 것이 가능하다.)

3 재귀적 이진 탐색 프로그램을 작성하고 검증하라. 루프를 사용한 버전과 비교할 때 코드 및 증명의 어느 부분이 같고, 어느 부분이 다른가?

4 이진 탐색 프로그램에 비교하는 횟수를 세는 변수를 추가하고, 프로그램 검증 기법을 사용하여 실행시간이 실제로 로그에 비례함을 증명하라.

5 입력 x가 양의 정수일 때 다음 프로그램이 종료됨을 증명하라.

```
while x != 1 do
    if even(x)
        x = x/2
    else
        x = 3*x+1
```

6 [C. Scholten] David Gries는 <The Science of Programming>에서 다음의 문제를 "커피 캔 문제"라고 표현했다. 처음에 검은 콩과 하얀 콩이 약간씩 들어있는 커피 캔 하나와 별도의 검은 콩 무더기가 주어진다. 그리고 캔에 콩이 하나만 남을 때까지 다음 과정을 반복한다.

캔에서 콩 두 개를 아무렇게나 집는다. 두 콩의 색이 같으면, 둘 다 캔에서 빼내고 주어진 별도의 검은 콩 하나를 캔에 넣는다. 두 콩의 색이 다르면, 하얀 콩은 다시 캔에 넣고 검은 콩만 빼낸다.

이 과정이 종료됨을 증명하라. 마지막 남은 콩의 색깔을 처음에 캔 안에 들어있던 검은 콩과 하얀 콩의 개수에 대한 함수로 표현할 수 있는가?

7 어떤 동료가 비트맵 디스플레이에 직선을 그리는 프로그램에서 다음과 같은 문제를 만났다. n개의 실수쌍 (a_i, b_i)로 이루어진 배열은 n개의 직선 $y_i = a_i x + b_i$를 정의한다. 직선들은 x의 구간 [0,1]에서 $y_i < y_{i+1} (0 \leq i \leq n-2)$이 성립하도록 정렬되어 있다.

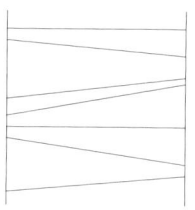

즉, 직선들은 구간 [0, 1]에서 서로 만나지 않는다. 그는 $0 \leq x \leq 1$에서 어떤 점 (x,y)가 주어졌을 때, 그 점을 둘러싸는 두 직선을 구해야 했다. 그는 이 문제를 어떤 방법으로 빠르게 풀었을까?

8 이진 탐색은 기본적으로 순차 탐색보다 빠르다. n개의 원소를 가진 테이블을 검색할 때, 이진 탐색은 약 $\log_2 n$번의 비교를 하지만 순차 탐색은 약 $n/2$ 번의 비교를 하기 때문이다. 이진 탐색이 일반적으로 충분한 속도를 내기는 하지만, 어떤 경우에는 더 빠른 속도가 요구되기도 한다. 알고리

즘 자체가 비교 횟수를 $\log_2 n$ 이하로 줄일 수는 없지만, 코드를 수정하여 이진 탐색을 더 빠르게 만들 수 있겠는가? 문제를 간단하게 하기 위해 1,000개의 정수를 가지는 정렬된 테이블을 검색한다고 가정하라.

9. 프로그램 검증에서 연습한 것처럼 다음의 프로그램에 대하여 입출력 동작을 정확히 지정하고, 코드가 명세를 충족시킴을 보여라. 첫 번째 프로그램은 벡터의 합($a=b+c$)을 구하는 것이다.

```
i = 0
while i < n
    a[i] = b[i] + c[i]
    i = i + 1
```

(이 코드와 다음의 두 코드에서는 "for i = [0,n)"을 while 루프와 루프의 끝에서 변수를 증가시키는 것으로 풀어쓴다.) 다음 코드는 배열 x에서 최대값을 구하는 프로그램이다.

```
max = x[0]
i = 1
while i < n do
    if x[i] > max
        max = x[i]
    i = i + 1
```

다음의 순차 탐색 프로그램은 배열 $x[0..n-1]$에서 t가 처음 나타나는 위치를 구한다.

```
i = 0
while i < n && x[i] != t
i = i + 1
if i >= n
```

```
            p = -1
    else
            p = i
```

다음은 x의 n제곱을 $\log n$에 비례하는 시간 안에 계산하는 프로그램이다. 이 재귀적 프로그램은 코드를 작성하고 검증하는 데 수월하다. 같은 프로그램을 반복 구조로 작성하면 코드가 이해하기 어려워진다. 이것은 추가적인 문제로 남겨 놓는다.

```
function exp(x, n)
     pre n >= 0
     post result = x^n
if n = 0
     return 1
else if even(n)
     return square(exp(x, n/2))
else
     return x*exp(x, n-1)
```

10 이진 탐색 함수에 고의적으로 버그를 포함시키고, 검증 기법을 사용하여 그 버그가 발견되는지를 살펴보라.

11 C나 C++로 다음과 같이 선언된 재귀적 이진 탐색 함수를 작성하고, 그 정확성을 증명하라.

```
int binarysearch(DataType x[], int n)
```

이 함수 하나만 사용해야 한다. 다른 재귀적 함수를 호출하면 안 된다.

4.7 더 읽을거리

David Gries의 <The Science of Programming>은 프로그램 검증 분야에 대한 훌륭한 소개서이다. 1987년에 Springer-Verlag에서 페이퍼백으로 출판되었다. 이 책은 논리에 대한 강좌로 시작하여, 프로그램 검증과 개발에 대한 정형적인 시각을 제공하고, 마지막으로 일반적인 언어에서의 프로그래밍을 논한다. 이 칼럼에서 나는 프로그램 검증의 잠재적인 이점을 설명하려고 노력하였다. 대부분의 프로그래머가 프로그램 검증을 효과적으로 사용할 수 있게 되는 방법은 Gries의 저작과 같은 책을 공부하는 것이다.

칼럼 5
프로그래밍에서의 사소한 문제

지금까지 여러분은 모든 것을 올바르게 처리했다. 문제를 정확히 정의하기 위해서 깊게 생각했다. 요구사항을 분명하게 파악하여 알고리즘과 데이터 구조를 주의 깊게 선택했다. 프로그램 검증 기법을 사용하여 코드가 맞다는 확신을 가질 수 있는 우아한 가상코드를 작성하였다. 이런 것들을 어떻게 큰 시스템에 적용할 수 있을까? 글쎄... 이제 남아있는 것은 프로그래밍에 있어 사소한 문제이다.

프로그래머들은 낙관론자이기 때문에 쉬운 길로 가고 싶어 한다. 코드를 작성하여 기능을 만들고, 그것을 시스템에 넣고 잘 작동하기 바란다. 어떤 때는 제대로 동작하기도 한다. 그러나 1,000번 중 나머지 999번은 그 작은 기능을 조작하기 위해 거대한 시스템을 조금씩 더듬어가야 하는 재앙을 초래한다.

영리한 프로그래머는 대신에 스캐폴딩(scaffolding)을 만들어 그 기능에 쉽게 접근할 수 있도록 한다. 이 칼럼에서는, 앞 칼럼에서 가상코드로 기술했던 이진탐색을 신뢰할 수 있는 C 함수로 구현하는 것을 설명한다(코드는 C++이나 Java에서도 거의 비슷할 것이고, 이 접근 방법은 대부분의 다른 언어에서도 작동할 것이다). 우리는 코드를 작성하면 스캐폴딩으로 그것을 증명한 다음, 좀더 철저한 테스트를 할 것이다. 그리고 실행시간에 대한 실험을 수행할 것이다. 조그만 기능에 대해서는 이런 접근 방법이 거창해 보인다. 그러나 그 결과로 우리는 프로그램을 신뢰할 수 있게 된다.

5.1 가상코드로부터 C로

우리는 배열 x와 목표 아이템 t가 모두 C의 typedef문으로 다음과 같이 정의된 DataType 타입이라고 가정할 것이다.

```
typedef int DataType;
```

정의된 타입은 정수(long integer) 타입이거나 부동소수점 타입, 또는 다른 것이 될 수 있다. 배열은 다음과 같이 두 개의 전역변수로 표현될 수 있다.

```
int n;
DataType x[MAXN];
```

(대부분의 C 프로그램에서 나타나는 좋지 않은 스타일이지만, 여기서는 C++ 클래스에서 데이터에 접근하는 방법을 나타낸다고 생각하자. 전역변수를 사용하면 스캐폴딩을 더 작게 할 수 있다.) 우리의 목적은 다음과 같은 C 함수를 만드는 것이다.

```
int binarysearch(DataType t)
/* precondition: x[0] <= x[1] <= ... <= x[n-1]
   postcondition:
       result == -1     => t not present in x
       0 <= result < n  => x[result] == t
*/
```

4.2절에 있는 대부분의 가상코드가 한 줄, 한 줄씩 C로 바뀔 수 있다(대부분의 다른 언어로도 마찬가지다). 가상코드의 변수 *p*에 값을 저장하는 부분에서 C

프로그램은 그 값을 리턴할 것이다. 가상코드의 loop를 C의 무한루프 for(;;)로 바꾸면 다음과 같은 코드가 된다.

```
for(;;) {
   if (l > u)
      return -1;
   ...rest of loop ...
}
```

우리는 조건을 반대로 만들어 이것을 while 루프로 바꿀 수 있다.

```
while (l <= u) {
   ... rest of loop ...
}
return -1;
```

따라서 프로그램은 다음과 같이 된다.

```
int binarysearch(DateType t)
/* return (any) position if t in sorted x[0..n-1] or
   -1 if t is not present */
{  int l, u, m;
   l = 0;
   u = n-1;
   while (l <= u) {
      m = (l + u) / 2;
      if (x[m] < t)
         l = m + 1;
      else if (x[m] == t)
         return m;
      else /* x[m] > t */
         u = m - 1;
   }
   return -1;
}
```

5.2 테스트 장치(harness)

이 함수를 실험하는 첫 번째 단계는, 물론 손으로 간단한 몇 가지 테스트를 해보는 것이다. 아주 작은 테스트 케이스(배열의 요소가 0개, 1개, 2개인)로도 종종 버그를 찾는데 충분한 경우가 있다. 크기가 큰 배열에 대해서는 이런 작업이 지루해지므로, 그 다음 단계에서는 이 이진 탐색 함수를 호출하는 드라이버(driver)를 작성할 것이다. 5줄의 C 스캐폴딩이면 충분하다.

```
while (scanf("%d %d", &n, &t) != EOF) {
   for (i =0; i < n; i++)
      x[i] = 10 * i;
   printf(" %d\n", binarysearch(t));
}
```

우리는 20여줄의 C 프로그램(binarysearch 함수와 main 함수 안에 있는 위의 코드)으로 시작할 수 있다. 다른 스캐폴딩을 추가해가며 이 프로그램을 키워나 갈 것이다.

입력 라인에 "2 0"을 쳐 넣으면 프로그램은 크기가 2인 배열(x[0]=0, x[1]=10인)을 생성하고, 다음 줄에 들여쓰기를 하여 0에 대한(배열의 0번째 요소인) 검색 결과를 보인다.

```
 2 0
  0
 2 10
  1
 2 -5
  -1
 2 5
  -1
 2 15
  -1
```

직접 입력하는 부분은 이탤릭체로 나타냈다. 그 다음 부분은 10이 정확하게 배열의 위치 1에서 검색된 것을 보인다. 마지막 6줄에서는 검색에 실패했음을 나타내는데, 이는 정확한 결과다. 따라서 이 프로그램은 배열에 2개의 서로 다른 요소가 있는 경우에 대한 모든 가능한 형태의 검색을 적절히 처리하고 있다. 다른 크기를 입력하여 비슷한 테스트를 계속 한다면 그 정확성에 대해 점점 더 큰 확신을 가질 수 있겠지만, 계속된 수작업 테스트에 점점 더 지겨워질 것이다. 다음 절에서는 이런 작업을 자동화하는 스캐폴딩에 대해 설명한다.

모든 테스트가 이렇게 부드럽게 넘어가는 것은 아니다. 다음은 몇몇 직업 프로그래머가 제시한 이진 탐색 코드이다.

```
    int badsearch(DataType t)
    {   int l, u, m;
        l = 0;
        u = n-1;
        while (l <= u) {
           m = (l + u) / 2;
/* printf(" %d %d %d\n", l, m, u); */
           if (x[m] < t)
              l = m;
           else if (x[m] > t)
              u = m;
           else
              return m;
        }
        return -1;
    }
```

(주석 처리된 printf문에 대해서는 잠시 후에 설명한다.) 위 코드에서 잘못된 부분을 지적할 수 있겠는가?

이 프로그램은 앞에서 했던 처음 두 개의 간단한 테스트를 통과했다. 5개의 요소가 있는 배열에서 20이 있는 위치 2를 제대로 찾았고, 30이 있는 위치 3도 제대로 찾았다.

```
5 20
 2
5 30
 3
5 40
 ...
```

그러나 40을 찾도록 했을 때 프로그램이 무한루프에 빠졌다. 왜 그럴까?

이 문제를 해결하기 위해 나는 printf문(앞의 코드에서 주석 처리되었던 부분)을 추가했다. (스캐폴딩이라는 것을 표시하기 위해 왼쪽으로 내어쓰기 되어 있다.) 이제 각각의 탐색에 대해 *l*, *m*, *u*의 값이 어떻게 변하는지를 볼 수 있다.

```
5 20
  0 2 4
 2
5 30
  0 2 4
  2 3 4
 3
5 40
  0 2 4
  2 2 4
  3 3 4
  3 3 4
  3 3 4
  ...
```

첫 번째 탐색에서는 한 번의 검사로 20을 찾아냈고, 두 번째 탐색에서는 두 번의 검사로 30을 찾아냈다. 세 번째 탐색에서도 두 번째 검사까지는 문제가 없지만, 세 번째 검사에서부터 무한루프로 빠진다. 루프가 종료된다는 것을 증명했더라면 이 버그를 발견할 수 있었을 것이다.

나는 큰 프로그램 깊숙이 들어 있는 알고리즘을 디버그해야 할 때는 종종 프로그램을 한 줄씩 실행 시키면서 따라갈 수 있는 디버깅 도구를 사용한다. 그러나 지금과 같이 스캐폴딩을 사용하여 알고리즘에 대해 작업하는 경우에는 print문을 이용하는 것이 복잡한 디버거를 사용하는 것보다 보통 더 빠르고, 더 효율적이다.

5.3 단정문 사용 요령

[칼럼4]에서 이진 탐색을 개발할 때 단정문은 여러 가지 핵심적인 역할을 했다. 코드를 개발하는 데 길잡이 역할을 했고, 그 정확성에 대해 생각하도록 해주었다. 이제 실행 시에 우리가 이해한 대로 동작하는지를 확인하기 위해 코드에 단정문을 넣을 것이다.

우리는 참(true)이라고 믿는 논리식을 분명히 표시하기 위해 assert를 사용할 것이다. 단정문 assert($n \geq 0$)는 n이 0보다 크거나 같을 때에는 아무 것도 하지 않지만, 만약 n이 음수가 되면 에러를 발생시킨다(디버거를 호출한다거나). 이진 탐색이 그 목표를 찾아 결과를 리턴하기 전에, 우리는 다음과 같은 확인을 할 수 있다.

```
    ...
  else if (x[m] == t)  {
    assert(x[m] == t)
    return m;
  } else
    ...
```

이 약한 단정문은 단지 if문의 조건을 반복할 뿐이다. 우리는 리턴값이 입력 범위 안에 포함되는지 확인하도록 단정문을 강화하고 싶을 수 있다.

```
    assert(0 <= m && m < n && x[m] == t);
```

목표값을 찾지 못하고 루프가 끝났을 때, 우리는 *l*과 *u*가 겹쳐졌다는 것을 알고, 따라서 해당 요소가 배열에 없다는 것을 알게 된다. 우리는 찾고자 하는 값을 둘러싸는 인접 요소의 쌍을 찾았음을 확인하고 싶을 수도 있다.

```
assert(x[u] < t && x[u+1] > t);
return -1;
```

이 로직으로 1과 3이 정렬된 테이블 안의 인접 요소라는 것을 알게 되면, 테이블에 2가 존재하지 않는다는 것을 확실하게 알 수 있다. 그러나 이 단정문은 정확히 작성된 프로그램에서도 가끔 실패할 수 있다. 왜 그럴까?

*n*이 0일 때 변수 *u*는 -1로 초기화되므로, 배열의 범위를 벗어난 요소에 접근하는 인덱스가 된다. 이 단정문을 유용하게 만들려면 우리는 경계를 테스트하도록 하여 단정문을 조금 약하게 만들어야 한다.

```
assert((u < 0 || x[u] < t) && (u+1 >=n || x[u+1] > t));
```

이 코드는 잘못된 검색을 하는 경우에 정말로 버그를 찾아낼 것이다.

우리는 매번 반복(iteration)에서 범위를 줄이는 것을 보고 탐색을 멈춘다는 것을 확인했다. 우리는 약간의 계산 코드와 단정문을 이용하여 이 속성을 확인할 수 있다. size를 *n*+1로 초기화하고, 다음 코드를 for문 뒤에 넣는다.

```
oldsize = size;
size = u - l + 1;
assert(size < oldsize);
```

사람들 앞에서 제대로 동작하지 않는 이진 탐색을 헛되이 디버그하여 결국 탐색하고자 했던 배열이 정렬되지 않았다는 것만을 알아낸다면 무척 당혹스러울 것이다.

```
int sorted()
{   int i;
    for (i=0; i < n-1; i++)
        if (x[i] > x[i+1])
            return 0;
    return 1;
}
```

위와 같은 함수를 정의하면, 배열이 정렬되었는지 확인할 수 있다. 그러나 우리는 이 값비싼 테스트가 모든 탐색을 실행하기 전에 단 한번만 실행되도록 주의해야 한다. 테스트를 메인 루프에 포함시키면 이진 탐색의 실행시간이 $n \log n$에 비례하게 된다.

우리가 함수를 그 스캐폴딩에서 테스트할 때나 컴포넌트 테스트를 통해 시스템 테스트로 넘어갈 때 단정문은 많은 도움이 된다. 어떤 프로젝트에서는 전처리기(preprocessor)와 함께 assert를 정의하여 컴파일할 때 제거하여 런 타임 오버헤드를 초래하지 않도록 하기도 한다. 그러나 Tony Hoare는 프로그래머가 테스트를 할 때는 단정문을 사용하다가 제품에는 단정문을 제거하는 것은, 뱃사람이 바닷가에서 연습할 때는 구명조끼를 입다가 바다로 나갈 때 구명조끼를 벗는 것과 같다고 했다.

Steve Maguire의 <Writing Solid Code (Microsoft Press, 1993)> 2장은 고성능 소프트웨어에서의 단정문 사용에 대해 다루고 있다. 그는 Microsoft 제품과 라이브러리에서 단정문을 사용하는 데 있어 치열했던 이야기를 자세히 설명하고 있다.

5.4 자동화된 테스트

여러분은 프로그램을 충분히 테스트했기 때문에 프로그램에 오류가 없다는 것을 어느 정도 확신할 수 있다. 그리고 손으로 여러 가지 경우에 대해 입력하는 것도 지켜워졌을 것이다. 다음 단계는 이런 작업을 자동화할 스캐폴딩을 작성하는 것이다. 테스트 함수의 메인 루프는 가장 작은 값(0)부터 가장 큰 값까지 반복된다.

```
for n = [0, maxn]
   print "n=", n
   /* test value n */
```

print문은 테스트의 진행상황을 출력한다. 어떤 프로그래머들은 이런 것이 지저분하고 불필요한 정보라 생각하여 별로 좋아하지 않는다. 다른 프로그래머들은 테스트의 진행상황을 보며 위안을 얻고, 첫 번째로 버그가 나타나는 시점에서 어떤 테스트를 통과했는지 보는 것은 유용하다고 생각하기도 한다.

테스트 루프의 첫 번째 부분은 배열의 모든 요소가 서로 다른 경우를 검사한다(또한 탐색할 때 배열의 범위를 벗어나지 않는 것을 확인하기 위하여 배열의 맨 마지막에 여분의 요소를 추가하였다).

```
/* test distinct elements (plus one at the end) */
for i = [0, n]
   x[i] = 10 * i
for i = [0, n)
   assert(s(10*i)      ==  i)
   assert(s(10*i - 5)  == -i)
assert(s(10*n - 5) == -1)
assert(s(10*n)     == -1)
```

여러 가지 함수에 대해 테스트를 쉽게 하려고 테스트할 함수를 다음과 같이 정의한다.

```
#define s binarysearch
```

이들 단정문은 탐색의 성공·실패가 가능한 모든 위치에 대해, 그리고 찾고자 하는 요소가 배열에는 들어 있지만 탐색 범위 밖에 있는 경우에 대해서도 테스트를 한다.

테스트 루프의 다음 부분은 배열의 모든 요소가 같은 경우를 검사한다.

```
/* test equal elements */
for i = [0, n)
    x[i] = 10
if n == 0
    assert(s(10) == -1)
else
    assert(0 <= s(10) && s(10) < n)
assert(s(5) == -1)
assert(s(15) == -1)
```

이것은 배열 안에 있는 요소, 그리고 배열에 있는 요소보다 큰 요소, 작은 요소에 대해 탐색한다.

이 테스트는 거의 대부분의 프로그램을 검사할 수 있다. n을 0부터 100 사이의 모든 값으로 테스트하는 것은 빈 배열, 버그가 흔히 나타나는 크기(0, 1, 2), 몇 개의 2의 거듭제곱수, 2의 거듭제곱수와 차이가 나는 많은 여러 크기에 대한 검사를 포함한다. 만약 이 작업을 손으로 직접 했더라면 엄청나게 지루했을 것이고, 따라서 실수를 할 가능성도 많겠지만, 컴퓨터로는 미미한 시간이 걸렸을 뿐이다. *maxn*을 1,000으로 설정한 경우, 내 컴퓨터에서 테스트를 실행하는 데 걸린 시간은 겨우 몇 초에 불과하다.

5.5 시간 측정

광범위한 테스트로 우리는 탐색이 올바르게 작동한다는 확신을 가질 수 있다. 이제 어떻게 하면 탐색의 실행시간이 $\log_2 n$에 비례한다는 믿음을 가질 수 있을까? 다음은 시간 측정을 위한 스캐폴딩의 메인 루프다.

```
while read(algnum, n, numtests)
    for i = [0, n)
        x[i] = i
    starttime = clock()
    for testnum = [0, numtests)
        for i = [0, n)
            switch (algnum)
                case 1: assert(binarysearch1(i) == i)
                case 2: assert(binarysearch2(i) == i)
    clicks = clock() - starttime
    print algnum, n, numtests, clicks,
        clicks / (1e9 * CLOCKS_PER_SEC * n * numtests)
```

이 코드는 *n*개의 서로 다른 요소를 가지는 배열에서 성공적으로 이진 탐색을 수행하는 데 걸리는 평균 실행시간을 계산한다. 먼저 배열을 초기화한 다음, 배열의 각각의 요소에 대해 총 *numtests*회 탐색을 수행한다. switch문에서는 테스트할 알고리즘을 선택한다(스캐폴딩은 항상 몇 가지 변형을 테스트할 수 있도록 준비되어 있어야 한다). print문은 세 개의 입력값과 두 개의 결과값을 출력한다. 두 개의 결과값은 클릭수(이 값을 검사하는 것은 항상 중요하다), 그리고 좀더 해석하기 쉬운 값(이 경우는 탐색을 한 번 수행하는 데 걸린 평균 시간을 ns[1]로 나타낸 값(print문에서 변환 인자 1e9로 주어진 값에 의해))이다.

다음은 펜티엄II 400MHz에서 테스트한 결과이다. 항상 그랬듯이 입력 부분은 이탤릭체로 되어 있다.

1 1000 10000
1 1000   10000 3445   344.5
1 10000 1000
1 10000 1000   4436   443.6

---

1) 역자 주: ns(nano sec)=10^{-9}sec

104 생각하는 프로그래밍

```
1 100000 100
1  100000    100    5658   565.8
1 1000000 10
1  1000000   10 6619   661.9
```

첫 번째 줄은 크기가 1,000인 배열에 대해 알고리즘 1을 테스트 하고, 테스트를 10,000번 수행한다. 이 테스트는 3,445 클럭 틱(이 시스템에서는 ms[2])가 단위로 사용되었다)이 걸렸는데, 각각에 대해 평균 344.5ns가 걸린 셈이다. 이어지는 세 개의 테스트는 n을 열 배씩 증가시키고, *numtests*를 똑같이 10배씩 감소시켜 실행한다. 각 테스트에 대한 실행시간은 대략 $50+30\log_2 n$ ns 정도 걸린다. 다음에 나는 시간 측정 스캐폴딩에 대한 입력을 생성하는 3줄의 프로그램을 작성했다. 출력을 그래프로 나타내면 평균 탐색 시간이 실제로 $\log n$에 비례함을 볼 수 있다. 연습문제 7에서는 이 스캐폴딩으로 시간을 측정할 때 생길 수 있는 잠재적인 버그를 살펴본다. 이 결과에 지나친 확신을 갖기 전에 확인해보기 바란다.

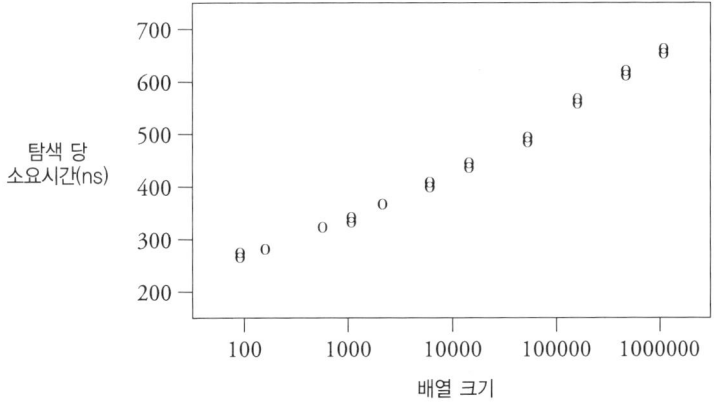

---

2) 역자 주 : ms(mili sec)=10^{-3}sec

5.6 완전한 프로그램

나는 이 칼럼에서 C로 구현한 이진 탐색이 정확하다고 믿는다. 왜 그럴까? 나는 주의 깊게 가상코드를 유도해냈고, 그런 다음 분석적 기법을 사용하여 그 정확성을 검증했다. 한 줄씩 C로 바꾸었고, 프로그램에 입력을 넣고 결과를 보았다. 내 이론적 분석이 실제 동작과 잘 맞는지 확인하기 위해 코드 곳곳에 단정문을 넣었다. 컴퓨터는 자신이 익숙한 작업을 수행하여 테스트 케이스로 프로그램을 공략했다. 마침내 간단한 실험으로 이론에서 예측했던 것과 같이 실행시간이 적다는 것을 보였다.

이런 배경으로, 나는 이 정렬된 배열을 탐색하는 코드를 큰 프로그램에서 사용할 때 아무런 걱정을 하지 않는다. 만약 이 C 코드에서 논리적 버그를 발견하게 되면 매우 놀라게 될 것이다. 그러나 다른 종류의 버그를 발견한다면 그렇게 놀라지는 않을 것이다. 이 함수의 호출부에서 테이블을 제대로 정렬했을까? 검색 아이템이 테이블에 없을 때 -1을 리턴하는 것이 적절할까? 테이블 안에 목표 아이템이 여러 개 존재할 때 이 코드는 그중 임의의 인덱스를 리턴하는데, 사용자는 그중 첫 번째, 혹은 마지막 인덱스를 원하는 것은 아닐까? 기타 등등...

여러분은 이 코드를 신뢰할 수 있는가? 이 점에 있어서는 내 말을 믿어도 좋다. 또는, 이 책의 웹사이트에서는 프로그램을 다운로드 받을 수 있는데, 다운로드 파일에는 지금까지 우리가 살펴본 모든 함수와 [칼럼9]에서 공부할 이진 탐색의 몇 가지 변형을 포함하고 있다. main 함수는 다음과 같은 식이다.

```
int main(void)
{   /* probe1(); */
    /* test(25); */
    timedriver();
    return 0;
}
```

하나의 호출을 제외한 나머지를 주석 처리함으로써, 여러분은 특정 입력에 대한 테스트를 하거나, 여러 가지 테스트 케이스로 공략, 또는 실행시간을 측정할 수 있다.

5.7 원리

이 칼럼에서는 작은 문제에 대해 많은 노력을 기울였다. 문제가 작았을지는 몰라도 쉽지는 않았다. 1946년에 처음으로 이진 탐색이 발표되었지만, 1962년이 되어서야 모든 n값에 대해 정확하게 동작하는 이진 탐색이 나타나게 되었다는 사실을 상기하자(4.1절 참조). 만약 초창기 프로그래머들이 이 칼럼에서 설명한 접근방법을 취했더라면, 정확한 이진 탐색을 이끌어내는 데 16년이나 걸리지는 않았을 것이다.

스캐폴딩

가장 좋은 스캐폴딩(scaffolding)은 보통 제일 만들기 쉬운 것이다. 어떤 작업에 대해서 가장 쉬운 스캐폴딩은 Visual Basic, Java, 또는 Tcl과 같은 언어로 구현된 GUI(Graphical User Interface)를 포함한다. 나는 마우스로 조작할 수 있고 결과를 시각적으로 멋지게 출력하는 작은 프로그램을 30분 정도 내로 빠르게 작성했다. 그러나 알고리즘과 관련된 여러 작업에서는 이런 강력한 도구를 무시하고, 지금까지 이 칼럼에서 사용한, 단순한(그리고 이식성이 강한) 명령행 기법을 쓰는 것이 더 쉽다.

코딩

어려운 함수를 스케치할 때는 사용하기 편리한 고수준(high-level)의 가상코드로 표현한 다음, 구체적인 프로그래밍 언어로 바꾸는 것이 가장 쉬운 방법이다.

테스팅

컴포넌트를 테스트할 때, 스캐폴딩 안에서 테스트하는 것이 큰 시스템 안에서 테스트하는 것보다 더 쉽고 철저하게 테스트할 수 있다.

디버깅

디버깅(debugging)은 프로그램이 그 스캐폴딩에 분리되어 있을 때에도 어렵지만, 프로그램이 실제 환경에 포함되어 있을 때는 더 어렵다. 5장 사이드 바에서 큰 시스템의 디버깅과 관련된 이야기를 다룬다.

시간 측정

만약 실행시간이 중요하지 않다면, 선형 탐색(linear search)이 이진 탐색보다 훨씬 더 간단하고, 많은 프로그래머가 첫 번째 시도만에 정확하게 구현할 수 있다. 우리에게는 복잡한 이진 탐색을 별도로 도입해야 할 만큼 실행시간이 중요했기 때문에, 그 성능이 우리가 기대한 정도라는 것을 확인하기 위해 직접 실험을 해봐야 한다.

5.8 연습문제

1. 이 칼럼과 이 책에서 사용된 프로그래밍 스타일에 대한 의견을 말해보라. 변수 이름, 이진 탐색 함수의 형태와 명세, 코드 레이아웃 등의 문제에 대해 이야기해보라.

2. 이진 탐색에 대한 가상코드를 C 이외의 다른 언어로 바꾸고, 여러분의 구현을 테스트, 디버그할 스캐폴딩을 작성하라.

3 이진 탐색 함수에 에러를 포함시켜보라. 테스트가 에러를 어떻게 발견하는가? 스캐폴딩이 어떻게 버그를 추적하는 데 도움을 주는가? (이 연습은 한 명이 버그를 포함시키고 다른 한 명이 버그를 추적할 때 가장 효과적이다.)

4 이진 탐색 코드는 그대로 두고 이진 탐색을 호출하는 부분에 에러를 포함시켜(가령, 배열을 정렬하지 않은 채로 사용한다든가 하는 식으로) 연습 문제 3을 반복해보라.

5 [R. S. Cox] 정렬되지 않은 배열에 이진 탐색을 적용하는 것은 흔한 버그이다. 탐색을 하기 전에 배열이 정렬되었는지 완전하게 확인하는 것은 $n-1$번을 추가로 비교하는 값비싼 대가를 치러야 한다. 어떻게 훨씬 적은 비용으로 탐색 함수에 부분적 확인(partial checking)을 추가하겠는가?

6 이진 탐색 연구를 위한 GUI를 구현하라. 그 GUI를 구현하는 데 투자한 시간을 상쇄할 만큼 디버깅 효율성이 더 좋아지는가?

7 5.5절의 시간 측정 스캐폴딩은 잠재적인 버그를 가지고 있다. 각각의 요소를 순서대로 탐색하기 때문에, 특히 캐시로 인한 이익을 얻을 수 있다. 만약 사용될 애플리케이션에서의 탐색도 비슷한 특성(locality)을 보인다면, 이것은 정확한 테스트 프레임워크가 될 것이다(그러나, 이 경우 이진 탐색은 아마 적절한 도구가 아닐 것이다). 그러나 탐색이 배열을 랜덤하게 찾는다고 생각하면 우리는 벡터를 초기화한 다음 뒤섞어 놓고

```
for i = [0, n)
    p[i] = i
scramble(p, n)
```

그 다음에 랜덤한 순서로 탐색을 실행해야 한다.

```
assert(binarysearch1(p[i])==p[i])
```

두 가지 버전에 대해 시간을 측정하여 차이가 있는지 보라.

8 스캐폴딩은 별로 사용되지 않고, 일반인들에게 많이 알려져 있지도 않다. 스캐폴딩에 대한 자료를 조사하려 한다면 결국 절망하여 이 책의 웹사이트로 오게 될 것이다. 여러분이 작성한 복잡한 기능을 테스트하는 스캐폴딩을 만들어보라.

9 이 책의 웹사이트에서 search.c 스캐폴딩 프로그램을 다운로드한 다음, 여러분의 컴퓨터에서 이진 탐색에 걸리는 시간을 측정해보라. 입력을 생성하고 출력을 저장, 분석하기 위해 어떤 도구를 사용하겠는가?

5.9 더 읽을거리

Kernighan과 Pike의 <Practice of Programming>이 1999년 Addison-Wesley에서 출판되었는데, 디버깅(5장)과 테스팅(6장)에 50쪽을 할애하고 있다. 여기서는 이런 짧은 칼럼의 범위를 벗어나는 재현 불가능한 버그, 회귀 테스팅(regression testing)과 같은 중요한 주제를 다루고 있다.

초급 프로그래머에게는 이 책의 9개 장이 흥미로울 것이다. 위에 언급된 2개의 장 외의 다른 장들은 프로그래밍 스타일, 알고리즘과 데이터 구조, 디자인과 구현, 인터페이스, 퍼포먼스, 이식성과 표기법 등의 내용을 포함하고 있다. 일반 프로그래머는 이 책을 통해 기술과 스타일에 대한 중요한 통찰을 얻을 수 있다.

   3.8절에서 언급한 <Code Complete>의 25장은 단위 테스트(unit test)에 대해, 26장은 디버깅에 대해 설명한다.

(*Sidebar*)

디버깅

프로그래머라면 다들 디버깅이 어렵다는 것을 안다. 그러나 디버깅을 잘 하는 사람은 디버깅 작업을 간단해 보이도록 만들 수 있다. 당황한 프로그래머가 몇 시간 동안 씨름하던 버그를 말하면, 대가(master)가 몇 가지 질문을 하고, 몇 분 후 그 프로그래머는 잘못된 코드를 말똥말똥 쳐다본다. 디버깅에 노련한 사람은 시스템의 동작을 처음 봤을 때 아무리 불가사의하게 보이더라도 논리적 설명이 있어야 한다는 것을 절대 잊지 않는다.

이런 태도의 좋은 예가 IBM의 Yorktown Heights 연구 센터에서의 일화이다. 한 프로그래머가 얼마 전에 새로운 워크 스테이션을 설치했다. 그가 앉아 있을 때는 모든 것이 정상이었는데, 그가 일어서면 시스템에 로그인을 할 수 없었다. 이 동작은 100% 재현 가능했다. 그가 앉아 있을 때는 항상 로그인이 가능했고, 서 있을 때에는 로그인을 할 수 없었다.

우리들 대부분은 뒤에 앉아서 그 이야기에 경탄하고 있을 뿐이었다. 어떻게 워크 스테이션이 그 불쌍한 친구가 서 있는지, 앉아 있는지를 아는 것일까? 그러나 디버깅을 잘 하는 사람은 분명 어떤 이유가 있으리라는 것을 알고 있다. 가장 쉽게 가정해볼 수 있는 것은 전기 이론이다. 카페트 밑에 헐거워진 전선이 있거나 정전기로 인한 문제가 아닐까? 그러나 전기적 문제는 100% 동일하게 발생하는 경우가 거의 없다. 주의 깊은 동료 한 명이 마침내 제대로 된 질문을 했다. "네가 앉아 있을 때와 서 있을 때 어떻게 로그인 하지? 손으로 직접 해보겠니?"

Sidebar

문제는 키보드에 있었다. 두 개의 키가 맞바뀐 것이다. 그 프로그래머는 앉아 있을 때 키보드를 감각적으로 두드렸고 문제는 발견되지 않았다. 그러나 그가 서 있을 때는 키를 하나하나 찾아 눌렀고, 로그인이 되지 않았다. 그 디버깅 전문가는 여기에 힌트를 얻어 드라이버로 바뀌어 있는 두 키를 교체하여 문제를 해결했다.

Chicago의 뱅킹 시스템은 몇 달 동안 정상적으로 잘 동작했지만, 국제 데이터를 사용할 때 처음으로 갑자기 중지되어 버렸다. 프로그래머들이 며칠 동안 코드를 살펴봤지만 프로그램을 멈추게 할 만한 잘못된 코드를 발견할 수는 없었다. 문제를 좀더 자세히 들여보았을 때, 그들은 Ecuador에 대한 데이터를 입력할 때 프로그램이 종료된다는 것을 알게 되었다. 한층 정밀하게 조사하였을 때, 사용자가 Ecuador의 수도 (Quito)를 입력했을 때, 그 프로그램은 그것을 실행을 멈추라는 뜻으로 해석하고 있다는 것을 알게 되었다.

Bob Martin은 "한 번은 작동하고, 두 번은 작동하지 않는" 시스템을 보았다. 첫 번째 트랜잭션은 정확하게 처리하는데, 그 다음의 트랜잭션에서는 사소한 결함을 보였다. 시스템을 재부팅하면 다시 첫 번째 트랜잭션은 제대로 처리하고 그 이후의 모든 트랜잭션에서는 실패했다. Martin이 이런 동작을 "한 번은 작동하고, 두 번은 작동하지 않는" 것으로 간주했을 때, 개발자들은 프로그램이 로드될 때는 정확하게 초기화되지만, 첫 번째 트랜잭션 이후에는 적절히 재설정되지 않는 변수를 찾아야 한다는 것을 즉각 알았다.

위의 모든 예에서 골치 아픈 버그를 해결하는 데 결정적 힌트가 된 것은 적절한 질문이었다. "앉아 있을 때와 서 있을 때 어떻게 다르게 했습니까? 각각의 방법으로 로그인 하는 것을 직접 볼 수 있겠습니까?", "프로그램이 종료되기 전에 정확히 무엇을 입력했습니까?", "프로그램이 비정상적 동작을 보이기 전에는 제대로 동작했었습니까? 몇 번이나 그랬습니까?"

Sidebar

Rick Lemons는 디버깅에 관한 가장 좋은 교훈을 얻은 것은 마술 쇼를 볼 때였다고 한다. 마술사는 여러 가지 불가능해 보이는 트릭을 보여주었는데, Lemons는 그것을 거의 믿게 될 뻔했다. 그때 그는 불가능한 것은 가능하지 않다는 것을 자신에게 상기시키고는 묘기 하나하나를 자세히 살펴보고 명백한 모순을 분석했다. 그는 그가 기반지식으로써 참이라고 알고 있는 것(물리 법칙)으로부터 시작하여 각각의 트릭에 대한 간단한 설명을 찾으려 했다. 이런 태도는 Lemons를 내가 본 가장 훌륭한 디버거 중의 한 사람으로 만들었다.

내가 본 디버깅에 대한 책 중 가장 훌륭한 책은 Berton Roueche가 쓴 <The Medical Detectives(Penguin, 1991)>이다. 이 책에 나오는 영웅들은 가벼운 병에 걸린 사람에서부터 병이 심각한 마을까지 복잡한 시스템을 디버그한다. 이 실화들은 여타 소설처럼 매혹적이다.

PERFORMANCE

2부
퍼포먼스

　빌드하기 쉽고 사용자를 기쁘게 하는 단순하고도 강력한 프로그램을 작성하는 것이야말로 프로그래머의 궁극적 목표이고, 앞의 다섯 칼럼에서 강조한 것이다.

　이제 우리는 관심을 돌려 프로그램의 재미있는 측면 중의 하나인 효율성에 대해 살펴볼 것이다. 비효율적인 프로그램은 오랫동안 기다리게 하고 기회를 놓치게 하여 사용자를 슬프게 한다. 따라서 여기 나올 칼럼은 좋은 퍼포먼스를 얻기 위한 몇 가지 방법을 설명한다.

　[칼럼6]에서는 여러 가지 접근방법과 이들이 어떻게 상호작용 하는지 살펴본다. 그 다음에 나오는 세 개의 칼럼에서는 실행시간을 개선하기 위한 세 가지 방법을 많이 사용하는 순서대로 논의한다.

　[칼럼7]에서는 "봉투 뒷면에 하는 간단한 계산"을 디자인 프로세스의 초기 단계에 사용하여 기본적인 시스템 구조가 충분히 효율적인지 판단하는 방법을 보여준다.

　[칼럼8]은 때때로 모듈의 실행시간을 엄청나게 단축하는 알고리즘 디자인 기법에 관한 것이다.

　[칼럼9]에서는 코드 튜닝에 대해 논의하는데, 보통 시스템의 구현 후반부에 사용된다.

　그리고 2부를 마무리하는 의미에서, [칼럼10]에서는 퍼포먼스의 다른 중요한 측면인 공간 효율성에 대해 살펴본다.

효율성을 공부하는 데는 세 가지 중요한 이유가 있다. 첫 번째는 많은 애플리케이션에서 퍼포먼스가 본질적으로 중요하기 때문이다. 나는 대부분의 독자들이 너무 느린 프로그램 때문에 좌절하여 좀더 빨랐으면 하고 바랬던 경험이 있을 것이라 확신하다. 내가 아는 한 소프트웨어 관리자는 개발 예산의 반이 퍼포먼스 향상에 투입된다고 추정했다. 실시간 프로그램, 대형 데이터베이스 시스템, 대화형 소프트웨어를 포함한 많은 프로그램은 실행시간에 대한 엄격한 요구사항이 있다.

두 번째 이유는 교육적인 목적이다. 효율성의 향상으로 얻는 실질적인 이득과는 별도로, 효율성이라는 주제를 통해 여러 가지 훈련을 할 수 있다. 여기 나오는 칼럼들은 알고리즘 이론에서 "봉투 뒷면에 하는 간단한 계산"과 같은 상식적인 기법까지 다양한 주제를 다룬다. 주된 주제는 사고의 유동성이다. 특히 [칼럼6]은 우리로 하여금 문제를 여러 관점에서 보도록 한다.

비슷한 교훈이 다른 많은 주제로부터 나올 수 있다. 여기 칼럼들은 사용자 인터페이스나 시스템의 견고성 또는 안전성에 대해서도 다룰 수 있었을 것이다. 그러나 효율성은 측정될 수 있다는 장점이 있다. 우리는 한 프로그램이 다른 프로그램보다 2.5배 빠르다는 것에 동의할 수 있지만, 사용자 인터페이스에 대한 논쟁에서는 종종 개인적 취향에 따라 난항에 빠질 수 있다.

퍼포먼스를 공부하는 가장 중요한 이유는 1986년에 만들어진 영화 탑건(Top Gun)에 나오는 불멸의 대사에서 가장 잘 설명된다. "나는 더 빠른 속도가 필요해..."

칼럼 6

퍼포먼스에 대한 개관

다음의 세 칼럼은 실행 시의 효율성에 대한 서로 다른 세 가지 접근방법을 설명한다. 이 칼럼에서는 어떻게 각각의 접근방법이 모여 전체가 되는지를 볼 것이다. 각 방법은 컴퓨터 시스템을 만드는 몇 가지 디자인 수준[1] 중의 하나에 적용된다. 먼저 어떤 특정 프로그램에 대해 살펴본 후, 시스템의 디자인 수준에 대한 좀더 체계적인 시각으로 전환할 것이다.

6.1 사례 연구

SIAM Journal on Scientific and Statistical Computing 1985년 1월호(6.1절, 85~103 페이지)에서 Andrew Appel은 "다체 운동 시뮬레이션을 위한 효율적인 프로그램"을 설명했다. 그는 프로그램에 대해 여러 수준에서 작업함으로써, 실행시간을 일 년에서 하루로 줄였다.

그 프로그램은 중력장에서의 상호작용을 계산하는 고전적인 "n-체 운동 문

---

1) 역자 주 : 여기서 말하는 디자인 수준(design level)은 디자인이 잘된 정도를 나타내는 수준이 아니라는 점에 유의하기 바란다. 6.2절 참조.

제"를 푸는 것이었다. 질량과 초기 위치, 속도가 주어진 n개의 물체에 대해 3차원 공간에서의 운동을 시뮬레이션한다. 물체는 행성이나 별, 은하라고 생각하면 된다. 2차원에서는 입력이 다음과 같을 것이다.

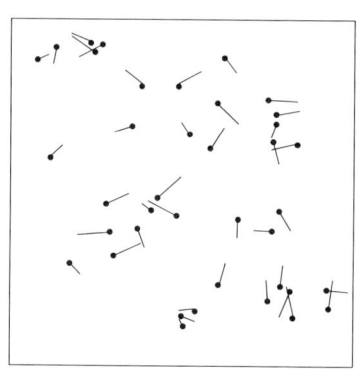

Appel의 논문은 n=10,000인 조건에서 두 가지의 천체 문제를 기술한다. 물리학자들은 시뮬레이션의 실행을 연구함으로써 이론과 천체 관측이 얼마나 잘 부합되는지를 검사할 수 있다. 이 문제에 대한 더 자세한 설명과 Appel의 접근 방법에 기반하여 나온 솔루션을 보고 싶으면, Pfalzner와 Gibbon의 <Many-Body Tree Methods in Physics(Cambridge University, 1996)>를 참고하기 바란다.

보통의 시뮬레이션 프로그램은 시간을 작은 단계로 나누어 단계마다 각 물체의 운동을 계산한다. 각 물체가 다른 물체에 대해 미치는 인력을 계산하기 때문에, 각 단계에서 드는 시간 비용은 n^2에 비례한다. Appel은 n=10,000일 때 그의 컴퓨터에서 이러한 알고리즘을 1,000단계까지 진행시키려면 약 1년이 걸릴 것으로 계산했다.

Appel이 만든 최종 프로그램은 하루도 안 되는 시간에 문제를 풀었다(400배 정도 빨라진 것이다). 그 이후로 많은 물리학자들이 그의 기법을 사용했다. 다음은 그의 프로그램에 대한 간단한 설명인데, 그의 논문에 포함된 여러 중요한 세부 사항은 생략되었다. 여기서 얻을 수 있는 중요한 교훈은 개별적인 수준들로 나누어 작업함으로써 실행 속도를 크게 개선할 수 있었다는 점이다.

알고리즘과 데이터 구조

Appel이 최우선으로 삼은 것은 효율적인 알고리즘을 찾아내는 것이었다. 그는 물리적 물체를 이진 트리의 종단노드로 표현함으로써(상위 노드는 물체의 묶음을 의미한다.) 각 단계 당 $O(n^2)$[2]이던 비용을 $O(n \log n)$으로 줄일 수 있었다. 특정 물체에 작용하는 힘은 큰 묶음들이 만들어내는 힘으로 근사했는데, Appel은 이런 근사값을 사용하는 것이 시뮬레이션을 왜곡시키지 않는다는 것을 증명했다. 트리는 약 $\log n$개의 레벨로 되어 있고, 결과적으로 나온 $O(n \log n)$ 알고리즘은 8.3절에 나오는 나누어서 푸는(divide-and-conquer) 알고리즘과 유사하다. 이와 같은 작업으로 프로그램의 실행 속도가 12배 빨라졌다.

알고리즘 튜닝

원래의 간단한 알고리즘은 두 물체가 서로 가까워지는 경우도 정확히 처리하기 위해 항상 작은 시간 간격을 사용하는데, 이런 경우는 매우 드물다. 트리 데이터 구조를 사용함으로써 이런 경우에 해당하는 쌍을 발견하고 이를 특별한 함수에서 처리할 수 있다. 이렇게 하면 시간 간격을 두 배로 크게 할 수 있고, 따라서 프로그램의 실행시간이 반으로 줄어든다.

---

[2] O 표기법 $O(n^2)$은 n^2에 비례한다는 의미로 생각할 수 있다. $15n^2+100$와 $n^2/2-10$은 모두 $O(n^2)$이다. 더 정확히 설명하면, $f(n)=O(g(n))$은 n이 충분히 큰 값일 때, 어떤 상수 c에 대하여 $f(n)<cg(n)$임을 의미한다. 이 표기법에 대한 공식적인 정의는 알고리즘 디자인이나 이산수학 교재에서 찾아볼 수 있다. 8.5절에서는 이 기호와 프로그램 디자인의 관계를 설명한다.

데이터 구조 재구성

처음의 물체 집합을 표현하는 트리는 나중의 집합을 표현하기에는 적당하지 않다. 각 단계마다 데이터 구조를 재구성하는 것은 시간이 별로 들지 않는다. 그러나 각 단계의 계산량을 줄임으로써 전체 실행시간이 반으로 줄어든다.

코드 튜닝

트리가 제공하는 부가적인 수치적 정확성 덕분에 64비트 배정도(double-precision) 부동소수점 수를 32비트 단정도(single-precision) 부동소수점 수로 대신할 수 있다. 따라서 실행시간이 반으로 줄어든다. 프로그램을 프로파일링 (profiling)해보면 실행시간의 98%가 한 함수에서 소모됨을 알 수 있다. 그 코드를 어셈블리어로 다시 작성하여 속도를 2.5배 개선했다.

하드웨어

위의 개선 작업을 모두 마친 후에도 프로그램은 25만 달러나 하는 머신에서 이틀이나 걸렸다. Appel은 프로그램을 몇 번 더 실행 시키고 싶어서, 부동소수점 연산 가속기(floating point accelerator)가 탑재된 좀더 비싼 머신으로 옮겨 프로그램을 실행하였고, 실행시간이 또 반으로 줄었다.

위에서 설명한 속도 개선 비율을 모두 곱해보면 실행 속도가 400배나 빨라졌음을 알 수 있다. Appel의 최종 프로그램은 10,000개의 물체를 시뮬레이션 하는 데에 약 하루가 걸렸다. 그러나 이러한 속도 개선이 그냥 얻어진 것은 아니다. 원래의 간단한 알고리즘은 단 수십 줄로 표현할 수 있지만, 개선된 프로그램은 1,200줄이 필요했다. Appel은 빠른 프로그램을 디자인하고 구현하기 위해 수개월을 투자했다. 다음 표에 속도 개선이 요약되어 있다.

디자인 수준	속도개선 비율	수정 사항
알고리즘과 데이터 구조	12	이진 트리를 사용하여 $O(n^2)$에서 $O(n \log n)$으로 단축
알고리즘 튜닝	2	더 큰 시간 간격을 사용
데이터 구조 재구성	2	트리 알고리즘에 적합한 클러스터 생성
시스템 독립적인 코드 튜닝	2	배정도 부동소수점 수 대신 단정도 부동소수점 수를 사용
시스템 종속적인 코드 튜닝	2.5	중요 함수를 어셈블리어로 재작성
하드웨어	2	부동소수점 연산 가속기 사용
총계	400	

위의 표를 보면 몇몇 속도 개선 작업이 서로 관계가 있음을 알 수 있다. 가장 중요한 수정 사항은 트리 데이터 구조를 도입한 것이다. 이렇게 함으로써 그 다음의 세 가지 수정 작업을 할 수 있게 되었다. 마지막의 두 작업(어셈블리어 코드로 재작성, 부동소수점 연산 가속기 사용)은 트리와는 상관이 없는 것이다. 그 시대의 슈퍼 컴퓨터(단순한 알고리즘에 적합한 파이프라인 아키텍처를 가진)를 사용했다면, 트리 구조를 도입해도 큰 속도 개선을 이루지는 못했을 것이다. 알고리즘의 속도 개선이 반드시 하드웨어에 독립적일 필요는 없다.

6.2 디자인의 수준

컴퓨터 시스템은 상위 수준(high-level)의 소프트웨어에서 하위 수준(low-level)의 하드웨어인 트랜지스터에 이르기까지 여러 수준에 걸쳐 디자인된다. 다음의 설명은 디자인의 수준에 대한 교훈적인 지침이 될 것이다. 어떤 공식적인 분류를 기대하지는 않기 바란다.[3]

---

[3] 나는 이 칼럼의 주제를 Raj Reddy와 Allen Newell의 논문 <Multiplicative speedup of systems(Perspectives on Computer Science, Academic Press)>에서 배웠다. 그 논문

문제 정의

속도가 빠른 시스템을 만들기 위한 전쟁에서는 그것이 풀어야 할 문제를 어떻게 정의하느냐에 따라 승리할 수도 있고 패배할 수도 있다. 내가 이 글을 쓰던 어느 날, 한 거래처에서 구매 주문이 우리 부서와 회사 구매부 사이에서 유실되어 물량을 공급할 수 없다고 알려왔다. 구매 주문은 대부분이 유사했다. 우리 부서에서만도 50명의 인원이 각자 주문을 내왔다. 우리 부서장과 구매부가 협의하여 이런 50건의 주문을 하나의 큰 주문으로 묶었더니, 두 부서의 관리 업무가 용이하게 되었고, 더불어 컴퓨터 시스템의 일부가 50배나 빨라지게 되었다. 훌륭한 시스템 분석가는 시스템이 배치되기 전이나 또는 배치된 후에도 이와 같이 절약을 할 수 있는 곳이 없나 계속 살펴야 한다.

명세를 잘 정하면 예상했던 것보다 적은 노력으로 문제를 해결할 수도 있다. 우리는 [칼럼1]에서 정렬 프로그램에 대한 입력이 가지는 몇몇 중요한 성질을 이용하여 어떻게 실행시간과 코드의 길이를 10배 이상 줄였는지 보았다. 문제에 대한 명세는 효율성과 미묘한 관련이 있을 수 있다. 예를 들어, 에러 복구를 많이 지원하면 컴파일러가 약간 느려질 수 있지만, 전체적으로는 컴파일하는 횟수가 줄어서 개발 기간이 단축된다.

시스템 구조

하나의 큰 시스템을 여러 모듈로 나누는 것은 퍼포먼스를 결정하는 가장 중요한 요소가 될 수 있다. 디자이너는 전체 시스템을 스케치한 후에 "봉투 뒷면에 간단히 계산하는" 추정을 해야 한다. 이 추정법이 [칼럼7]의 주제다. 기존 시스템을 개선하여 효율성을 높이는 것보다는 새로운 시스템을 효율적으로 만드

은 디자인의 여러 수준에서 속도 개선에 대해 논하고 있다. 특히, 하드웨어와 시스템 소프트웨어에 의한 속도 개선에 대한 내용이 풍부하다.

는 것이 더 쉽기 때문에, 시스템을 디자인할 때에 퍼포먼스 분석을 하는 것이 매우 중요하다.

알고리즘과 데이터 구조

모듈을 빠르게 만드는 핵심은 데이터를 표현하는 구조와 그 데이터를 조작하는 알고리즘이다. Appel의 프로그램에서 가장 큰 비중을 차지하는 개선 사항은 $O(n^2)$ 알고리즘을 $O(n \log n)$ 알고리즘으로 바꾼 것이다. [칼럼2 · 8]에서 이와 비슷한 경우를 다룬다.

코드 튜닝

Appel은 코드를 약간 수정하여 속도를 5배나 빠르게 했다. [칼럼9]에서 코드 튜닝을 주제로 다룬다.

시스템 소프트웨어

때로는 시스템 자체를 바꾸는 것보다 시스템의 기반이 되는 소프트웨어를 바꾸는 것이 더 쉽다. 이 시스템에서 발생하는 질의를 처리하는 데 새로운 데이터베이스 시스템이 더 빠르지 않을까? 이 작업이 요구하는 실시간적 특성에는 다른 운영체제가 더 적합하지 않을까? 컴파일러가 제공하는 모든 최적화 옵션이 활성화되어 있는가?

하드웨어

하드웨어가 빨라지면 퍼포먼스가 좋아진다. 일반용 컴퓨터도 보통 충분히 빠르다. 프로세서의 클럭 속도를 높임으로써 속도를 올릴 수도 있다. 사운드 카드, 비디오 가속기나 기타 카드는 메인 프로세서의 작업을 작고, 빠른 특수 목적의 프로세서가 분담하도록 한다(게임 디자이너는 속도 개선을 위해 이런 장치를 잘 사용하는 것으로 유명하다). 예를 들어, 특수 목적의 디지털 신호 처리 장치(Digital Signal Processors;DSPs)를 사용하면 장난감이나 가전 기기에 말하는 기능을 추가할 수 있다. Appel이 기존의 머신에 부동소수점 연산 가속기를 추가하여 사용한 것은 두 극단의 중간이라 할 수 있다.

6.3 원리

간단한 예방조치가 치료의 큰 수고를 덜어줄 수 있기 때문에, 우리는 Gorden Bell이 DEC에서 컴퓨터를 디자인할 때 했던 말을 항상 염두에 두어야 한다.

> **컴퓨터** 시스템에서 가장 싸고, 가장 빠르고, 가장 믿을만한 컴포넌트는 없는(missing) **컴포넌트다.**

이런 없는(missing) 컴포넌트는 가장 정확하고(절대 실수가 없다), 가장 안전하며(고장나지 않는다), 디자인/문서화/테스트/유지보수하기가 가장 쉬운 컴포넌트이다. 간단한 디자인의 중요성은 아무리 강조해도 지나치지 않다.

그러나 퍼포먼스 문제를 피할 수 없다면, 여러 디자인의 수준에 대해 생각하는 것이 프로그래머의 노력을 집중시키는 데 도움이 될 수 있다.

약간의 속도 개선만 필요하다면, 가장 효과가 큰 수준에서 작업하라

대부분의 프로그래머는 효율성을 얘기할 때 바로 떠올리는 각자의 답을 가지고 있다. 알고리즘을 변경하거나 큐잉 항목을 튜닝한다는 것이 가장 흔하다. 어느 수준에서 개선 작업을 할지 결정하기 전에, 가능한 모든 수준을 살펴 최소의 노력으로 최대의 효과를 낼 수 있는 수준을 선택하라.

많은 속도 개선이 필요하다면, 여러 수준에서 작업하라

Appel처럼 막대한 속도 개선을 얻는 방법은 다양한 측면에서 문제를 살피는 방법밖에 없고, 그렇게 하기 위해서는 대체적으로 매우 많은 노력이 필요하다. 어떤 수준에서의 개선이 다른 수준에서의 작업과 독립적이라면(보통은 서로 독립적이지만, 항상 그런 것은 아니다), 속도 개선은 배가된다.

[칼럼7 · 8 · 9]에서는 세 가지 다른 디자인 수준에서의 속도 개선을 기술한다. 개별적인 속도 개선과 함께 전체적인 면도 항상 생각하라.

6.4 연습문제

1. Appel이 실험에 사용했던 컴퓨터보다 1,000배 빠른 컴퓨터를 사용한다고 가정하자. 동일한 시간(약 하루) 내에 몇 개의 물체에 대한 시뮬레이션을 마칠 수 있겠는가? $O(n^2)$ 알고리즘과 $O(n \log n)$ 알고리즘에 대해 각각 답하라.

2. 다음의 문제들에 대해 디자인의 여러 수준에서 할 수 있는 속도 개선에 대해 논하라.
   - 500자리 정수의 인수분해
   - 푸리에(Fourier) 분석
   - VLSI 회로 시뮬레이션
   - 큰 텍스트 파일에서 특정 문자열 검색

   그리고 여러분이 생각한 개선 방안들 사이의 상관 관계를 설명하라.

3 Appel은 배정도 부동소수점 수를 단정도 부동소수점 수로 대체하면 그의 프로그램이 2배 빨라진다는 것을 알아냈다. 이 사실을 증명하기에 적절한 테스트를 선택하고 여러분의 시스템에서 얼마나 빨라지는가를 확인하라.

4 이 칼럼에서는 실행 시 효율성을 집중적으로 다루었다. 퍼포먼스에 대한 다른 일반적인 척도로는 오류 포용성(fault-tolerance), 신뢰성(reliability), 안전성(security), 가격, 가격 대 성능비, 정확성(accuracy), 사용자 에러에 대한 견고성(robustness) 등이 있다. 이와 같은 문제들을 각 디자인 수준에서 어떻게 풀 수 있는지 논의하라.

5 각 디자인 수준에서 최첨단 기법을 이용하는 데 드는 비용에 대해 논의하라. 개발 기간과 유지보수 용이성, 현금 등의 모든 종류의 비용을 포함해야 한다.

6 "효율성은 정확성 다음이다. 프로그램이 잘못된 답을 낸다면 빠른 속도도 필요없다."라는 말이 있다. 이 말이 옳을까? 그를까?

7 교통 사고로 인한 상해와 같은 일상 생활에서의 문제를 어떻게 수준별로 다룰 수 있는지 논의하라.

6.5 더 읽을거리

Butler Lampson의 <Hints for Computer System Design(IEEE Software 1, 1, 1984년 1월)>에는 퍼포먼스와 관련된 힌트가 많이 나온다. 특히 통합적인 하드웨어-소프트웨어 시스템의 디자인에 대한 좋은 내용이 많다. 이 책이 출판될 쯤이면, www.research.microsoft.com/~lampson/에서 이 논문을 볼 수 있을 것이다.

봉투 뒷면에 하는 간단한 계산

칼럼 7

Bob Martin과 소프트웨어 공학에 대한 흥미진진한 대화를 나누던 중, 그는 이런 질문을 했다. "하루에 얼마나 많은 양의 물이 Mississippi 강에서 흘러나올까?" 그의 질문은 깊은 통찰을 필요로 하는 경우가 많다는 것을 알고 있었기 때문에, 나는 즉흥적인 대답을 자제하고 "무슨 뜻이지?"라고 되물었다. 그가 다시 설명했을 때, 나는 대형 소프트웨어 회사 운영이 주는 압박감으로 확실히 녹초가 되어 있는 그 불쌍한 친구를 만족시키는 것 외에 다른 선택의 여지가 없다는 것을 깨달았다.

내 대답은 이런 식이었다. 입구 근처에서 강의 폭이 1마일[1] 정도 되고, 깊이는 아마도 20피트(250분의 1마일) 정도 될 것이다. 그리고 강이 한 시간에 5마일(하루에 120마일) 정도 흘러간다고 가정했다. 모두 곱하면 강은 하루에 대략 1/2 세제곱 마일 정도의 물을 흘려보내는 셈이 된다.

$$1 \text{ mile} \times 1/250 \text{ mile} \times 120 \text{ miles/day} \approx 1/2 \text{ mile}^3/\text{day}$$

그래서 어떻다는 것인가?

---

1) 역자 주 : 1mile ≈ 1.609km

그 시점에서 Martin은 그의 회사가 구축하려는 하계 올림픽 게임에 사용할 통신 시스템에 대한 제안서를 책상에서 꺼냈다. 그리고 비슷한 방법으로 계산을 했다.

그는 한 글자로 된 메일을 보내는 데 필요한 시간을 직접 측정하여 핵심적인 파라미터 하나를 어림잡았다. 나머지 숫자는 그 제안서에 있는 대로 였고, 따라서 꽤 정확했다. 그의 계산은 Mississippi 강에서 흘러나오는 물의 양을 계산하는 것처럼 단순했지만, 더 많은 의미를 내포하고 있었다. 후하게 가정하더라도, 제안된 시스템은 1분이 적어도 120초로 늘어나야 제대로 작동할 수 있다고 계산된 것이었다. 사실 그는 이미 그 전날 디자인을 다시 시작하도록 지시했다(이 대화를 했던 것은 올림픽이 있기 1년 전이었고, 최종적으로 개발된 시스템은 대회 기간 중 별다른 문제없이 사용되었다).

Bob Martin이 "봉투 뒷면에 간단히 계산"하는 식의 공학적 기법을 도입한 것은 엉뚱할지는 몰라도 훌륭한 방법이었다. 이 아이디어는 공대에서 많이 사용되고, 공학도에게는 중요한 기본기이다. 불행하게도, 전산분야에서는 이런 방법이 너무나도 자주 무시되고 있다.

7.1 기초 기술

봉투 뒷면에 하는 간단한 계산에 도움이 되는 몇 가지를 되짚어 보자.

두 개의 답이 하나보다 낫다

내가 Peter Weinberger에게 하루에 얼마나 많은 양의 물이 Mississippi 강으로부터 흘러나올까를 물었을 때, 그는 "흘러 들어가는 만큼"이라고 대답했다. 그런 다음 그는 Mississippi 강 유역이 약 1,000마일×1,000마일 정도 되고, 강 유역으로 흘러 들어가는 연간 강수량이 약 1피트[2](1/5,000마일) 정도일 것으로 추정했다.

$$1,000 \text{ miles} \times 1,000 \text{ miles} \times 1/5,000 \text{ mile/year} \approx 200 \text{ miles}^3/\text{year}$$
$$200 \text{ miles}^3/\text{year} / 400 \text{ days/year} \approx 1/2 \text{ mile}^3/\text{day}$$

따라서 1/2 mile^3/day, 또는 그보다 약간 더 많은 물이 흘러나온다는 얘기가 된다. 모든 계산에 대해, 특히 대략적인 계산의 경우에는 이중으로 확인하는 것이 중요하다.

속임수이기는 하지만 3중으로 확인하기 위해 연감을 참조해보자. 연감에 따르면 Mississippi 강은 초당 640,000ft^{3}의 물을 흘려보낸다. 이것으로부터 다음과 같이 계산할 수 있다.

$$640,000 \text{ ft}^3/\text{sec} \times 36,000 \text{ secs/hr} \approx 2.3 \times 10^9 \text{ ft}^3/\text{hr}$$
$$2.3 \times 10^9 \text{ ft}^3/\text{hr} \times 24 \text{ hrs/day} \approx 6 \times 10^{10} \text{ ft}^3/\text{day}$$
$$6 \times 10^{10} \text{ ft}^3/\text{day} / (5,000 \text{ ft/mile})^3 \approx 6 \times 10^{10} \text{ ft}^3/\text{day} / (125 \times 10^9 \text{ ft}^3/\text{mile}^3)$$
$$\approx 60/125 \text{ mile}^3/\text{day}$$
$$\approx 1/2 \text{ mile}^3/\text{day}$$

두 계산의 결과가 서로 (특히 연감을 이용한 계산 결과와) 비슷한 것은 순전히 행운이다.

간단한 검사

Polya는 <How to Solve It>에서 "단위에 의한 테스트(Test by Dimension)"에 대해 3쪽을 할애하고 있다. 그는 이 "단위에 의한 테스트"를 기하학 또는 물리학 공식을 확인하는 데 사용할 수 있는 간단하고 효율적인 방법이라 설명한

---

2) 역자 주 : 1ft=12inches ≈ 30.48cm

다. 첫 번째 규칙은, 덧셈을 할 때 단위가 같아야 하고 그 결과도 같은 단위를 갖는다는 것이다. 피트끼리 더해서 피트를 얻을 수는 있지만, 초(second)를 파운드(pound)에 더할 수는 없다. 두 번째 규칙은, 단위를 곱한 결과는 그 단위의 곱을 단위로 갖는다는 것이다. 위의 예는 이 두 가지 규칙을 모두 잘 따르고 있다. 숫자를 제거하고 보면 다음과 같다.

$$(\text{miles} + \text{miles}) \times \text{miles} \times \text{miles/day} = \text{miles}^3/\text{day}$$

위와 같은 복잡한 수식에서 단위를 추적하는 데는 다음과 같은 간단한 표가 도움이 될 수 있다. Weinberger가 했던 계산을 다시 해보자. 먼저 다음과 같이 3개의 원래 요소(factor)를 적을 수 있다.

1000 miles	1000 miles	1 mile
		5000 year

그 다음 항목을 제거하여 수식을 단순화하면, 결과가 200 miles³/year가 된다.

~~1000~~ ~~miles~~	~~1000~~ ~~miles~~	~~1~~ ~~mile~~	200 mile³
		~~5000~~ year	

이제 1년이 대략 400일이라고 가정하여 연(year) 단위를 일(day) 단위로 바꾼다.

~~1000~~ ~~miles~~	~~1000~~ ~~miles~~	~~1~~ ~~mile~~	200 mile³	year
		~~5000~~ year		400 days

다시 일부 항목을 제거하면 앞에서 본 답이 나온다.

| 1000 miles | 1000 miles | 1 mile | 200 mile³ | year | 1 |
| | | 5000 year | | 400 days | 2 |

이런 식으로 표를 이용하면 단위를 추적하는 데 도움이 된다.

단위 테스트(dimension test)는 등식의 형태를 검사하는 것이다. 곱하기, 나누기는 오래 전 계산자(slide rule)[3]가 사용되던 시절의 트릭으로 맨 앞 자리수와 지수를 따로 계산하여 확인할 수 있다. 덧셈에 대해서도 여러 가지 방법으로 간단한 검사를 해볼 수 있다.

```
   3142        3142        3142
   2718        2718        2718
  +1123       +1123       +1123
  -----       -----       -----
    983        6982        6973
```

첫 번째 계산은 자리수가 하나 부족하고, 두 번째 계산은 마지막 자리가 잘못되었다. "9를 버리는(casting out nines) 방법"[4]으로 세 번째 계산을 검사해보면 역시 틀렸음을 알 수 있다. "9를 버리는 방법"이란 숫자들을 모두 합한 후에 9로 나누어 나머지를 찾는 것이다. 세 번째 계산에 대해 이 방법을 사용하면, 피가수(被加數)들은 나머지가 8이고 합산 결과는 나머지가 7이다. 덧셈이 정확하다면 이들 나머지가 같아야 한다.

무엇보다도 상식을 잊지 마라. 어떤 계산이든 Mississippi 강이 하루에 100갤런[5]의 물을 흘려보낸다는 식의 결과는 의심을 해봐야 한다.

---

3) 역자 주 : 계산자(slide rule) - 로그의 원리를 이용하여 정수, 소수의 곱셈과 나눗셈을 비롯하여 제곱근 풀이, 삼각비 등의 근사값을 간단하게 계산할 수 있는 기구.

4) 역자 주 : "9를 버리는 방법"은 어떤 십진수 자연수가 9의 배수이면, 그 수의 각 자릿수를 더한 값도 9의 배수라는 성질을 이용한 것이다. 예를 들어 십진수 abcd(a, b, c, d는 0~9, a는 0이 아님)가 9의 배수라고 하면 a+b+c+d도 9의 배수가 된다.

5) 역자 주 : 1gallon = 3.785 liters

주먹구구식 지침(Rules of thumb)

나는 회계학 수업에서 "72의 법칙"을 처음으로 배웠다. 여러분이 y년 동안 연리가 r%로 돈을 투자했다고 가정하자. 회계에 이 법칙을 적용하면, $r \times y = 72$가 될 때 여러분의 돈은 대략 두 배가 된다. 이 근사는 상당히 정확하다. 1,000달러를 6%의 금리로 12년 동안 투자하면 2,012달러가 되고, 8%의 금리로 9년 동안 투자 하면 1,999달러가 된다.

72의 법칙은 지수적으로 증가하는 값을 추정할 때 편리하다. 만약 접시에 있는 박테리아가 시간당 3%씩 증식한다면, 하루가 지날 때마다 그 수가 두 배가 된다. 프로그래머라면 두 배씩 증가하는 값을 계산하기 위해 사용하는 주먹구구식 방법에 익숙할 것이다. $2^{10}=1024$ 이므로, 두 배씩 늘리는 것을 10번 하면 대략 1,000(1k)이 되고, 20번 하면 1백만(1M)이 되고, 30번 하면 약 10억(1G)이 된다.

어떤 지수적 프로그램이 $n=40$ 크기의 문제를 푸는데 10초가 걸리고, n이 1 증가할 때마다 실행시간이 12%(아마도 우리는 이것을 로그 스케일 그래프를 그리면서 알게 되었을 것이다) 늘어난다고 가정하자. 72의 법칙에 따르면 n이 6 증가했을 때 실행시간은 두 배가 되고, 이런 식으로 n이 60 증가하면 실행시간은 약 1,000배가 된다. 따라서 $n=100$일 때, 이 프로그램이 문제를 푸는데 10,000초(약 3시간)가 걸린다. 그러나 n이 160으로 증가하고, 시간이 10^7초로 늘어나면 어떻게 되겠는가? 10^7초가 얼마나 오랜 시간일까?

아마 1년이 3.155×10^7초라는 사실은 기억하기가 어렵겠지만 Tom Duff의 간편한 규칙은 잊어버리기가 더 어려울 것이다.

π 초 ≈ 1 나노 세기

이 지수적 프로그램은 10^7초가 걸리므로, 우리는 몇 달을 기다릴 준비가 되어 있어야 한다.

연습

다른 많은 활동과 마찬가지로, 여러분의 추정 기술은 연습을 해야만 향상된다. 이 칼럼의 뒷부분에 있는 문제와 [부록2]에 있는 추정 퀴즈를 풀어보라(나는 그와 비슷한 문제를 풀면서 내 추정 능력이 별로 좋지 않음을 느끼게 되었다). [칼럼7] 절의 사이드 바는 일상 생활에서의 간단한 계산을 설명하고 있다. 대부분의 일터에서 봉투 뒷면에 하는 간단한 계산(또는 추정)을 사용할 기회가 많다. 땅콩 모양의 스티로폼 충격 흡수재가 박스 하나에 얼마나 많이 들어갈까? 여러분이 속한 조직에서 사람들이 모닝 커피나 점심, 복사기와 같은 것들 앞에서 줄서서 기다리는 시간은 얼마나 될까? 회사가 봉급으로 지출하는 돈은 얼마나 될까? 나중에 점심을 먹으면서 지루할 때, 여러분의 동료에게 하루에 얼마나 많은 양의 물이 Mississippi 강에서 흘러나오는지를 물어보라.

7.2 퍼포먼스 추정

이제 전산에서의 간단한 계산을 살펴보자. 여러분의 데이터 구조(연결 리스트나 해시 테이블)에 있는 노드는 하나의 정수와 다른 노드에 대한 포인터를 가지고 있다.

```
struct node { int i; struct node *p; };
```

봉투 뒷면에 하는 간단한 계산 퀴즈 : 이런 노드 200만 개를 128MB의 메모리를 가지는 컴퓨터에 저장할 수 있겠는가?

시스템 퍼포먼스 모니터를 보니 내 128MB 머신은 보통 85MB 정도의 가용 메모리를 가지고 있다. (나는 디스크가 언제 버벅거리기 시작하는지 보기 위해 [칼럼2]의 벡터 회전 코드를 실행 시키면서 확인했다.) 그러나 하나의 노드가 얼마나 많은 메모리를 차지할까? 예전에 컴퓨터가 16비트일 때, 포인터와 정수는 각각 2바이트씩 차지했다. 이 책을 쓰고 있는 지금은 32비트의 정수와 포인터가 가장 일반적이므로, 나는 노드 하나가 8바이트를 차지할 것이라 생각한다. 내가 64비트 모드로 컴파일한다면, 아마 16바이트가 될 것이다. 어떤 시스템에서든 다음 한 줄의 C 코드로 답을 알아낼 수 있다.

```
printf("sizeof(struct node)=%d\n", sizeof(struct node));
```

내 시스템에서는 처음에 예상했던 대로 레코드 하나의 크기가 8바이트로 나타났다. 16MB를 85MB의 가용 메모리에 저장하는 데는 아무런 문제가 없다.

그렇다면 내가 이 8바이트의 레코드 200만개를 사용했을 때 왜 내 128MB 머신이 미친듯이 버벅거리기 시작했을까? 그 실마리는 내가 C의 malloc 함수 (C++에서 new 연산자와 비슷한)를 사용하여 동적으로 할당했다는 데 있다. 나는 8바이트의 레코드가 또 다른 8바이트의 오버헤드가 있다고 가정했기 때문에 노드가 총 32MB를 차지할 것이라고 예상했다. 실제로는 각 노드가 40바이트의 오버헤드가 있어 하나의 레코드가 총 48바이트를 차지했다. 따라서 200만 개의 레코드는 96MB를 사용하게 된다. (그러나 다른 시스템에서 다른 컴파일러로 작업했을 때 그 레코드는 단지 8바이트의 오버헤드가 있었을 뿐이었다.)

[부록3]에서 몇 가지 일반적인 구조의 메모리 비용을 보여주는 프로그램에 대해 설명한다. 그 프로그램이 생성하는 첫 번째 줄은 sizeof 연산자를 사용하여 계산한 것이다.

```
sizeof(char)=1   sizeof(short)=2   sizeof(int)=4
sizeof(float)=4  sizeof(struct*)=4 sizeof(long)=4
sizeof(double)=8
```

나는 내 32비트 컴파일러로부터 정확하게 이 값을 기대했었다. 좀더 실험하여 메모리 할당자(storage allocator)가 리턴한 연속된 포인터들 간의 차이를 계산한 다음, 이 차이가 레코드의 크기라고 추측했다. (이런 추측은 항상 다른 도구를 이용하여 검증해봐야 한다.) 나는 이제 이 메모리 할당자가 생각보다 더 많은 메모리를 할당하여 레코드의 길이가 1~12바이트인 경우에는 48바이트의 메모리를 소모하고, 13~28바이트인 경우는 64바이트를 소모하는 식으로 된다는 것을 이해하게 되었다. 우리는 [칼럼10 · 13]에서 이 메모리 모델(space model)에 대해 다시 살펴볼 것이다.

간단한 계산 퀴즈를 하나 더 풀어보자. 어떤 수치 알고리즘(numerical algorithm)의 실행시간이 n^3개의 제곱근 연산에 지배적인 영향을 받고, 이 애플리케이션에서 n=1,000으로 주어졌다. 여러분의 프로그램이 1억 개의 제곱근을 계산하는 데 얼마나 오랜 시간이 걸리겠는가?

내 시스템에서 답을 찾기 위해 다음과 같은 작은 C 프로그램으로 시작했다.

```
#include <math.h>
int main(void)
{   int i, n = 1000000;
    float fa;
    for (i=0; i<n; i++)
        fa = sqrt(10.0);
    return 0;
}
```

나는 실행시간이 얼마나 오래 걸리는지 보여주는 명령과 함께 이 프로그램을 실행 시켰다. (나는 항상 컴퓨터 옆에 놓아둔 오래된 전자시계를 사용하여 이런 시간을 확인한다. 줄은 떨어졌지만 스톱워치로는 쓸만하다.) 나는 제곱근을

1백만 개 구하는데 약 0.2초가 걸리고, 1천만 개 구하는 데는 2초가, 1억 개를 구하는 데는 20초가 걸린다는 것을 알아냈다. 따라서 10억 개의 제곱근을 계산하는 데는 200초가 걸릴 것이라 생각할 수 있다.

그러나 실제 프로그램에서 하나의 제곱근을 구하는 데 200ns밖에 안 걸릴까? 더 오래 걸릴 것이다. 아마도 제곱근 함수는 가장 최근의 인수를 시작값으로 캐시했을지도 모른다. 이런 함수를 같은 인수로 반복적으로 호출하면 비현실적인 이익을 얻게 된다. 게다가, 실제로도 이 함수는 더 빨라질 수 있었다. 나는 최적화 옵션을 비활성화시키고 프로그램을 컴파일했는데, 최적화를 했더라면 불필요한 루프는 제거되었을 것이고, 따라서 프로그램의 실행시간은 항상 거의 0에 가까웠을 것이다. [부록3]에서는 이 짤막한 프로그램을 확장하여 기본적인 C 연산의 시간 비용에 대한 설명을 한 페이지 정도로 출력하는 프로그램을 만드는 방법을 설명한다.

네트워크는 얼마나 빠를까? 확인해보려면 *"ping machine-name"*을 입력한다. 같은 빌딩 내에 있는 머신으로 ping을 하면 수 밀리(mili) 초가 걸릴 것이다. 운 좋은 날엔 미국의 반대쪽 해안에 있는 머신에 ping을 하여 70밀리 초의 결과를 얻을 수도 있고(5,000마일을 빛의 속도로 횡단하면 약 27밀리 초가 걸린다), 운이 안 좋은 날엔 1,000밀리 초를 기다린 다음 타임 아웃(time out)될 수도 있다. 크기가 큰 파일을 복사하는 시간을 측정해보면 10메가 비트 이더넷에서는 초당 약 1메가 바이트 정도가 전송된다(대역폭의 약 80%). 비슷하게 100메가 비트 이더넷에서는 초당 약 10메가 바이트 정도가 전송된다.

약간의 실험을 해보면 중요한 파라미터에 대해 잘 알 수 있게 된다. 데이터베이스 디자이너는 레코드를 읽고 쓰는 데 걸리는 시간, 여러 형태의 조인(join)에 걸리는 시간을 알아야 한다. 그래픽 프로그래머는 중요한 스크린 연산에 드는 비용을 알고 있어야 한다. 지금 이런 간단한 실험을 하는 데 약간의 시간을 투자하면 나중에 현명한 결정을 내려야 할 때 몇 배가 되어 돌아올 것이다.

7.3 안전 계수(Safety Factors)

어떤 계산의 출력이든 입력이 정확할 때만 의미가 있다. 좋은 데이터를 사용하면 간단한 계산으로도 정확하고 때로는 아주 유용한 결과를 만들 수 있다. Don Knuth가 한번은 디스크 정렬 패키지를 작성했는데, 그가 계산으로 예측했던 것보다 두 배의 시간이 걸린다는 것을 발견했다. 열심히 확인한 결과 문제점을 찾았는데, 다른 소프트웨어의 버그 때문에 시스템의 1년밖에 안 된 디스크가 제품의 사양에 있는 속도보다 두 배나 느리게 작동하고 있었던 것이었다. 버그가 수정되었을 때, Knuth의 정렬 패키지는 예상된 시간 내에서 동작했고, 디스크를 많이 사용하는 다른 프로그램 역시 빨라졌다.

그러나 종종 대략적인 결과를 얻기 위한 불완전한 입력이 충분할 때도 있다. ([부록2]에 있는 추정 퀴즈는 여러분이 추정한 결과의 질을 판단하도록 도와줄 것이다.) 만약 여러분이 여기서 20%, 저기서 50%를 추측했지만 디자인이 여전히 정확한 명세와는 거리가 멀다면, 더 이상의 정확성은 불필요하다. 그러나 에러에 대해 20%의 여유가 있다고 하여 지나친 확신을 가지기 전에 Vic Vyssotsky의 충고에 대해 고려해볼 필요가 있다. Vyssotsky는 다음과 같이 말했다.

> 여러분 대부분은 아마 'Galloping Gertie', 즉 1940년에 폭풍으로 붕괴되어 버린 Tacoma Narrows Bridge의 사진을 기억하고 있을 것입니다. 현수교가 그런 식으로 붕괴되는 것은 Galloping Gertie 이전에도 80년 동안 계속된 일이었습니다. 그것은 공기역학적 양력 현상으로, 힘을 공학적으로 적절히 계산하기 위해서는 비선형성이 동반되는데, 소용돌이 스펙트럼(eddy spectrum)을 모델링하기 위해 Kolmogorov의 수학과 개념을 사용해야 합니다. 1950년대가 되기 전에는 이것을 정확하게 하는 방법을 자세

히 아는 사람은 아무도 없었습니다. 그렇다면 Brooklyn Bridge는 왜 Galloping Gertie와 같이 붕괴되지 않았을까요?

그것은 John Roebling이 자신이 무엇을 모르는지를 인지하는 데 충분한 센스를 가졌기 때문이었습니다. Brooklyn Bridge의 설계에 대한 그의 노트와 편지가 아직도 남아있는데, 이것은 자신의 지식의 한계를 인식하고 있는 훌륭한 엔지니어의 좋은 예가 됩니다. 그는 현수교에 작용하는 공기역학적 양력을 보아왔기 때문에 그것을 알고 있었습니다. 그리고 그는 자신이 그것을 모델링할 수 있을 정도로 충분히 알지 못한다는 것도 알고 있었습니다. 그래서 그는 Brooklyn Bridge의 노면 트러스에 대한 강도를 그때까지 알려진 정적, 동적 부하를 기초로 한 일반적인 계산 결과가 요구하는 것의 6배가 되도록 하였습니다. 그리고 그는 노면 밑으로 이어지는 대각선 방향의 내구력 네트워크를 지정하여 전체 교량 구조를 강화하였습니다. 시간이 되면 직접 가서 보십시오. 거의 유일한 구조입니다.

Roebling은 자신이 설계한 다리가 다른 많은 교량처럼 붕괴하지 않겠냐는 질문을 받았을 때 이렇게 대답했습니다. '아닙니다. 저는 실제 필요한 것보다 6배나 더 강하게 다리를 설계했기 때문에 그렇게 되지는 않을 것입니다.'

Roebling은 훌륭한 엔지니어였고, 그가 모르는 부분을 보충하기 위해 안전 계수(safety factor)를 크게 잡아 훌륭한 다리를 만들었습니다. 우리도 그렇게 하고 있습니까? 저는 여러분에게 실시간 소프트웨어의 퍼포먼스를 계산할 때 우리가 모르는 부분을 보충하기 위해 결과를 두 배, 네 배, 혹은 여섯 배 느리게 할 것을 제안합니다. 신뢰성/가용성에 대한 어떤 목표치를 만족시키려 할 때 모르는 부분을 보충하기 위해 우리는 그 목표로부터 한 발 물러서서 우리가 그 목표의 열 배로 만족시킬 수 있을지를 생각해야 합니다. 크기, 비용, 스케줄을 추정할 때, 우리가 모르는 부분을 보충하기 위해 두 배, 또는 네 배 더 보수적이 되어야 합니다. 우리는 John Roebling처럼 설계를 해야 하지, 그가 살던 시대의 다른 사람들과 같이 해서는 안됩니다. 제가 알기로는 Roebling이 살던 시대의 다른 사람들에 의해 미국에 세워진 현수교 중 지금까지 남아 있는 것은 없고, 1870년대에 미국에서 건설된 모든 형태의 교량 중 1/4이 세워진지 10년도 안되어 붕괴되었습니다.

우리는 John Roebling과 같은 엔지니어일까요? 저는 궁금합니다.

7.4 Little의 법칙

대부분의 "봉투 뒷면에 하는 간단한 계산"에서는 전체 비용은 단위 비용 곱하기 단위의 개수와 같다는 명확한 규칙을 사용한다. 그러나 때로는 좀더 미묘한 통찰이 필요하다. Bruce Weide는 놀라울 정도로 융통성 있는 규칙에 대해 다음과 같이 적었다.

> Denning과 Buzen에 의해 도입된 <operational analysis(Computing Surveys 10, 1978년 11월 3일, p.225-261)>는 컴퓨터 시스템의 큐잉 네트워크(queueing network) 모델보다 훨씬 더 일반적이다. 그들의 설명은 훌륭했지만, 논문의 제한된 초점 때문에, Little의 법칙이 가지는 일반성에 대해 탐구하지 못했다. 그 증명 방법은 큐(queue)나 컴퓨터 시스템과는 아무런 관계도 없다. 어떤 객체가 들어가고, 나오는 시스템을 상상해보라. Little의 법칙에 따르면, 시스템 내에 있는 객체의 평균 개수는 시스템을 떠나는 평균 비율과 시스템 내에서 머무는 평균 시간을 곱한 것이다(그리고 들어가고 나오는 전체 흐름에 균형(평형)이 있다면, 들어가는 비율과 나오는 비율 또한 같다).

나는 Ohio 주립대학에서 컴퓨터 구조 수업 시간에 퍼포먼스 분석방법으로 이 기법을 가르친다. 그러나 나는 그 결과가 시스템 이론에서의 일반적인 법칙이고, 다른 많은 종류의 시스템에도 적용될 수 있다는 것을 강조한다. 예를 들어, 여러분이 인기 있는 나이트클럽에 들어가기 위해 줄을 서서 기다리고 있다면, 여러분은 잠시 서서 기다리며 사람들이 들어가는 비율을 보고 얼마나 오래 기다려야 할지를 추정할 수도 있다. 그러나 Little의 법칙을 이용하면 여러분은 다음과 같이 추론할 수 있다. '여기는 약 60명을 수용할 수 있고, 사람들은 보통 3시간 정도 머물기 때문에, 시간당 20명 정도의 비율로 들어가고 있군. 20명이 줄에서 기다리고 있으니까 우린 한 시간 정도를 기다려야 하는군. 집에 가서 <생각하는 프로그래밍>이나 읽는 게 낫겠다' 라고 이해할 수 있을 **것이다.**

Peter Denning은 이 규칙을 다음과 같이 간단히 표현했다. "큐에 있는 객체의 평균 개수는 들어가는 비율과 평균 지체 시간의 곱과 같다." 그는 이것을 그의 포도주 저장실에 적용했다. "나는 지하실에 포도주가 150상자 있고 1년에 25상자를 소비(구입)한다. 나는 각각의 상자를 얼마나 오랫동안 보관하는 것일까? Little의 법칙에 따라 150상자를 25상자/년으로 나누면, 6년이라는 것을 알 수 있다."

그 다음, 그는 좀더 복잡한 상황에 응용했다. "다중 사용자 시스템의 응답시간 공식은 Little의 법칙과 흐름의 균형을 이용하여 증명할 수 있다. 평균 생각 시간이 z인 n명의 사용자가 응답시간이 r인 임의의 시스템에 연결되어 있다고 가정하자. 각각의 사용자는 생각하는 것과 응답을 기다리는 것을 반복하므로 이 메타-시스템(컴퓨터 시스템과 사용자를 포함하는)의 총 작업수는 n으로 고정되어 있다. 이때 시스템의 출력과 사용자 사이의 경로는 평균 작업수가 n이고 평균 응답시간이 $z+r$, 효율(throughput)이 x(단위 시간당 작업량)인 메타-

시스템으로 볼 수 있다. Little의 법칙에 따르면 $n = x \times (z+r)$이 되고, 이것을 풀면 $r = n/x - z$가 된다.

7.5 원리

봉투 뒷면에 하는 간단한 계산을 이용할 때, Einstein의 유명한 충고를 꼭 기억하기 바란다.

> 모든 것은 가능한 단순해져야 하지만, 그 이상 단순해지면 안 된다.

파라미터 추정에 있어서의 실수와 우리가 무시한 문제를 보상하기 위한 안전계수를 포함했으므로, 우리는 간단한 계산이 지나치게 단순하지는 않다는 것을 알고 있다.

7.6 연습문제

[부록2]에 추가적으로 문제가 더 있다.

1. Bell 연구소가 거대한 Mississippi 강으로부터는 1천 마일이나 떨어져 있지만, Passaic 강(평상시에는 조용히 흐르는)으로부터는 단지 몇 마일 정도 떨어져 있을 뿐이다. 1992년 6월 10일, 일주일간 엄청난 폭우가 내린 후 Star-Ledger는 "그 강은 평균보다 5배나 빠른, 시간당 200마일의 속도로 흘러내려갔다"는 한 엔지니어의 말을 인용했다. 이에 대한 의견을 말해 보라.

2 어느 정도의 거리라면 고속 데이터 전선으로 정보를 전달하는 것보다 배달원이 자전거를 타고 이동성 미디어(removable media)를 운반하는 것이 더 빠르겠는가?

3 타이핑으로 플로피 디스크 한 장을 채우는 데 얼마나 오래 걸리겠는가?

4 세상이 지금보다 백만 배 정도 느려진다고 생각해보라. 여러분의 컴퓨터가 명령을 하나 수행하는 데 얼마나 오래 걸리겠는가? 디스크가 한 바퀴 도는 데는? 디스크 암(arm)이 디스크를 가로지르는 데는? 여러분의 이름을 타이핑하는 데는 얼마나 걸리겠는가?

5 "9를 버리는 기법(casting out nines)"이 어떻게 정확하게 덧셈을 테스트할 수 있는지 증명하라. 72의 법칙은 어떻게 더 테스트하겠는가? 어떻게 이것을 증명할 수 있겠는가?

6 UN은 1998년 인구를 59억으로, 연간 인구 증가율을 1.33%로 추산했다. 이 증가율이 계속 된다면, 2050년에는 인구가 얼마나 되겠는가?

7 [부록3]은 여러분의 시스템에 대한 시간 및 공간(메모리) 비용에 대한 모델을 생성하는 프로그램을 설명하고 있다. 이 모델에 대해 읽은 다음, 여러분의 시스템에 대한 비용을 추정하여 기록해보라. 이 책의 웹사이트에서 프로그램을 다운로드하여 여러분의 시스템에서 실행 시켜보고, 결과를 여러분의 추정과 비교해보라.

8 이 책에 나오는 디자인 스케치의 실행시간을 간단한 계산으로 추정해보라.
   a. 프로그램과 디자인이 필요로 하는 시간과 메모리 요구사항을 추정하라.
   b. O 표기법은 간단한 계산을 정형화한 것으로 볼 수 있다. 증가율은 중요시하지만 상수 요소는 무시한다. [칼럼6 · 8 · 11 · 12 · 13 · 14 · 15]에 나오는 알고리즘의 실행시간을 O 표기법으로 표시하여, 각 알고리즘을 구현한 프로그램의 실행시간을 추정하라. 각 칼럼에서 제시한 실험 결과와 여러분의 추정치를 비교해보라.

9 어떤 시스템이 하나의 트랜잭션을 처리하기 위해 디스크에 100번 접근한다고 가정하자(더 적게 접근하는 시스템도 있지만, 하나의 트랜잭션당 수백 번의 접근을 필요로 하는 시스템도 있다). 이 시스템은 한 시간 동안 얼마나 많은 트랜잭션을 처리할 수 있겠는가?

10 여러분이 사는 도시의 연간 사망률이 전체 인구의 몇 %가 되는지 추정하라.

11 [P. J. Denning] Little의 법칙에 대한 증명을 간략히 스케치해보라.

12 신문에서 미국의 25센트 동전은 평균 수명이 30년이라는 기사를 읽었다. 이 말을 어떻게 확인할 수 있겠는가?

7.7 더 읽을거리

수학에서의 상식에 대한 책으로 내가 항상 좋아하는 책은, 고전이라 할 수 있는 Darrel Huff의 <How To Lie With Statistics(1954)>이다. 이 책은 1993년에 Norton에서 재발간되었다. 책에 나오는 예제는 지금 보면 예스럽게 느껴지지만(책에 나오는 부자들은 터무니없게도 1년에 25,000달러를 번다!), 원리는 영원하다. John Allen Paulos의 <Innumeracy: Mathematical Illiteracy and Its Consequences(Farrar, Staus and Giroux)>는 비슷한 문제에 대한 1990년대식 접근법이다.

물리학자들은 이 칼럼의 주제를 잘 알고 있다. 이 칼럼이 Communications of the ACM에 발표되었을 때, Jan Wolitzky는 다음과 같이 썼다.

> 나는 "봉투 뒷면에 하는 간단한 계산"이 "페르미(Fermi) 근사"(물리학자의 이름을 따서)로도 불리는 것을 들었다. 이야기는 Enrico Fermi, Robert Oppenheimer, 그리고 다른 맨하턴 프로젝트에 참여했던 거물들이 수천 야드 떨어진 낮은 방풍벽 뒤에서 첫 번째 원자력 장치의 폭발을 기다리면서 있었던 때의 일이다.
>
> Fermi는 종이를 작은 조각으로 찢은 다음 섬광을 본 순간에 종이 조각을 공중으로 던졌다. 충격파가 지나간 다음, 그는 걸음걸이로 종이 조각이 날아간 거리를 잰 다음 "봉투 뒷면에 하는 간단한 계산"을 이용하여, 그 폭탄의 폭발력을 알아냈다. 그 결과는 훨씬 나중에 고가의 측정 장비로 확인되었다.

'back of the envelope'와 'Fermi problems'를 검색어로 하여 인터넷에서 찾으면, 이와 관련된 수많은 웹 페이지를 찾을 수 있다.

> *Sidebar*

일상 생활에서의 간단한 계산

이 칼럼을 Communications of the ACM에 발표한 후에 재미있는 편지를 많이 받았다. 한 독자는 어떤 외판원이 새 자동차를 1년 동안 100,000마일이나 운전했다고 하는 광고를 듣고 나서, 아들에게 그 주장의 타당성을 검사하도록 했다고 한다. 문제를 간단히 풀어보면, 연간 근로 시간이 2,000시간 정도 되므로(50주 곱하기 40시간/주), 외판원이 평균 시속 50마일로 다녔다는 말이 되는데, 이는 실제로 물건을 파는 데 소요되는 시간을 무시한 것이다. 이 시간까지 고려한다면 더 빠른 속도로 운전했다는 뜻이 된다. 따라서 그 주장은 믿기 어렵다.

일상 생활에도 간단한 계산 기술을 갈고 닦을 기회가 많이 있다. 예를 들면, 작년에 레스토랑에서 식사를 하는 데 얼마나 많은 돈을 썼을까? 한번은 뉴욕에 어떤 부부가 빠른 계산을 해봤더니 매달 택시비로 쓴 돈이 집세보다 더 많더라는 이야기를 듣고 충격을 받은 적이 있다. 그리고 캘리포니아에 사는 독자에게는(택시가 무엇인지 모를 수도 있는) 다음 질문이 적절할 듯 하다. 정원용 호스로 수영 풀장을 채우는 데 얼마나 오래 걸릴까?

몇몇 독자는 간단한 계산을 어렸을 때 적절히 가르치는 것에 대한 의견을 보내왔다. Roger Pinkham은 다음과 같이 썼다.

> 저는 교사이고, 관심 있어 하는 사람이라면 누구에게나 "봉투 뒷면에 하는 간단한 계산"을 가르치려고 수년 동안 시도해오고 있습니다. 그러나 믿을 수 없을

Sidebar

> 정도로 성과가 안 좋습니다. 의심 많은 사람들은 잘 이해를 못하는 것 같습니다.
>
> 저는 "봉투 뒷면에 하는 간단한 계산"을 아버지에게 배웠습니다. 저는 Maine 주의 해변에서 살았는데, 어렸을 때 아버지와 아버지의 친구 Homer Potter 씨께서 하시는 이야기를 듣게 되었습니다. Homer 씨는 Connecticut 출신의 두 여자가 하루에 200파운드의 바다가재를 잡아 올린다고 주장했습니다. 저의 아버지께서는 말씀하셨습니다. "한번 볼까. 자네가 15분마다 통발을 들어올린다고 치고, 통발 하나에 3마리가 들어있다고 하면, 한시간에 12마리, 하루엔 100마리 정도가 되겠군. 자네 말을 믿을 수 없네!"
>
> Homer 씨는 맹세했습니다. "글쎄... 정말이라니까. 자네는 아무것도 믿지를 않는군!"
>
> 아버지는 믿으려 하지 않으셨고, 대화는 그렇게 끝났습니다. 두 주가 지난 후, Homer 씨는 말씀하셨습니다. "Fred, 알아보니 그 두 여자는 하루에 단지 20파운드만 잡아 올린다는군."
>
> 실수에 관대하신 아버지는 간단히 대답하셨습니다. "이젠 자네 말을 믿네."

몇몇 다른 독자들은 이런 태도를 아이들에게 가르치는 것에 대해 부모와 아이들 양쪽의 관점에서 토론했다. 아이들에게 인기 있는 문제는 다음과 같은 형태다. "워싱턴 DC까지 걸어가는 데 얼마나 오래 걸릴까?", "올해 얼마나 많은 나뭇잎을 갈퀴로 긁어 모을 수 있을까?" 적절히 지도하면, 이런 질문은 아이들을 괴롭히는 대가로 아이들에게 평생 지속되는 탐구정신을 키워줄 수 있을 것이다.

칼럼 8
알고리즘 디자인 기법

[칼럼2]에서 알고리즘 디자인이 프로그래머에게 미치는 일상적인 영향에 대해 배웠다. 알고리즘적인 통찰이 프로그램을 더 간단하게 만든다는 내용이었다. 이 칼럼에서는 알고리즘 디자인이 가지는 덜 빈번하지만 훨씬 더 극적인 영향을 볼 것이다. 세련된 알고리즘으로 극한적인 퍼포먼스 향상을 이룰 수 있다는 것이다.

이 칼럼에서는 어떤 작은 문제에 대한 네 가지의 다른 알고리즘을 공부할 텐데, 각각을 디자인하는 데 사용한 기법을 중심으로 전개한다. 일부 알고리즘은 약간 복잡하지만, 그럴만한 이유가 있다. 첫 번째 프로그램은 크기가 100,000인 문제를 15일 걸려 풀지만, 마지막 프로그램은 같은 문제를 5ms만에 푼다.

8.1 문제 및 간단한 알고리즘

이 문제는 1차원 패턴 인식을 구현하는 중에 생긴 것이다. 자세한 배경은 나중에 설명하겠다. 입력은 n개의 부동소수점 수로 이루어진 벡터 x이고, 출력은 입력된 벡터에 대한 연속적인 부분벡터 각각의 합 중 최대값이다(이를 최대합이라 한다). 예를 들어 입력벡터가 다음과 같이 10개의 요소를 가지고 있다면,

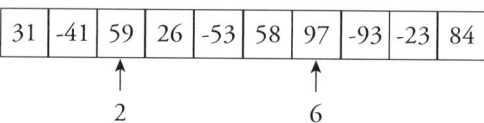

프로그램은 x[2..6]의 합. 즉, 187을 출력해야 한다. 모든 요소가 양수라면 문제는 간단해진다. 입력벡터의 합 자체가 그대로 답이 된다. 그러나 요소 중 일부가 음수라면 문제가 복잡해진다. 음수를 만났을 때, 그 다음에 있는 양수가 합을 보상하고도 남을 것이라 기대하며 그 음수를 포함시켜야 할까? 문제를 완전하게 정의하기 위해, 모든 요소가 음수일 때의 최대합 부분벡터는 빈 벡터이고 그 합은 0이라 하자.

이 문제를 푸는 손쉬운 방법은 $0 \leq i \leq j < n$을 만족하는 정수 i, j의 모든 쌍에 대해 x[i..j]의 합을 계산하고, 그중 최대값을 구하는 것이다(알고리즘 1). 이에 대한 가상코드는 다음과 같다.

```
maxsofar = 0
for i = [0, n)
    for j = [i, n)
        sum = 0
        for k = [i, j]
            sum += x[k]
        /* sum is sum of x[i..j] */
        maxsofar = max(maxsofar, sum)
```

이 코드는 짧고, 명백하며, 이해하기 쉽다. 그러나, 불행하게도 너무 느리다. 예를 들어 내 컴퓨터에서는 n이 10,000일 때 약 22분이 걸리고, n이 100,000일 때 15일이 걸린다. 시간 측정에 대한 자세한 내용은 8.5절에서 볼 것이다.

위에서 제시한 소요 시간은 하나의 예일 뿐이고, 6.1절에서 설명한 O 표기법을 사용하면 알고리즘의 효율성에 대한 다른 종류의 느낌을 얻을 수 있다. 가장 바깥 쪽의 루프는 정확히 n번 실행되고, 중간의 루프는 바깥 루프가 반복될 때마다 최대 n번씩 실행된다. 이 둘을 곱하면, 중간의 루프가 $O(n^2)$번 실행됨을 알 수 있다. 중간 루프 내에 포함되는 가장 안쪽 루프는 결코 n번 이상 실행되지 않으므로, 비용은 $O(n)$이다. 안쪽 루프의 비용과 그 실행 횟수를 곱하면 프로그램 전체의 비용이 n^3에 비례함을 알 수 있다. 즉 $O(n^3)$ 알고리즘이다.

위의 예에서 O 표기법 분석의 장단점을 알 수 있다. 주된 단점은 특정 입력에 대해 소요되는 구체적인 시간은 알 수 없다는 것이다. 단지 단계의 횟수가 $O(n^3)$라는 사실을 알게 될 뿐이다. 이런 단점은 이 기법의 두 가지 장점에 의해 상쇄되기도 한다. O 표기법 분석은 일반적으로 쉽게 할 수 있고(위에서와 같이), 봉투 뒷면에 간단하게 끄적거리는 계산으로 얻는 근사적인 실행시간만으로도 주어진 상황에 어떤 프로그램이 적당한지를 충분히 결정할 수 있다.

이어지는 몇 개의 절에서는 프로그램의 효율성에 대한 척도로써 근사적인 실행시간만을 사용한다. 이 점이 미심쩍다면, 이런 분석이 문제에 대해 많은 정보를 준다는 점을 증명하는 8.5절을 미리 봐도 좋다. 계속 읽어나가기 전에 더 빠른 알고리즘을 생각해보라.

8.2 $O(n^2)$ 알고리즘 두 가지

대부분의 프로그래머들은 알고리즘 1에 대해 같은 반응을 보일 것이다. "훨씬 더 빠르게 만들 수 있는 분명한 방법이 있다." 사실 그런 방법은 두 가지이다. 어떤 프로그래머에게 한 가지 방법이 명백하다면, 다른 방법은 그렇지 않은 것이 보통이다. 두 알고리즘은 모두 n^2에 비례한다(입력의 크기 n에 대하여 $O(n^2)$번의 단계를 거친다). 그리고 $x[i..j]$의 합을 구하기 위해 $j-i+1$번의 덧셈을 하는 알고리즘 1과는 달리, 이 두 알고리즘은 일정한 횟수의 단계만으로 합을 구함으로써 실행시간을 줄인다. 그러나 각 알고리즘이 일정한 시간 내에 합을 계산하기 위해 사용하는 방법은 전혀 다르다.

첫 번째 $O(n^2)$ 알고리즘은 $x[i..j]$의 합이 바로 전에 계산했던 합(즉, $x[i..j-1]$의 합)과 밀접한 관계가 있다는 점에 착안하여 간단히 합을 구한다. 이런 관계를 이용하여 다음과 같은 알고리즘 2를 만들 수 있다.

```
maxsofar = 0
for i = [0, n)
    sum = 0
    for j = [i, n)
        sum += x[j]
        /* sum is sum of x[i..j] */
        maxsofar = max(maxsofar, sum)
```

첫 번째 루프 안에 있는 구문들은 n번 실행되고, 두 번째 루프는 바깥의 루프가 반복될 때마다 최대 n번씩 실행된다. 따라서 전체의 실행시간은 $O(n^2)$이다.

두 번째 $O(n^2)$ 알고리즘은 안쪽 루프에서 바깥 쪽의 루프가 실행되기 전에 미리 생성해놓은 데이터 구조를 이용하여 합을 계산한다. cumarr의 i번째 요소는 $x[0..i]$의 요소들의 누적 합계로써, $cumarr[j]-cumarr[i-1]$을 계산하면 $x[i..j]$의 합을 구할 수 있다. 이와 같은 알고리즘 2b에 대한 코드는 다음과 같다.

```
cumarr[-1] = 0
for i = [0, n)
    cumarr[i] = cumarr[i-1] + x[i]
maxsofar = 0
for i = [0, n)
    for j = [i, n)
        sum = cumarr[j] - cumarr[i-1]
        /* sum is sum of x[i..j] */
        maxsofar = max(maxsofar, sum)
```

(어떻게 cumarr[-1]에 접근할 수 있는가는 연습문제 5에서 다룬다.) 이 코드의 O 표기법 분석은 알고리즘 2와 동일하므로 $O(n^2)$ 시간이 걸린다.

지금까지 본 알고리즘들은 부분벡터의 시작 위치와 종료 위치에 대해 가능한 모든 쌍을 조사하여 각 부분벡터의 합을 구하는 것이었다. 부분벡터의 개수가 $O(n^2)$이므로, 그 합을 모두 구해보는 알고리즘은 최소 $O(n^2)$ 시간이 걸릴 수밖에 없다. 이러한 문제점을 피하고 더 빠른 알고리즘을 생각해낼 수 있겠는가?

8.3 나누어 푸는 알고리즘

$O(n \log n)$ 알고리즘은 복잡하다. 세부적인 내용이 어렵다면, 그냥 다음 절로 넘어가도 별 상관이 없을 것이다. 이 알고리즘은 다음과 같이 나누어 푸는 (divide-and-conquere) 기법을 기반으로 한다.

> 크기가 n인 문제를 풀 때, 크기가 약 $n/2$인 두 개의 하위 문제를 재귀적으로 푼 후, 각각의 해를 결합하면 전체 문제의 해를 얻게 된다.

이 경우, 원래 문제는 크기가 n인 벡터를 다루므로, 그것을 두 부분으로 나누는 가장 자연스러운 방법은 거의 같은 크기를 가지는 두 벡터로 나누는 것이다. 이 두 벡터를 a, b라 하자.

a	b

다음에는 a와 b에 대하여 각각 최대합을 가지는 부분벡터를 재귀적으로 찾는다. 그 부분벡터를 각각 m_a와 m_b라 하자.

	m_a			m_b	

전체 벡터에서 최대합을 가지는 부분벡터는 m_a나 m_b 중의 하나이기 때문에, 이렇게 하면 문제를 다 푼 것이라 생각하기 쉽다. 이것은 거의 맞다. 그러나 실

제로 최대합을 가지는 부분벡터는 a나 b에 완전히 포함될 수도 있지만, a와 b의 경계에 걸쳐 있을 수도 있다. 이와 같이 경계에 걸치면서 최대합을 가지는 벡터를 m_c라고 하자.

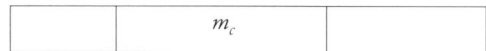

따라서 나누어 푸는 알고리즘은 m_a와 m_b를 재귀적으로 구하고, 다른 어떤 방법으로 m_c를 구하여, 셋 중에서 최대값을 리턴한다.

이 정도의 설명만으로도 코드를 작성하기에 충분하다. 이제 남은 것은 작은 벡터들을 다루는 방법과 m_c를 구하는 방법이다. 앞의 문제는 쉽다. 한 개의 요소를 가진 벡터의 최대합은 그 벡터에 속한 바로 그 값이다(만약 음수라면 0이 최대값이다). 그리고 빈 벡터의 최대합은 0이라고 정의했다. m_c를 계산할 때 m_c의 왼쪽 부분은 a와 b의 경계에서 시작하여 a쪽으로 뻗어나가는 부분벡터들 중에서 합이 최대가 되는 벡터이고, m_c의 오른쪽 부분도 마찬가지 방법으로 구할 수 있다. 위의 사실을 종합하여, 다음과 같이 알고리즘 3에 대한 코드를 작성할 수 있다.

```
float maxsum3(l, u)
    if (l > u) /* zero elements */
        return 0
    if (l == u) /* one element */
        return max(0, x[l])
    m = (l + u) / 2
    /* find max crossing to left */
    lmax = sum = 0
    for (i = m; i >= l; i-- )
        sum += x[i]
        lmax = max(lmax, sum)
    /* find max crossing to right */
    rmax = sum = 0
    for i = (m, u]
        sum += x[i]
```

```
            rmax = max(rmax, sum)

    return max(lmax+rmax, maxsum3(l, m), maxsum3(m+1, u))
```

알고리즘 3은 다음과 같이 호출된다.

```
            answer = maxsum3(0, n-1)
```

이 코드는 미묘하고 틀리기도 쉽지만, $O(n \log n)$ 시간에 문제를 풀어낸다. 이 사실은 몇 가지 방법으로 증명할 수 있다. 우선 알고리즘이 $O(n)$의 작업을 $O(\log n)$ 단계의 재귀로 처리한다는 사실로 간단하게 보일 수 있다. 귀납적 정의를 사용하면 좀더 정확한 증명을 할 수 있다. $T(n)$을 크기가 n인 문제를 푸는 데 드는 시간이라 하면, 다음의 관계가 성립한다.

```
            T(1) = O(1)
            T(n) = 2T(n/2) + O(n)
```

연습문제 15에서 위의 귀납적 정의를 풀면 $T(n) = O(n \log n)$이 됨을 증명한다.

8.4 스캐닝(scanning) 알고리즘

이제 배열에 적용되는 가장 간단한 종류의 알고리즘을 사용할 것이다. 이 알고리즘은 배열의 맨 왼쪽에서(요소 $x[0]$) 시작하여 오른쪽 끝까지(요소 $x[n-1]$) 읽어가면서, 그때까지의 최대합을 가지는 부분벡터를 보관한다. 초기의 최대합은 0이다. 만약 $x[0..i-1]$에 대해 문제를 풀었다면, 이것을 어떻게 확장하여 $x[i]$를 포함하도록 할 수 있을까? 앞의 나누어 푸는 알고리즘과 비슷한 추론을 해보자. 처음 i개의 요소 중에서 최대합을 가지는 부분벡터는 처음 $i-1$개의 요소 내에 포함되거나(이를 *maxsofar*에 저장할 것이다), 위치 i에서 끝날 것이다

(이는 *maxendinghere*에 저장할 것이다).

	maxsofar		*maxendinghere*

$\qquad\qquad\qquad\qquad\qquad\qquad\qquad\qquad\qquad i$

알고리즘 3과 같은 코드를 사용하여 *maxendinghere*를 처음부터 다시 계산한다면 또 다른 $O(n^2)$ 알고리즘이 된다. 이 문제점은 알고리즘 2의 기반이 되는 기법을 사용하여 피할 수 있다. 처음부터 다시 계산하는 대신에, 위치 $i-1$에서 끝나는 최대합을 가지는 부분벡터를 이용한다. 이렇게 하여 다음과 같은 알고리즘 4를 만들 수 있다.

```
maxsofar = 0
maxendinghere = 0
for i = [0, n)
    /* invariant : maxendinghere and maxsofar
        are accurate for x[0..i-1] */
    maxendinghere = max(maxendinghere + x[i], 0)
    maxsofar = max(maxsofar, maxendinghere)
```

이 프로그램을 이해하기 위한 핵심은 변수 *maxendinghere*이다. 루프 내의 첫 번째 대입문이 실행되기 전에는 *maxendinghere*에 위치 $i-1$에서 끝나는 최대합을 가지는 부분벡터의 합이 저장되어 있다. 대입문이 실행되면 위치 i에서 끝나는 최대합을 가지는 부분벡터의 합이 저장된다. $x[i]$가 양수라면 이 대입문은 값을 $x[i]$만큼 증가시킨다. 만약 음수라면 0이 된다(이 경우에는 위치 i에서 끝나는 최대합을 가지는 부분벡터가 빈 벡터이므로). 코드가 이해하기는 어렵지만, 대신에 짧고 빠르다. 이 프로그램의 실행시간은 $O(n)$이며, 따라서 이를 선형적 알고리즘이라고 할 수 있다.

8.5 무엇이 중요한가?

지금까지는 O 표기법을 사용하여 대략의 실행시간을 간단히 추측했지만, 이제는 프로그램의 실제 실행시간을 측정하여 정리할 차례다. 나는 앞의 네 가지 주요 알고리즘을 C로 구현하고 400MHz 펜티엄 II에서 실행 시켜 그 시간을 측정했다. 그리고 측정한 실행시간에 약간의 추정을 더하여 다음과 같은 표를 만들었다. (알고리즘 2b의 실행시간은 알고리즘 2에 비해 10% 정도 밖에 차이 나지 않아 포함시키지 않았다.)

알고리즘		1	2	3	4
실행시간(단위ns)		$1.3n^3$	$10n^2$	$47n \log_2 n$	$48n$
문제의 크기에 따른 실행 시간	10^3	1.3초	10ms	.4ms	.05ms
	10^4	22분	1초	6ms	.5ms
	10^5	15일	1.7분	78ms	5ms
	10^6	41년	2.8시간	.94초	48ms
	10^7	4만 1천년	1.7주	11초	.48초
단위 시간당 풀 수 있는 문제의 최대 크기	1초	920	10,000	1.0×10^6	2.1×10^7
	1분	3600	77,000	4.9×10^7	1.3×10^9
	1시간	14,000	6.0×10^5	2.4×10^9	7.6×10^{10}
	1일	41,000	2.9×10^6	5.0×10^{10}	1.8×10^{12}
n을 10배로 할 때, 시간은 몇 배가 되나?		1000	100	10+	10
시간을 10배로 할 때, n은 몇 배가 되나?		2.15	3.16	10-	10

이 표를 통해 몇 가지를 알 수 있다. 가장 중요한 점은 알고리즘 디자인에 따라 실행시간이 크게 달라진다는 것이다. 이는 위의 표 중간 부분에서 확실히 알 수 있다. 마지막 두 행은 문제 크기와 실행시간 사이의 관계를 보여준다.

또 하나 중요한 점은 선형 알고리즘과 $O(n^2)$, $O(n^3)$ 알고리즘을 서로 비교할 때 상수요소는 별로 중요하지 않다는 것이다. (2.4절에서 설명한 $O(n!)$ 알고리즘은 다항식보다 빨리 증가하는 함수에서는 상수요소가 훨씬 덜 중요하다는 것을 보이고 있다.) 이 점을 확실히 하기 위해, 나는 되도록 상수요소의 차이가 많이 나는 환경에서 두 알고리즘을 실험했다. 상수요소를 크게 만들기 위해 알고리즘 4를 Radio Shack TRS-80 Model III(2.03MHz로 동작하는 Z-80 프로세서가 장착된 1980년 대의 퍼스널 컴퓨터)에서 실행 시켰다. 안 그래도 느린 시스템을 더 느리게 하기 위해, (컴파일된 코드보다 10배에서 100배 정도 느린) 인터프리터 방식의 Basic을 사용했다. 이와 비교하기 위해 533MHz로 동작하는 Alpha 21164에서 알고리즘 1을 실행 시켰다. 나는 애초에 기대했던 차이를 얻었다. $O(n^3)$ 알고리즘의 실행시간은 $0.58n^3$ns로 측정되었고, 선형 알고리즘은 $19,500,000n$ ns 였다(즉, 1초에 50개의 요소를 처리한다). 다음 표는 이들 수식이 문제의 크기에 따라 어떤 결과를 나타나는지 보인다.

n	ALPHA 21164A C, $O(n^3)$ 알고리즘	TRS-80, BASIC, 선형 알고리즘
10	0.6μs	200ms
100	0.6ms	2.0초
1,000	0.6초	20초
10,000	10분	3.2분
100,000	7일	32분
1,000,000	19년	5.4시간

상수요소가 3천2백만 배나 차이가 나기 때문에 $O(n^3)$ 알고리즘이 더 빠르게 출발하지만, 선형 알고리즘이 따라잡게 되어 있었다. 문제 크기가 대략 5,800이면 두 알고리즘의 속도가 같아지는데, 실행시간이 둘 다 2분보다 약간 적다.

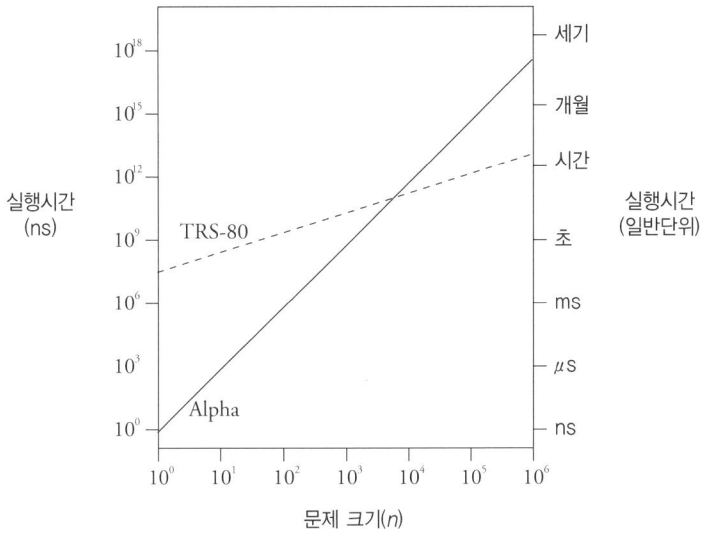

8.6 원리

이 문제의 배경 이야기를 살펴보면 알고리즘 디자인 기법에 대한 중요한 정보를 얻을 수 있다. 이 문제는 Brown 대학의 Ulf Grenander가 직면한 패턴 맞추기(pattern-matching) 문제에서 파생되었다. 원래의 문제는 연습문제 13에서와 같이 2차원적인 형태였다. 여기서 최대합 부분 배열은 디지털화된 그림이 가지는 어떤 종류의 패턴에 대한 최대 가능성을 나타내는 것이었다. 2차원 형태를 푸는 데는 너무 많은 시간이 필요했으므로, Grenander는 문제를 1차원으로 축소하여 구조에 대한 통찰을 얻고자 했다.

Grenander는 알고리즘 1의 실행시간을 측정한 결과, 너무 느리다고 판단하여 알고리즘 2를 고안했다. 그는 1977년에 Michael Shamos에게 이 문제를 설명했고, Shamos는 하룻밤 사이에 알고리즘 3를 디자인했다. 그후 Shamos가 나에게 그 문제를 알려주었을 때, 우리는 Shamos의 알고리즘이 가능한 최상의 해법일 것이라 생각했다. 연구원들은 몇몇 비슷한 문제들 역시 $n \log n$에 비례하는 시간이 필요하다는 것을 보였다. 며칠 후에 Shamos는 Carnegie Mellon 세미나에서 이 문제와 그 배경을 설명했고, 여기에 참석했던 통계학자인 Jay Kadane은 1분만에 알고리즘 4의 윤곽을 잡았다. 우리는 이보다 더 빠른 알고리즘은 없다는 것을 알고 있다. 이 문제에 대한 모든 정확한 알고리즘은 $O(n)$ 시간이 필요하다(연습문제 6 참조).

1차원 문제가 완벽하게 해결되었음에도 불구하고, Grenander가 원래 풀려했던 2차원 문제는 제시된지 20년이 지나도록 해결되지 않고 있다(이 책의 2판이 나오는 시점까지). 알려진 모든 알고리즘에 들어가는 계산 비용 때문에 Grenander는 패턴 맞추기 문제에 대한 이런 식의 접근방법을 포기해야 했다. 여러분 중에 알고리즘 4가 "명확하게" 이해되는 사람은 연습문제 13에 대한 "명확한" 알고리즘을 찾아보기 바란다.

이 이야기를 통해 우리는 알고리즘 디자인에 있어 중요한 기법들을 배울 수 있다.

재계산을 피하기 위한 상태 저장

이것은 동적 프로그래밍(dynamic programming)의 간단한 형태로써 알고리즘 2와 4에서 사용되었다. 결과를 저장하기 위해 메모리를 사용함으로써 다시 계산하기 위해 시간을 소모하지 않아도 된다.

정보를 사전처리하여 데이터 구조에 보관

알고리즘 2b에서 사용된 *cumarr* 구조는 부분벡터의 합을 빠르게 계산할 수 있도록 한다.

나누어 푸는 알고리즘

알고리즘 3은 간단한 형태의 나누어 푸는 방법을 사용한다. 알고리즘 디자인에 대한 교재에는 더 고급의 형태가 설명되어 있다.

스캐닝 알고리즘

배열에 대한 문제는 종종 "$x[0..i-1]$에 대한 답을 어떻게 $x[0..i]$대한 답으로 확장할 수 있을까?"라는 물음에 의해 풀린다. 알고리즘 4에서는 이전의 답과 함께 새로운 답을 계산하기 위한 몇몇 보조 테이터를 저장한다.

누적

알고리즘 2b에서는 x의 처음 i개의 요소에 대한 합을 i번째 자리에 가지고 있는 누적 테이블을 사용한다. 이런 테이블은 범위를 다루는 경우에 흔히 사용된다. 예를 들어, 비즈니스 애널리스트는 10월까지의 연간 판매량에서 2월까지의 연간 판매량을 뺌으로써 3월에서 10월까지의 판매량을 알 수 있다.

하한

알고리즘 디자이너는 자신의 알고리즘이 가능한 것들 중에서 최상이라고 생각될 때에만 편안하게 잠들 수 있다. 이를 보장하려면, 그 문제에 대한 하한(lower bound)을 보여야 한다. 연습문제 6은 앞의 문제에 대한 선형적 하한을 증명하는 것이다. 더 복잡한 하한은 꽤 어려울 수도 있다.

8.7 연습문제

1 알고리즘 3과 4는 틀리기 쉬운 미묘한 코드를 사용한다. [칼럼4]의 프로

그램 검증 기법을 사용하여 코드의 정확성을 증명하라. 특히, 루프 불변식(invariant)을 신중하게 정하기 바란다.

2 여러분의 컴퓨터에서 앞의 네 가지 알고리즘에 대한 실행시간을 측정하고, 8.5절에서와 같이 표를 작성하라.

3 앞에서는 네 가지 알고리즘을 분석할 때 O 표기법만을 사용했다. 각 알고리즘이 사용하는 max 함수의 수를 가능한 정확하게 분석하라. 이렇게 해보면 프로그램의 실행시간에 대한 직관을 얻을 수 있는가? 그리고 각 알고리즘은 메모리를 얼마나 필요로 하는가?

4 입력된 배열의 각 요소가 [-1, 1]에서 균일하게 선택된 랜덤한 실수일 경우, 부분벡터의 최대합에 대한 기대값은 얼마인가?

5 알고리즘 2b에서는 간단히 표현하기 위해 *cumarr*[-1]을 사용했다. C로 구현할 경우 이를 어떻게 다룰 것인가?

6 부분벡터의 최대합을 정확히 구하는 알고리즘이라면 반드시 n개의 입력값을 모두 조사해봐야 한다는 것을 증명하라. (어떤 종류의 문제에 대한 알고리즘은 일부의 입력을 무시하더라도 정확한 답을 구할 수 있다. 예를 들어 2.2절에 나오는 Saxe의 알고리즘이나 Boyer와 Moore의 부분문자열(substring) 탐색 알고리즘이 그런 경우이다.)

7 내가 앞의 알고리즘을 처음 구현했을 때, 항상 스캐폴딩을 사용하여 알고리즘 4의 답과 나머지 알고리즘이 구한 답을 비교했다. 스캐폴딩이 알고

리즘 2b와 3에 대해 에러를 출력하여 당황했는데, 답으로 나온 수치를 보니 동일하지는 않더라도 매우 가까운 값이었다. 무엇이 문제였을까?

8 알고리즘 3(나누어 푸는 알고리즘)을 수정하여 최악의 경우에도 선형적인 실행시간을 갖도록 만들어라.

9 앞에서는 음수로만 이루어진 배열에서 부분벡터의 최대합은 0, 즉 빈 부분벡터의 합으로 정의했다. 그렇게 하는 대신에 가장 큰 요소의 값을 부분벡터의 최대합이라 정의한다면, 앞의 프로그램들을 어떻게 고치겠는가?

10 최대합 대신에 0에 가장 가까운 합을 가지는 부분벡터를 찾는 것이 목적이라 하자. 여러분이 이 문제를 풀기 위해 디자인할 수 있는 가장 효율적인 알고리즘은 무엇인가? 어떤 알고리즘 디자인 기법을 적용할 수 있는가? 또, 주어진 실수 t에 가장 가까운 합을 가지는 부분벡터를 찾는다고 하면 어떻겠는가?

11 n개의 요금소와 그 사이에 있는 $n-1$개의 구간으로 이루어진 유료 고속도로가 있다. 그리고 각 구간의 요금은 다르다. 어떤 두 요금소 사이를 지나기 위해 지불해야 하는 비용을 계산할 경우, 요금에 대한 배열만을 사용하여 $O(n)$, 시간에 계산하거나 $O(n^2)$개의 항목으로 구성되는 테이블을 사용하여 일정한 시간에 계산하는 것은 쉽다. $O(n)$ 크기의 메모리만을 사용하면서도 어떤 구간에 대한 요금을 일정한 시간에 계산할 수 있도록 하는 데이터 구조를 설명하라.

12 배열 $x[0..n-1]$의 각 요소를 0으로 초기화한 후에, 다음의 조작을 n번 수행한다.
```
for i = [l, u]
    x[i] += v
```

여기서 l, u, v는 각 조작에 대한 파라미터다(l과 u는 $0 \leq l \leq u < n$을 만족하는 정수이고, v는 실수이다). n번의 조작을 끝낸 후에 $x[0..n-1]$에 있는 수치를 차례대로 출력한다. 위에서 스케치한 방법은 $O(n^2)$시간이 필요하다. 더 빠른 알고리즘을 찾을 수 있겠는가?

13 최대합 부분벡터를 찾는 문제에서 실수로 이루어진 $n \times n$ 배열이 주어졌고, 직사각형 모양의 부분배열에 대한 최대합을 구해야 한다. 이 문제의 복잡성(complexity)은 어느 정도인가?

14 정수 m, n과 실수 벡터 $x[n]$이 주어졌을 때, $x[i]+...+x[i+m]$이 0과 가장 가까운 값이 되도록 하는 정수 $i(0 \leq i < n-m)$를 구하라.

15 다음과 같이 귀납적으로 정의되는 $T(n)$을 구하라.

- $T(1) = 0$
- $T(n) = 2T(n/2) + cn$ (n은 2의 거듭제곱 수)

수학적 귀납법으로 여러분의 답을 증명하라. 또 $T(1)=c$일 경우에는 어떻겠는가?

8.8 더 읽을거리

알고리즘 디자인 기법을 잘 사용하려면 많은 연구와 연습이 필요하다. 대부분의 프로그래머는 알고리즘 강좌나 교재만을 통해서 이렇게 해볼 뿐이다. Aho, Hopcroft, Ullman의 <Data Structure and Algorithms(Addison-Wesley, 1983)>가 학부 과정에서 제법 쓸만한 훌륭한 교재이다. 특히 10장 "Algorithm Design Techniques"가 이 칼럼과 관련이 깊다.

Cormen, Leiserson, Rivest의 <Introduction to Algorithms>는 1990년에 MIT Press에서 출판되었는데, 이 책은 천 페이지가 넘는 분량으로 그 분야에 대한 전체적인 개관을 제공한다. 1, 2, 3부에서는 기초 내용과 정렬 및 탐색을 다룬다. 4부 "Advanced Design and Anaysis Techniques"가 이 칼럼의 주제와 특히 많이 관련된다. 5, 6, 7부에서는 고급 데이터 구조와 그래프 알고리즘 및 몇몇 선택된 주제를 다룬다.

위에서 언급한 책들과 7가지의 다른 책들이 모두 <Dr. Dobb's Essential Books on Algorithms and Data Structures>라는 CD-ROM에 담겨있다. 이 CD는 1999년에 Miller Freeman, Inc.에서 출시했고, 알고리즘과 데이터 구조에 관심이 있는 프로그래머라면 누구에게나 아주 귀중한 참고서이다. 이 책이 인쇄될 즈음이면, Dr. Dobb 웹사이트(www.ddj.com)에서 책 한 권 가격 정도에 CD를 구입할 수 있을 것이다.

칼럼 9
코드 튜닝

 어떤 프로그래머는 효율성에 너무 많은 신경을 쓴다. 사소한 최적화(optimization)에 대해 너무 일찍 걱정을 하기 때문에 지나치게 교묘해서 유지보수하기 어려운 프로그램을 만들어낸다. 또 어떤 프로그래머는 효율성에 거의 신경을 쓰지 않아 구조적으로는 멋지더라도 완전히 비효율적이라서 쓸 수가 없는 프로그램을 만드는 것으로 끝나기도 한다. 좋은 프로그래머는 컨텍스트에 적합한 효율성을 유지한다. 소프트웨어에서 효율성은 여러 가지 문제 중의 하나일 뿐이지만, 때로는 매우 중요하기도 하다.

 앞의 칼럼에서는 문제 정의, 시스템 구조, 알고리즘 디자인과 데이터 구조 선택과 같은 효율성에 대한 고수준(high-level)의 접근 방법에 대해 논의했다. 이 칼럼은 저수준(low-level)의 접근 방법에 대한 것이다. "코드 튜닝"은 기존 프로그램의 비효율적인 부분을 찾아내서 약간의 변경을 가해 속도를 개선하는 작업이다. 이 방법은 항상 따라야 할 올바른 접근 방법도 아니고 별로 매력적이지도 않지만, 때로는 프로그램 퍼포먼스에 있어 큰 차이를 만들기도 한다.

9.1 전형적인 이야기

어느 날 오후, 나는 Chris Van Wyk와 코드 튜닝에 대한 이야기를 나누었다. 그리고 그는 C 프로그램 하나를 개선하기 위해 코드를 살펴봤다. 한두 시간이 지난 다음, 그는 3,000줄짜리 그래픽 프로그램의 실행시간을 반으로 줄였다.

보통 이미지에 대해서는 실행시간이 훨씬 짧았지만, 어떤 복잡한 이미지를 처리하는 데 10분이나 걸렸다. Van Wyk는 첫 번째 단계로 각각의 함수가 얼마나 많은 시간을 소모하고 있는지를 알아내기 위해 프로그램의 프로파일(profile)을 보았다(다음 쪽에서 비슷하지만 좀더 작은 프로그램의 프로파일을 제시한다). 열 개의 전형적인 테스트용 이미지에 대해 그 프로그램을 실행 시킨 결과, 거의 70%의 시간을 메모리 할당 함수인 malloc이 소모하고 있다는 것을 알게 되었다.

Van Wyk는 다음 단계로 메모리 할당자(allocator)를 살펴보았다. 그의 프로그램은 malloc에 접근할 때 에러 확인을 제공하는 하나의 함수를 통했기 때문에, 그는 malloc의 소스코드를 살펴보지 않고도 그 함수를 수정할 수 있었다. 그는 몇 줄의 디버깅 코드를 삽입하여 가장 많이 사용되는 종류의 레코드가 그 다음으로 많이 사용되는 레코드보다 30배나 더 빈번하게 할당된다는 것을 알아냈다. 만약 프로그램이 대부분의 시간을 메모리에서 한 가지 타입의 레코드를 위한 저장공간을 찾느라 소모한다면, 실행 속도를 더 빠르게 하기 위해 프로그램을 어떻게 수정해야겠는가?

Van Wyk는 캐시(cache)를 사용하여 문제를 해결하였다. 어떤 데이터가 가장 빈번하게 접근한다면 접근하는 데 드는 비용도 가장 적어야 한다. 그는 가장 많이 사용되는 타입의 레코드를 미리 할당하여 연결 리스트(linked list)에 캐시하도록 프로그램을 수정하였다. 이렇게 하여 일반적인 메모리 할당자를 호출하는 대신에 리스트에 접근하는 방법으로 가장 빈번한 요청을 빠르게 처리할 수 있었다. 이는 프로그램의 전체 실행시간을 그전보다 45% 단축시켰다(그리고 메모리 할당에 소요되는 시간은 전체 실행시간의 30%를 차지하게 되었다). 게다가 수정된 할당자는 단편화(fragmentation)를 줄여 원래의 할당자보다 메모리를 한층 효율적으로 사용하게 된다는 부가적인 이익이 있었다. 연습문제 2의 해답에서는 이 오래된 기법의 대안을 보여준다. 우리는 비슷한 접근방법을 [칼럼13]에서 여러 번 사용할 것이다.

이 이야기는 코드 튜닝 기법을 아주 잘 설명하고 있다. 측정을 하고 3,000줄의 코드에 약 20줄의 코드를 추가하는 데 한두 시간을 투자하여, Van Wyk는 프로그램의 겉모양을 변경하거나 유지보수를 더 어렵게 하지 않고도 프로그램의 속도를 두 배 향상시켰다. 그는 속도를 향상시키기 위해 일반적인 도구를 사용했다. 프로파일러를 사용하여 프로그램의 "핫 스팟(hot spot)"[1]을 찾아내고, 캐시를 사용하여 핫 스팟에서 소모되는 시간을 줄였다.

다음은 전형적인 C 프로그램의 프로파일로, 형식이나 내용면에서 Van Wyk의 프로파일과 비슷하다.

```
  Func           Func + Child         Hit
  Time      %      Time       %      Count    Function
-----------------------------------------------------------
1413.406   52.8   1413.406   52.8    200002   malloc
 474.441   17.7   2109.506   78.8    200180   insert
 285.298   10.7   1635.065   61.1    250614   rinsert
 174.205    6.5   2675.624  100.0         1   main
 157.135    5.9    157.135    5.9         1   report
 143.285    5.4    143.285    5.4    200180   bigrand
  27.854    1.0     91.493    3.4         1   initbins
```

여기서는 대부분의 시간이 malloc에서 소비됨을 알 수 있다. 연습문제 2는 노

---

1) 역자 주 : 핫 스팟(hot spot)은 실행 시 성능에 병목이 되는 부분. (참고 : HotSpot은 Sun Microsystems가 개발한 Java 고속화 기술을 의미한다.)

드를 캐시하도록 하여 이 프로그램의 실행시간을 단축시키는 것이다.

9.2 코드 튜닝의 몇 가지 예제

이제부터는 몇 가지 작은 함수에 대해 살펴볼 것이다. 각 함수는 내가 여러 컨텍스트에서 보아왔던 문제들에 대한 예이다. 이들 함수는 애플리케이션에서 실행시간 중 대부분을 소비하는 것이고, 일반적인 원리를 이용하여 해결할 수 있다.

문제 1 – 정수에 대한 나머지 연산

2.3절에서 벡터를 회전시키는 세 가지 알고리즘을 살펴보았다. 연습문제 2.3의 해답에서는 내부 루프에서 다음 연산을 이용하여 저글링(juggling) 알고리즘을 구현한다.

```
k = (j + rotdist) % n;
```

부록 3의 비용모델을 보면 C의 나머지 연산자 %는 매우 비용이 많이 드는 연산이 될 수 있다. 대부분의 수치 연산이 약 10ns 정도 걸리는 반면, % 연산은 100ns 가까이 걸린다. 우리는 루프 내의 % 연산을 다음과 같은 코드로 구현하여 실행시간을 단축시킬 수 있을지도 모른다.

```
k = j + rotdist;
if (k >= n)
    k -= n;
```

이것은 비용이 많이 드는 % 연산자를 비교문과 뺄셈으로 대체한다. 그러나 이것이 전체 함수에 어떤 차이를 만들까?

첫 번째 실험으로 회전 거리 *rotdist*를 1로 설정하여 프로그램을 실행 시켰을 때, 실행시간이 $119n$ ns에서 $57n$ ns로 줄어들었다. 프로그램이 거의 두 배 빨라진 것이었고, 62ns의 속도 향상은 비용모델에 따라 예측했던 것과 비슷했다.

다음 실험으로 *rotdist*를 10으로 설정했는데, 두 방법 모두 동일하게 $206n$ ns가 걸리는 것을 보고 놀라고 말았다. 실험을 하여 연습문제 2.4의 해답에 있는 그래프와 같은 결과를 얻은 후, 나는 그 원인을 추측할 수 있게 되었다. *rotdist*=1일 때는 알고리즘이 메모리를 순차적으로 접근하게 되고 나머지 연산자가 실행시간을 지배하게 된다. 그러나 *rotdist*=10일 때의 코드는 메모리의 매 10번째 워드(word)[2]에 접근하게 되므로 RAM에서 캐시로 데이터를 가져오는 시간이 중요하게 된다.

예전에 프로그래머들은 입출력에 많은 시간을 소모하는 프로그램에서 계산 속도를 개선하려는 시도는 쓸데없는 일이라고 배웠다. 오늘날의 아키텍처에서도 매우 많은 사이클이 메모리에 접근하느라 소모될 때 계산 시간을 줄이려는 노력 역시 마찬가지로 쓸데없는 일이다.

문제 2 – 함수, 매크로, 인라인 코드

우리는 [칼럼8]의 여러 곳에서 두 값 중 최대값을 구해야 했다. 예를 들어 8.4절에서 우리는 다음과 같은 코드를 사용했다.

```
maxendinghere = max(maxendinghere, 0);
maxsofar = max(maxsofar, maxendinghere);
```

max 함수는 인수 두 개를 받아 그중 최대값을 리턴한다.

---

[2] 역자 주 : 워드(word)는 컴퓨터 프로세스가 한번에 처리하는 데이터 단위. 예를 들어 32비트 프로세서에서는 32비트가 1워드가 되며, 64비트 프로세서에서는 64비트가 1워드가 된다.

```
float max(float a, float b)
{   return a > b ? a : b; }
```

이 프로그램의 실행시간은 약 $89n$ ns이다.

예전의 C 프로그래머라면 이런 함수는 반사적으로 다음과 같은 매크로로 바꾸려 할 것이다.

```
#define max(a, b)  ((a) > (b) ? (a) : (b))
```

이것은 외관상 좋지 않을 뿐 아니라 에러가 발생할 확률도 높다. 컴파일러가 최적화를 잘 한다면 아무런 차이도 없을 것이다(이런 컴파일러는 작은 함수를 인라인화한다). 그러나, 내 시스템에서는 이렇게 변경함으로써 알고리즘 4(8.4절)의 실행시간이 $89n$ ns에서 $47n$ ns로 줄어들어 속도가 거의 두 배 빨라졌다.

그러나, 내가 8.3절의 알고리즘 3에서 매크로를 사용하도록 변경하여 효과를 측정했을 때, 이 속도 향상에 대한 즐거움은 날아가 버렸다. $n=10,000$일 때, 실행시간이 10ms에서 100초로 늘어나 10,000배나 느려졌다. 매크로를 사용했을 때 알고리즘 3의 실행시간은 원래의 $O(n \log n)$에서 $O(n^2)$에 가깝게 증가하는 것으로 나타났다. 나는 곧 매크로의 이름에 의한 호출(call-by-name) 시멘틱스로 인해 알고리즘 3이 자신을 재귀적으로 두 번 이상 호출하게 되어 결국 실행시간이 더 빠르게 증가한다는 것을 알게 되었다. 연습문제 4에서는 이런 식으로 속도가 느려지는 극단적인 예를 볼 수 있다.

C 프로그래머들이 퍼포먼스와 정확성 사이의 트레이드오프에 대해 걱정해야 하는 동안, C++ 프로그래머들은 양쪽의 장점을 모두 즐길 수 있다. C++는 함수가 인라인으로 컴파일되는 것을 허용하는데, 이는 함수의 깔끔한 시멘틱스와 매크로의 적은 오버헤드를 조합한 것이다.

호기심에서 나는 매크로와 함수를 모두 사용하지 않고, 최대값 계산 부분을

if문으로 작성해보았다.

```
if (maxendinghere < 0)
    maxendinghere = 0;
if (maxsofar < maxendinghere)
    maxsofar = maxendinghere;
```

기본적으로 실행시간은 변하지 않았다.

문제 3 – 순차 탐색

이제 (정렬되지 않았을 수도 있는) 테이블을 순차적으로 탐색하는 문제에 대해 살펴보자.

```
int ssearch1(t)
    for i = [0, n)
        if x[i] == t
            return i
    return -1
```

이 간결한 코드는 배열 x에 있는 한 요소를 찾는데 평균 $4.06n$ ns가 걸린다. 이 코드는 탐색에 성공하는 보통의 경우 평균적으로 배열 안에 있는 요소의 반을 살펴보게 되므로, 테이블 내의 각 요소에 대해서 약 8.1ns가 걸리는 셈이다.

이 루프는 날씬하긴 하지만 제거될 수 있는 약간의 지방을 가지고 있다. 루프에서 조건 검사를 두 번 한다. 첫 번째는 i가 배열의 범위를 벗어났는지를 확인하는 것이고 두 번째는 $x[i]$가 원하는 값인지를 확인하는 것이다. 우리는 배열의 마지막에 센티널[3](sentinel) 값을 넣어두어 두 번째 검사가 첫 번째 검사를

---

3) 역자 주 : 센티널(sentinel)은 '감시자', '보초병'이라는 뜻이다. 프로그래밍에서 센티널 값은 루프를 제어하기 위한 일종의 장치로써 입력 데이터의 끝을 나타낸다. 즉, 반복 횟수가 정해져 있지 않고 입력 데이터에 따라 달라지는 루프 구조에서 센티널 값

대체하도록 할 수 있다.

```
int ssearch2(t)
   hold = x[n]
   x[n] = t
   for (i=0; ; i++)
      if x[i] == t
         break;
   x[n] = hold
   if i == n
      return -1
   else
      return i
```

이 코드는 실행시간을 $3.87n$ ns로 줄여 속도를 5% 정도 빠르게 한다. 여기서는 배열이 이미 할당되었다고 가정하기 때문에 $x[n]$은 임시로 덮어쓴다. $x[n]$을 저장해두었다가 탐색 후 다시 복구하는 것은 매우 주의 깊은 조치로, 대부분의 애플리케이션에서는 불필요하고 다음 버전에서는 제거될 것이다.

이제 루프는 인덱스 증가, 배열 접근, 그리고 하나의 검사 코드만을 포함하고 있다. 좀더 시간을 줄일 수 있는 방법이 없을까? 순차 탐색의 마지막 버전은 루프를 8번 펼쳐서 인덱스 증가 횟수를 줄이는 것이다. 더 많이 펼친다고 속도가 빨라지지는 않았다.

```
int ssearch3(t)
   x[n] = t
   for (i = 0; ; i += 8)
      if (x[i  ] == t) {         break }
      if (x[i+1] == t) { i += 1; break }
      if (x[i+2] == t) { i += 2; break }
      if (x[i+3] == t) { i += 3; break }
```

이 입력되면 루프를 종료하도록 하는 것이다. 센티널 값은 주어진 컨텍스트에서 정상적으로는 발생하지 않을 값으로 선택하는 것이 일반적이다.

```
            if (x[i+4] == t) { i += 4; break }
            if (x[i+5] == t) { i += 5; break }
            if (x[i+6] == t) { i += 6; break }
            if (x[i+7] == t) { i += 7; break }
      if i == n
         return -1
      else
         return i
```

이 코드는 실행시간을 1.70n ns로 56% 감소시켰다. 오래된 머신에서는 오버헤드를 줄여 10% 또는 20%의 속도 향상을 얻을 수 있다. 그리고 오늘날의 머신에서도 루프를 펼치는 것(loop unrolling)은 파이프라인[4] 지연[5] (pipeline stalls)을 피하게 하고, 분기(branches)를 감소시키고, 명령어(instruction) 수준의 병렬처리가 증가하도록 도와준다.

문제 4 – 구면체 위의 거리 계산

마지막 문제는 지리적 또는 기하학적 데이터를 다루는 애플리케이션에서 전형적으로 나타나는 것이다. 입력의 첫 번째 부분은 구면체의 표면에 있는 5천 개의 점(point)을 가진 집합 S이다. 각 점은 위도와 경도로 표현되고, 이들을 우

---

4) 역자 주 : 파이프라인(pipeline) – 프로세서에서 여러 개의 명령어가 중첩되어 실행되도록 하는 구조. 파이프라인이 없다면 프로세서는 메모리에서 명령어를 가져와(instruction patch) 실행을 마칠 때까지 다음 명령어에 접근할 수 없다. 그러나 파이프라인을 사용하면 이전 명령어를 수행하는 동안 다음 명령어를 프로세서 근처의 버퍼에 미리 갖다 놓으므로, 주어진 시간 동안에 실행되는 명령어의 개수가 증가한다.

5) 역자 주 : 파이프라인 지연(pipeline stall) – 파이프라인에서 다음 명령어가 다음 클럭 사이클에 실행될 수 없는 상황을 해저드(hazard)라 하는데, 그중 한 종류가 제어 해저드(control hazard)이다. 이는 파이프라인에서 조건부 분기 명령어가 실행될 때 그 결과가 다음 명령어의 실행여부에 영향을 미치기 때문에 발생한다. 이에 대한 해결책으로 매 조건부 분기 명령어마다 파이프라인의 흐름을 지연시키는 것을 파이프라인 지연이라 한다.

리가 선택한 데이터 구조에 저장한다. 그런 다음 다시 위도와 경도로 표현되는 2만 개의 점이 입력되는데, 이들을 순차적으로 읽어들이면서 각각에 대해 S에 있는 어느 점이 가장 가까운지를 구해야 한다. 거리는 구면체의 중심과 각 점을 잇는 직선 사이의 각도로 측정된다.

1980년대 초반에 Stanford 대학의 Margaret Wright는 지도를 계산하여 전 세계적으로 분포하는 어떤 유전적 특성의 데이터를 요약하면서 위와 비슷한 문제에 직면하게 되었다. Wright는 집합 S를 위도와 경도값의 배열로 표현하는 단순하고도 쉬운 방법으로 문제를 해결했다. 순차적으로 입력받는 각각의 점에 대한 가장 가까운 이웃을 찾기 위해 S에 있는 모든 점에 대해 열 개의 sin과 cos함수가 사용되는 복잡한 삼각함수 공식을 사용해 거리를 계산했다. 이 프로그램은 작성하기에 간단했고 데이터 집합의 크기가 작을 때는 훌륭한 지도를 만들어냈지만, 데이터가 클 경우에는 메인 프레임에서도 여러 시간을 소모했고, 이것은 곧 프로젝트의 예산을 초과하는 것이었다.

내가 전에 지리 문제와 관련된 일을 한 경험이 있었기 때문에, Wright는 내게 도움을 요청했다. 나는 주말 대부분을 투자하여 문제 해결을 위해 복잡하고도 많은 기교가 필요한 몇 가지 알고리즘과 데이터 구조를 만들었다. 다행스럽게도(회상해보니) 내가 생각한 것은 수천 줄의 코드를 필요로 했기 때문에 코드로 직접 작성해보려 하지는 않았다. 내가 그 데이터 구조에 대해 Andrew Appel에게 설명했을 때, 그는 중요한 점을 알아챘다. 데이터 구조 수준에서 문제에 접근하는 대신, 점을 그냥 배열에 저장하는 단순한 데이터 구조를 사용하지만 코드를 튜닝하여 두 점 사이의 거리를 계산하는 비용을 줄이면 안될까? 이 아이디어를 어떻게 이용할 수 있겠는가?

점을 표현하는 방법을 변경하면 거리 계산 비용을 엄청나게 줄일 수 있다. 위도와 경도를 사용하는 대신 구면체 표면에 있는 점의 위치를 x, y, z좌표로 나타내는 것이다. 따라서 데이터 구조는 점에 대한 세 개의 카테시안 좌표뿐만 아니라 위도와 경도(다른 연산에 필요할 수도 있기 때문에)까지 포함하는 배열이 된다. 순차적으로 입력 받는 각각의 점을 처리하는 과정에서 몇 개의 삼각함수를 사용하여 위도와 경도를 x, y, z좌표로 변환한 다음, S에 있는 각 점에 대한 거리를 계산한다. S에 있는 점에 대한 거리는 각 좌표(x, y, z)의 차에 대한 제곱을 더하여 계산하는데, 보통 하나의 삼각함수를 계산하는 것보다 비용이 훨씬 적다([부록3]에 있는 실행시간에 대한 비용모델에서 자세히 나온다). 두 점 사이의 각도는 두 점 사이의 직선거리(Euclidean distance)의 제곱에 대해 단조증가하므로, 이 방법은 정확한 답을 낸다.

이 방법은 부가적인 메모리를 필요로 하지만 충분한 이익이 있다. Wright가 이 방법을 자신의 프로그램에 적용했을 때, 복잡한 지도에 대한 실행시간이 몇 시간에서 1분도 안 되는 시간으로 단축되었다. 이번 경우에 알고리즘과 데이터 구조를 변경했더라면 수천 줄의 코드가 필요했겠지만, 코드 튜닝은 수십 줄로 충분했다.

9.3 대수술 – 이진 탐색

이제 우리는 코드 튜닝에 있어 내가 아는 한 가장 극단적인 예를 살펴볼 것이다. 자세한 내용은 연습문제 4.8에 설명되어 있다. 우리는 1,000개의 정수가 있는 테이블에서 이진 탐색을 수행하려 한다. 본론으로 들어가기 전에, 이진 탐색에서는 보통 튜닝이 필요하지 않다는 것을 명심하기 바란다. 이진 탐색 알고리즘은 매우 효율적이기 때문에 대부분의 경우 코드 튜닝은 필요하지 않다. 따라서 우리는 [칼럼4]에서 미시적 효율성은 무시하고, 단순하고 정확하며 유지보수가 편한 프로그램을 만드는 데 집중했다. 그러나 때로는 탐색을 튜닝하여 시스템에 큰 차이를 만들 수도 있다.

우리는 네 단계를 거쳐 고속 이진 탐색을 개발할 것이다. 좀더 복잡해지긴 하지만, 자세히 살펴볼만한 이유가 충분히 있다. 최종 프로그램은 4.2절의 이진 탐색보다 2~3배 빨라진다. 계속 읽어나가기 전에, 다음 코드에서 명확한 낭비 요소를 찾을 수 있겠는가?

```
l = 0; u = n - 1
loop
   /* invariant: if t is present, it is in x[l..u] */
   if l > u
      p = -1; break
   m = (l + u) / 2
   case
      x[m] <  t: l = m+1
      x[m] == t: p = m; break
      x[m] >  t: u = m -1
```

고속 이진 탐색을 개발하기 전에, 정수 배열 $x[0..n-1]$에서 정수 t가 처음 나타나는 위치를 찾는 것으로 문제를 약간 변형한다. 위의 코드는 t가 여러 번 나올 때 그중 임의의 하나를 리턴할 것이다(15.3절에서는 바로 이런 탐색이 필요하다). 고속 이진 탐색의 첫 번째 버전 메인 루프는 위의 코드와 비슷하다. 우리는 t의 위치를 포함하는 배열에 대한 인덱스 l과 u를 유지할 것이지만, $x[l]<t\leq x[u]$와 $l<u$의 불변식 관계를 이용할 것이다. 또한 $n\geq 0$, $x[-1]<t$, $x[n]\geq t$라 가정한다(그러나 프로그램에서 $x[-1]$이나 $x[n]$ 같은 허구 요소에 접근하지는 않는다). 이제 이진 탐색 코드는 다음과 같이 된다.

```
l = -1; u = n
while l+1 != u
   /* invariant: x[l] < t && x[u] >= t && l < u */
   m = (l + u) / 2
   if x[m] < t
      l = m
   else
      u = m
/* assert l+1 = u && x[l] < t && x[u] >= t */
```

```
p = u
if p >= n || x[p] != t
    p = -1
```

첫 번째 줄은 불변식을 초기화한다. 루프가 반복되면서, if문에 의해 불변식이 계속 유지된다. if의 양쪽 가지가 모두 불변식을 유지함을 확인하는 것은 쉽다. 루프가 끝날 때, 만약 t가 배열에 있다면, t가 처음 나타나는 위치는 u가 된다. 이 사실은 주석의 단정문(assert)에 좀더 정형적으로 기술되어 있다. 마지막 두 명령문에서는 t가 x에 존재하면 처음 나타나는 위치의 인덱스를 p에 대입하고, 존재하지 않으면 -1을 대입한다.

이 이진 탐색은 이전 프로그램보다 더 어려운 문제를 풀지만, 잠재적으로 더 효율적이다. 루프가 매번 반복될 때마다 t를 x의 요소와 단 한번만 비교하기 때문이다. 이전 프로그램에서는 이런 결과를 얻기 위해 비교를 두 번해야 하는 경우도 있다.

다음 버전에서는 n이 1,000이라는 것을 알고 있다는 사실을 이용할 것이다. 여기서는 범위를 다른 방식으로 표현한다. 범위의 위쪽(upper)과 아래쪽(lower)을 $l..u$로 표현하는 대신에, 아래쪽 값 l과 $l+i=u$가 되도록 하는 증가분(increment) i로 표현할 것이다. 코드에서는 i가 항상 2의 거듭제곱수가 되도록 보장할 것이다(배열의 크기가 $n=1,000$이기 때문에 처음에는 어려워 보이지만 일단 이 속성을 만족시키면 유지하기는 쉽다). 따라서 프로그램은 탐색할 범위의 초기 크기가 512(1,000이하의 수 중, 가장 큰 2의 거듭제곱수)가 되도록 하기 위한 대입문과 if문으로 시작된다. 따라서 l과 $l+i$는 $-1..511$ 또는 $488..1,000$을 나타내게 된다. 앞의 이진 탐색 프로그램을 이 새로운 범위의 표현 방법을 사용하도록 변환하면 다음과 같이 된다.

```
i = 512
l = -1
```

```
    if x[511] < t
       l = 1000 - 512
    while i != 1
       /* invariant: x[l] < t && x[l+i] >= t && i = 2^j */
       nexti = i / 2
       if x[l+nexti] < t
          l = l + nexti
          i = nexti
       else
          i = nexti
    /* assert i == 1 && x[l] < t && x[l+i] >= t */
    p = l+1
    if p > 1000 || x[p] != t
       p = -1
```

이 프로그램의 정확성 증명은 이전 프로그램의 증명 절차와 완전히 동일하다. 이 코드는 이전 프로그램보다 느리지만, 다음 단계의 속도 개선을 위한 문을 열어준다.

다음 프로그램은 똑똑한 컴파일러가 수행할 최적화 기법을 이용하여 위의 코드를 단순화하는 것이다. if문이 단순해졌고, 변수 *nexti*가 제거되었으며, if문 안의 *nexti*에 대한 대입문이 제거되었다.

```
    i = 512
    l = -1
    if x[511] < t
       l = 1000 - 512
    while i != 1
       /* invariant: x[l] < t && x[l+i] >= t && i = 2^j */
       i = i / 2
       if x[l+i] < t
          l = l + i
    /* assert i == 1 && x[l] < t && x[l+i] >= t */
    p = l+1
    if p > 1000 || x[p] != t
       p = -1
```

이 코드에 대한 정확성 검증은 여전히 같은 구조를 가지지만, 이제 우리는 동작을 좀더 직관적인 수준에서 이해할 수 있게 되었다. 첫 번째 if문의 조건이 거짓이고 l이 0이 되면, 프로그램은 p의 각 비트를 MSB(most significant bit)부터 차례로 계산하는 것이 된다.

    심장이 약한 사람은 코드의 마지막 버전을 안 보는 편이 좋을 것이다. 여기서는 루프 전체를 펼쳐서 루프 제어의 오버헤드와 i를 2로 나누는 연산을 제거했다. 이 프로그램에서는 i가 단지 10개의 다른 값을 가진다고 가정하고 있으므로, 이들을 모두 코드에 넣을 수 있고, 따라서 실행 시에 계속 다시 계산하지 않도록 할 수 있다.

```
l = -1
if (x[511]    < t) l = 1000 - 512
    /* assert x[l] < t && x[l+512] >= t */
if (x[l+256] < t) l += 256
    /* assert x[l] < t && x[l+256] >= t */
if (x[l+128] < t) l += 128
if (x[l+64 ] < t) l += 64
if (x[l+32 ] < t) l += 32
if (x[l+16 ] < t) l += 16
if (x[l+8  ] < t) l += 8
if (x[l+4  ] < t) l += 4
if (x[l+2  ] < t) l += 2
    /* assert x[l] < t && x[l+2  ] >= t */
if (x[l+1  ] < t) l += 1
    /* assert x[l] < t && x[l+1  ] >= t */
p = l+1
if p > 1000 || x[p] != t
    p = -1
```

우리는 $x[l+256]$를 검사한 결과 같이 단정문의 완전한 문장을 삽입하여 이 코드를 이해할 수 있다. 조건이 참/거짓이 됨에 따라 if문이 어떻게 동작하는지를 한번 분석해보면, 나머지 if문들도 동일한 방법으로 동작함을 알게 된다.

나는 4.2절의 깔끔한 이진 탐색과 이 튜닝된 이진 탐색을 다양한 시스템에서 비교해보았다. 이 책의 1판에서는 4개의 머신에서 5개의 프로그래밍 언어로 구현한 여러 수준의 최적화에 따른 이진 탐색의 실행시간을 비교했는데, 실행 시간 감소가 38%에서 80%(5배의 속도 차이)까지 차이를 보였다. 내가 현재의 시스템에서 측정했을 때는 n=1,000인 경우 탐색 시간이 350ns에서 125ns로 64%나 감소한 것을 보고 놀라기도 했고 즐겁기도 했다.

이 정도의 속도 개선은 사실이라고 생각하기에는 너무 좋아 보였는데, 알고 보니 역시 사실이 아니었다. 자세히 검사해본 결과, 나의 시간 측정 스캐폴딩은 처음에는 x[0], 다음에는 x[1]과 같은 식으로 배열의 각 요소를 순서대로 탐색하고 있었던 것이다. 이로 인해 이진 탐색은 비정상적으로 유리한 메모리 접근 패턴과 분기 예측이 가능했던 것이다. 따라서 나는 스캐폴딩을 수정하여 배열의 요소를 랜덤한 순서로 탐색하도록 했다. 원래의 깔끔한 이진 탐색은 418ns가 걸렸고, 루프를 펼친 버전은 266ns가 걸려 속도가 36% 개선되었다.

이것은 극한에서의 코드 튜닝에 대한 이상적인 예이다. 우리는 이해하기 쉬운 이진 탐색 프로그램(오버헤드를 별로 포함하고 있지 않을 것 같아 보이는)을 실질적으로 더 빠른 아주 가벼운 버전으로 바꾸었다. (이 함수는 전산계의 뒷골목에서는 1960년대 초반부터 알려져 있었다. 1960년대 후반에는 MIT에도 알려졌는데 Guy Steele은 이것을 MIT에서 배웠고, 나는 1980년대 초반에 그에게 배웠다. Vic Vyssotsky는 1961년에 Bell 연구소에서 이 코드를 사용했는데, 가상코드에서의 각 if문은 IBM7090에서 세 개의 명령어(instruction)로 구현되었다.)

이 작업에서는 [칼럼4]에서 배웠던 프로그램 검증 도구가 중요한 역할을 했다. 프로그램 검증 도구를 사용했기 때문에 마지막으로 나온 프로그램이 정확하다는 것을 믿을 수 있다. 내가 유도과정이나 검증도 없이 마지막 코드를 처음으로 보았을 때, 그것은 마술처럼 보였다.

9.4 원리

코드 튜닝에 대한 가장 중요한 원리는 웬만하면 하지 말아야 된다는 것이다. 다음 사항들은 코드 튜닝을 해야 할지, 말아야 할지를 결정하는 데 도움을 준다.

효율성의 역할

소프트웨어의 다른 많은 속성도 효율성만큼이나 중요하다(더 중요하지는 않을지 몰라도). Don Knuth는 미숙한 최적화는 프로그래밍에서 악의 근원이라고 했다. 효율성으로 인해 프로그램의 정확성, 기능성, 유지보수성 등이 희생될 수도 있다. 효율성에 대한 걱정은 그것이 정말 문제가 될 때까지 미루어라.

측정 도구

효율성이 중요할 때 첫 번째로 할 일은 시스템의 프로파일을 보고 프로그램이 어디서 시간을 소모하고 있는지를 찾아내는 것이다. 프로그램의 프로파일을 보면 대부분의 시간이 몇몇 핫 스팟(hot spot)에서 소모되고 나머지 부분의 코드는 드물게 실행된다는 것을 알 수 있다(예를 들어 6.1절에서는 하나의 함수가 전체 실행시간의 98%를 차지했다). 프로파일링은 중요한 부분을 지적해낸다. 다른 부분에 대해서는 "고장 나지 않았으면 손대지 말라"는 현명한 격언을 따를 것이다. [부록3]에 있는 것과 같은, 실행시간에 대한 비용모델은 프로그래머가 특정 연산이나 함수가 왜 비용이 많이 드는지 이해하도록 도와줄 수 있다.

디자인 수준

우리는 [칼럼6]에서 효율성 문제를 여러 가지 방법으로 공략할 수 있다는 것을 보았다. 코드를 튜닝하기 전에, 다른 접근방법으로는 더 효과적으로 문제를 해결하지 못한다는 것을 확인해야 한다.

속도 개선이 둔화될 때

나머지 연산자 %를 if문으로 대체한 것은 어떨 때는 2배의 속도개선 효과가 있었고 어떨 때는 실행시간에 아무런 차이가 없었다. 함수를 매크로로 바꾸는 것은 한 함수를 2배 빠르게 했지만, 다른 경우에는 10,000배 느려졌다. "개선" 작업을 한 후에는 대표적인 입력값에 대해 그 효과를 측정해보는 것이 중요하다. 여기서 한 이야기와 이와 비슷한 수십 가지 다른 이야기를 생각해볼 때, 우리는 "비트(bit)를 가지고 작업하는 사람은 물릴(bitten) 각오를 해야 한다"는 코드를 튜닝하는 사람에 대한 Jurg Nievergelt의 경고를 주의 깊게 되새겨봐야 한다.

위에서 논의한 것은 코드 튜닝을 할지 말지, 또는 어떻게 해야 할지에 대한 설명이다. 튜닝을 하기로 결정했다 하더라도 여전히 방법에 대한 문제가 남는다. [부록4]는 코드 튜닝을 위한 일반적인 규칙을 담고 있다. 지금까지 우리가 본 모든 예제가 부록에 있는 원리로 설명될 수 있다. 규칙의 이름을 이탤릭체로 하여 지금부터 설명하겠다.

Van Wyk의 그래픽 프로그램

Van Wyk의 솔루션에서의 일반적인 전략은 *Exploit Common Cases*였다. 그는 가장 많이 사용되는 타입의 레코드를 리스트로 캐시하였다.

문제 1 - 정수에 대한 나머지 연산

*Exploit an Algebraic Identity*를 이용하여 비용이 많이 드는 나머지 연산을 값싼 비교연산으로 대체하였다.

문제 2 – 함수, 매크로, 인라인 코드

*Collapsing a Procedure Hierarchy*로 함수를 매크로로 대체하여 2배의 속도 개선이 있었지만, 코드를 인라인으로 작성한 것은 더 이상의 차이를 만들지 못했다.

문제 3 – 순차 탐색

*Combine Tests*를 하기 위해 센티널을 사용하여 속도를 5% 개선하였다. *Loop Unrolling*을 이용하여 추가적으로 속도를 56% 개선하였다.

문제 4 – 구면체 위의 거리 계산

카테시안 좌표를 위도, 경도와 함께 저장하는 것은 *Data Structure Augmentation*의 한 예이다. 각 거리(angular distance) 대신 값싼 직선거리(Euclidean distance)를 이용한 것은 *Exploits an Algebraic Identity*이다.

이진 탐색

*Combining Tests*는 루프에서 배열 요소의 비교 횟수를 2번에서 1번으로 줄였고, *Exploiting an Algebraic Identity*는 범위의 표현 방법을 위쪽 경계(upper)와 아래쪽 경계(lower)에서 아래쪽 경계와 증가분(increment)으로 바꾸었고, *Loop Unrolling*은 루프를 펼쳐 오버헤드를 제거했다.

지금까지 우리는 CPU 시간을 줄이기 위해 코드를 튜닝했다. 페이징(paging)을 줄이거나 캐시 적중률(hit ratio)을 높이기 위해 코드를 튜닝할 수도 있다. 실행시간을 단축시키는 목적 외에 가장 일반적인 코드 튜닝은 아마 프로그램이 필요로 하는 메모리를 줄이기 위한 것일 것이다. 다음 칼럼에서 이 주제를 설명한다.

9.5 연습문제

1 자신이 직접 작성한 프로그램을 프로파일링해보고, 이 칼럼에서 설명한 접근방법을 이용하여 핫 스팟에서의 실행시간을 단축시켜보라.

2 이 책의 웹 사이트에는 이 칼럼의 앞부분에서 프로파일을 보았던 C 프로그램이 있다. 그 프로그램은 우리가 [칼럼13]에서 볼 C++ 프로그램의 일부를 구현한 것이다. 여러분의 시스템에서 그 프로그램을 프로파일링해보라. 여러분이 특별히 효율적인 malloc 함수를 가지고 있지 않는 한, 그 프로그램은 대부분의 시간을 malloc에서 소모할 것이다. Van Wyk와 같이 노드 캐시를 구현하여 실행시간을 단축시켜 보라.

3 "저글링(juggling)" 회전 알고리즘에서 나머지 연산자 %를 if문 또는 (또는 소요되는 비용이 if문과 같은) while문으로 바꿀 수 있었던 것은 그 알고리즘의 어떤 특별한 속성 때문이었는가? 언제 나머지 연산자 %를 while문으로 바꾸는 것이 그럴만한 가치가 있는지를 결정하기 위해 직접 실험해보라.

4 양의 정수 n의 최대값은 배열의 크기라 할 때, 다음 재귀적 C 함수는 배열 $x[1..n-1]$의 최대값을 리턴한다.

```
float arrmax(int n)
{   if (n == 1)
        return x[0];
    else
        return max(x[n-1], arrmax(n-1));
}
```

max를 함수로 구현했을 때 n=10,000인 벡터에서 최대값을 구하는 데는 2~3ms가 걸린다. max가 다음과 같은 C 매크로라면

    #define max(a, b) ((a) > (b) ? (a) : (b))

이 알고리즘은 최대값을 찾는데 n=27일 때 6초가 걸리고, n=28일 때는 12초가 걸린다. 이런 엄청난 동작이 나타나도록 입력을 주고, 실행시간을 수학적으로 분석해보라.

5 여러 가지 이진 탐색 알고리즘이 (명세에 맞지 않겠지만) 정렬이 안된 배열에 적용된다면 어떻게 동작할까?

6 C/C++ 라이브러리는 문자의 타입을 구별하기 위해 isdigit, isupper, islower과 같은 문자 분류 함수를 제공한다. 여러분이라면 이런 함수를 어떻게 구현하겠는가?

7 매우 긴 연속된 바이트(말하자면 10억 개 또는 1조 개)가 주어졌을 때, 어떻게 1로 설정된 비트의 총 개수를 효율적으로 셀 수 있겠는가? (다시 말하면, 전체 바이트에서 얼마나 많은 비트가 1로 되어있는가?)

8 배열에서 최대값을 찾는 프로그램에서 센티널이 어떻게 사용될 수 있겠는가?

9 순차 탐색은 이진 탐색보다 단순하기 때문에 작은 테이블에 대해서는 보통 더 효율적이다. 반면 크기가 큰 테이블에 대해서는 비교 횟수가 로그적으로 증가하는 이진 탐색이 선형적으로 증가하는 순차 탐색보다 빠를

것이다. 이진 탐색의 손익분기점은 각 프로그램이 얼마나 튜닝되느냐에 따라 다르다. 손익분기점을 얼마나 낮게 또는 높게 만들 수 있겠는가? 두 프로그램이 모두 동등하게 튜닝되었을 때, 여러분의 시스템에서 손익분기점은 어떻게 되는가?

10 D. B. Lomet는 1,000개의 정수를 탐색하는 문제에서 해싱이 튜닝된 이진 탐색보다 빠를 것이라고 했다. 빠른 해싱 프로그램을 구현하고, 이를 튜닝된 이진 탐색 프로그램과 속도, 메모리 사용량 측면에서 비교해보라.

11 1960년대 초반 Sikorsky Aircraft사에서 Vic Berecz는 시뮬레이션 프로그램이 대부분의 시간을 삼각함수를 계산하는 데 소모한다는 것을 알게 되었다. 더 조사한 결과 삼각함수는 5도(degree)의 정수 배에 대한 각도에 대해서만 계산된다는 것을 알아냈다. 그는 어떻게 프로그램의 실행시간을 단축시켰을까?

12 때로는 코드에 대해서가 아니라 수학적으로 생각하여 프로그램을 튜닝할 수 있다.

$$y = a_n x^n + a_{n-1} x^{n-1} + \ldots + a_1 x^1 + a_0$$

위의 다항식을 계산하기 위해, 다음 코드는 $2n$회의 곱셈을 수행한다. 함수를 더 빠르게 만들어라.

```
y = a[0]
xi = 1
for i = [1, n]
    xi = x * xi
    y = y + a[i]*xi
```

9.6 더 읽을거리

3.8절에서 Steve McConnell의 <Code Complete>를 언급했다. 이 책의 28장은 "코드 튜닝 전략"에 대해 설명하는데, 일반적인 관점에서의 퍼포먼스에 대한 개괄을 보이고, 코드 튜닝에 대한 접근방법을 상세히 기술한다. 29장에는 코드 튜닝을 위한 규칙을 잘 정리했다.

이 책의 [부록4]는 코드 튜닝 규칙과 함께 이들 규칙이 이 책에서 어떻게 적용되었는지에 대한 설명을 제공한다.

칼럼 10
메모리 절약

  여러분이 내가 아는 몇몇 사람들과 비슷하다면, 이 칼럼의 제목을 보고 처음 하는 생각은 "너무 옛날 얘기잖아!"일 것이다. 컴퓨팅 환경이 열악했던 과거에는 프로그래머가 용량이 작은 머신에 얽매였지만, 요즘은 그런 일이 사라진지 오래다. "GB대의 메모리가 흔한데, 메모리 걱정을 하는가?"가 새로운 철학이 되었다. 대부분의 프로그래머가 대용량의 머신을 사용하고 프로그램에서 메모리 절약을 걱정할 필요가 거의 없다는 관점에서는 이 말도 옳다.

  하지만 예나 지금이나 프로그램을 간결하게 만들기 위해 열심히 생각하는 것은 득이 될 수 있다. 어떤 경우에는 이런 생각을 하다가 프로그램을 더 단순하게 만들 수 있는 새로운 통찰을 얻기도 한다. 메모리 사용량을 줄이면 실행 시에 바람직한 부수적 효과를 얻게 되는 경우도 종종 있다. 프로그램이 작을수록 빨리 로드할 수 있고 캐시에도 더 적합하다. 그리고 다루는 데이터가 적다는 것은 데이터를 처리하는 데 필요한 시간이 적다는 의미이다. 네트워크를 통해 데이터를 전송하는 데 필요한 시간은 데이터의 크기와 직접적으로 비례한다. 메모리 칩의 가격이 저렴할지라도, 메모리는 매우 중요하다. 초소형 머신(장난감이나 가전기기에 들어가는)은 여전히 매우 적은 메모리를 갖고 있다. 대형 머신이라 할지라도 거대한 문제를 풀려면 역시 메모리에 주의해야 한다.

메모리의 중요성을 새겨두고, 메모리 절약을 위한 몇 가지 중요한 기법을 살펴보자.

10.1 핵심 – 단순함

단순함은 기능성, 견고성, 속도 향상, 메모리 절약 등의 결과를 가져올 수 있다. Dennis Ritchie와 Ken Thompson은 18비트 워드 8,192개의 메모리가 탑재된 머신에서 Unix 운영체제를 개발했다. 그들은 논문에서 "시스템과 소프트웨어에 대해 항상 심각한 크기 제한이 있었다. 그럼에도 합당한 효율성과 표현력을 얻기 바랬고, 결과적으로는 크기 제한에 대한 고민으로 인해 경제성만 만족시킨 것이 아니라 디자인도 우아해졌다"라고 했다.

Fred Brooks는 1950년대 중반에 어떤 공기업을 위한 급여 프로그램을 작성하면서 단순화의 위력을 알게 되었다. 그 프로그램의 병목은 Kentucky 주의 소득세 표현이었다. 그 세금은 법에서 정한 소득과 공제 항목의 개수에 대한 2차원 테이블로 되어 있었다. 이 테이블을 그냥 저장하려면 수천 워드의 메모리가 필요했고, 이는 머신의 용량을 초과하는 것이었다.

처음에 Brooks는 세금 테이블을 어떤 수학 함수로 표현하려 시도했지만, 테이블의 내용이 너무 들쭉날쭉하여 이를 표현할 수 있는 간단한 함수는 없었다. 법을 만드는 사람들은 매우 복잡한 수학 함수에는 소질이 없다는 것을 알았기 때문에, Brooks는 어떤 과정으로 그런 특이한 테이블이 만들어졌는지를 알아내기 위해 Kentucky 주 의회의 의사록을 뒤졌다. 그리고 소득세가 소득에서 연방세를 제외한 나머지에 대한 간단한 함수라는 것을 알아냈다. 따라서 그는 이미 존재하는 테이블로부터 연방세를 계산하고, 이를 소득에서 제한 나머지와 수십 워드의 메모리만 차지하는 테이블을 사용하여 Kentucky 주의 세금을 계산할 수 있었다.

Brooks는 문제가 발생한 컨텍스트를 연구하여 문제를 더 간단히 만들 수 있었다. 원래의 문제는 수천 워드의 데이터 공간이 필요할 것처럼 보였지만, 문제를 간단히 만든 후에는 무시해도 좋을 만큼의 메모리만 필요했다.

단순함은 코드가 차지하는 공간도 줄일 수 있다. [칼럼3]에서는 더 적절한 데이터 구조를 사용하여 큰 프로그램을 작은 프로그램으로 나눈 몇 가지 경우에 대해 설명했다. 그 경우에서는 좀더 단순한 시각으로 프로그램을 봄으로써 소스 코드의 길이를 수천 줄에서 수백 줄로 줄였고, 컴파일된 코드의 크기도 아마 10배 이상 줄었을 것이다.

10.2 이해를 돕는 문제

1980년대 초반, 나는 지리적 데이터베이스에 인구를 저장하는 시스템에 대한 컨설팅을 했다. 2,000개의 인구 데이터에는 각각 0에서 1,999까지의 번호가 매겨졌고, 지도상의 한 점으로 표현되었다. 그 시스템은 사용자가 입력 패드를 터치하여 그 점들 중의 하나에 접근할 수 있도록 했다. 프로그램은 선택된 물리적 위치를 0부터 199범위에 있는 x와 y의 정수 쌍으로 변환했다(입력 패드는 약 4제곱 피트였고, 0.25인치 해상도를 사용했다). 그리고 이 (x, y)를 이용하여 사용자가 선택한 점이 2,000개의 점 중 (만약 여기에 속한다면) 어떤 것인지를 알아낸다. 같은 위치 (x, y)에 두 개의 점이 동시에 위치할 수 없기 때문에, 그 모듈을 책임진 프로그래머는 지도를 점에 대한 식별자(0부터 1,999 사이의 정수, 또는 해당 위치에 점이 없을 경우에는 -1)로 이루어진 200×200배열로 표현하도록 했다. 배열의 좌측 하단 귀퉁이는 다음과 같은 형태일 것이다 (빈 칸은 해당 위치에 점이 없음을 의미한다).

```
5 | 538 |     |     |     |     |     |     |
  |     |     | 965 |     |     |     |     |
  |     |     |     |     | 1171|     |     |
  | 17  |     |     |     |     |     |     |
  |     | 98  |     |     |     |     | 162 |
0 |     |     |     |     |     |     |     |
    0                                     7
```

위의 지도에서, 17번 점은 위치 (0,2)에 있고, 538번 점은 위치 (0,5)에 있다. 그리고 첫 번째 열에 보이는 나머지 4개의 위치는 비어있다.

이와 같은 배열은 구현하기 쉽고, 빠르게 접근할 수 있다. 프로그래머는 각 정수를 16비트로 구현할 것인가, 32비트로 구현할 것인가를 선택할 수 있었다. 32비트 정수를 선택한다면, 40,000개(200×200)의 정수로 160KB가 소모되었을 것이다. 따라서 그는 더 짧은 표현을 선택했고, 배열은 80KB(0.5MB 메모리의 6분의 1)를 차지했다. 처음에는 시스템에 아무런 문제도 없었다. 그러나 시스템이 커짐에 따라 메모리가 부족해지기 시작했다. 그 프로그래머는 나에게 이 데이터 구조가 소모하는 메모리 용량을 줄이는 방법을 물어왔다. 여러분이라면 그에게 어떤 조언을 해주겠는가?

이 상황은 희박 데이터 구조(sparse data structure)를 사용할 전형적인 기회이다. 위의 일화는 오래된 일이지만, 최근에도 비슷한 상황을 본 적이 있다. 유효한 요소가 백만 개뿐인 10,000×10,000 행렬을 메모리가 100MB뿐인 컴퓨터에서 표현하는 문제였다.

희박 행렬에 대한 손쉬운 표현방법은 모든 열을 나타내는 하나의 배열과 해당 열에 속해 있는 유효한 요소들을 나타내는 연결 리스트(linked list)를 사용하는 것이다. 다음 그림은 시계 방향으로 90도 회전하여 보기에 더 좋게 만든 것이다.

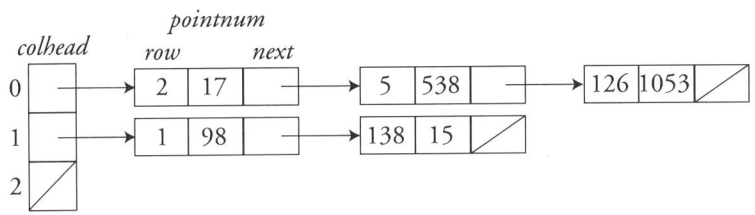

이 그림을 보면 첫 번째 열에 세 개의 점이 있다. (0,2)에 17번 점, (0,5)에 538번 점, (0,126)에 1,053번 점이 있다. 두 번째 열에는 점 두 개가 있고, 세 번째 열에는 점이 없다. 우리는 다음 코드로 (i, j)에 있는 점을 찾을 수 있다.

```
for (p = colhead[i]; p != NULL; p = p->next)
    if p->row == j
        return p->pointnum
return -1
```

최악의 경우에는 배열의 어떤 요소를 찾기 위해 200개의 노드를 방문해야 하지만, 평균적으로는 약 10개 정도의 노드만 방문하면 된다.

이 구조는 200개의 포인터로 이루어진 배열 한 개와 2,000개의 레코드(하나의 정수와 두 개의 포인터로 이루어진)를 사용한다. [부록3]의 메모리 비용에 대한 모델에 따르면 포인터로 800바이트가 소비된다. 만약 레코드를 위해 2,000개의 요소를 가지는 배열을 할당한다면 각 레코드가 12바이트를 차지할 것이고, 따라서 총 24,800바이트의 메모리가 필요하다(그러나 부록에서 설명한 기본적인 malloc을 사용한다면, 각 레코드는 48바이트를 소모할 것이고, 전체 구조의 크기는 원래 80KB에서 96.8KB로 증가할 것이다).

그 프로그래머는 포인터와 구조체를 지원하지 않는 Fortran으로 이 구조를 구현해야 했다. 따라서 우리는 201개의 요소를 가지는 배열로 열을 나타내고, 2,000개의 요소를 가지는 두 개의 평행 배열로 점들을 표현했다. 다음 그림에서 이 세 개의 배열을 나타내고 있는데, 맨 아래의 배열에 있는 정수 인덱스는 화살표로도 표시되어 있다(Fortran에서는 배열의 인덱스가 1부터 시작하지만, 이 책에 나오는 다른 배열들과의 일관성을 위하여 0부터 시작하는 것으로 표시했다).

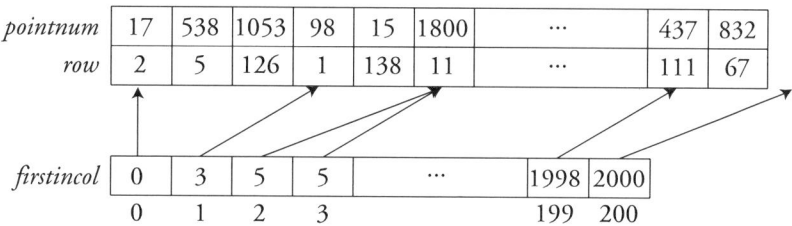

i열에 있는 점들은 *firstincol*[i]와 *firstincol*[$i+1$]-1 사이에 위치하는 *row* 배열과 *pointnum* 배열에 표현된다. 이 조건을 만족시키기 위해, 열이 200개 밖에 없지만 *firstincol*[200]을 정의한다. 다음의 가상코드로 위치 (i, j)에 저장되어 있는 점이 무엇인지를 알아낼 수 있다.

```
for k = [firstincol[i], firstincol[i+1])
    if row[k] == j
        return pointnum[k]
return -1
```

이 구조는 2,000개의 요소를 가지는 배열 두 개와 201개의 요소를 가지는 배열 하나를 사용한다. 프로그래머가 이를 16비트 정수를 사용하여 구현한다면, 총 8,402바이트의 크기가 될 것이다. 이 구조는 완전한 행렬을 사용하는(평균적으로 약 10개의 노드를 방문하는) 것보다 조금 느리다. 그러나, 사용자의 입력을 따라잡기에 무리가 없었다. 그 시스템은 모듈 구조가 훌륭했기 때문에, 몇몇 함수만 수정하여 몇 시간만에 이 접근방법을 적용할 수 있었다. 실행 시에 성능 저하도 발견하지 못했고, 메모리는 단지 70KB만을 소모했다.

위의 구조는 메모리를 과도하게 차지하는 면이 있었으므로, 우리는 메모리 사용량을 더 줄일 수 있었다. 배열 row의 요소들은 모두 200보다 작기 때문에, 1바이트를 차지하는 unsigned char에 저장할 수 있고, 이렇게 하면 전체 크기가 6,400바이트로 줄어든다. 만약에 점 자체에 행 번호가 함께 저장되어 있다면, 배열 row를 모두 제거할 수도 있었다.

```
for k = [firstincol[i], firstincol[i+1])
    if point[pointnum[k]].row == j
        return pointnum[k]
return -1
```

이렇게 하면 크기가 4,400바이트로 줄어든다.

실제 시스템에서는 사용자와의 상호작용뿐만 아니라 다른 함수도 같은 인터페이스를 통해 점을 검색했기 때문에 빠른 검색시간이 매우 중요했다. 만약 실행시간이 중요하지 않고 점이 *row*와 *col* 필드를 가지고 있었다면, 우리는 점에 대한 배열을 순차 탐색함으로써 메모리 사용량을 극단적으로 줄여 0바이트로 만들 수도 있었다. 점에 *row*와 *col* 필드가 없다하더라도, "키 인덱싱(key indexing)"을 사용하면 이 구조에 필요한 메모리를 4,000바이트로 줄일 수 있었다(점 *i*의 *row*와 *col*을 나타내는 두 개의 1바이트 필드가 배열의 *i*번째 요소에 포함되도록 하고, 이 배열을 탐색한다).

이 예제를 통해 데이터 구조에 대한 몇 가지 일반적인 사항을 알 수 있다. 이 문제는 희박 배열 표현법(희박 배열이란 대부분의 엔트리가 같은 값(보통 0)을 가지는 배열이다)에 대한 아주 좋은 예라 할 수 있다. 솔루션은 개념적으로 간단하고 구현하기 쉽다. 우리는 줄곧 메모리를 절약하는 몇 가지 방법을 사용했다. *firstincol*과 동시에 배열 *lastincol*이 필요하지는 않았다. 대신에 우리는 어떤 열의 마지막 점은 다음 열의 첫 번째 점 바로 전에 있다는 사실을 이용했다. 이는 저장하는 대신에 다시 계산하는 것의 평범한 예이다. 이와 비슷하게 *row*와 동시에 배열 col이 필요하지는 않다. 항상 *firstincol*을 통해 *row*에 접근하므로 현재의 열을 항상 알고 있기 때문이다. *row*는 32비트에서 출발하였지만, 우리는 그 표현을 16비트로, 최종적으로는 8비트로 축소하였다. 또 레코드를 사용하는 것으로 시작하였지만, 여기저기에서 수 KB를 절약하기 위해 결국에는 배열을 사용하게 되었다.

10.3 데이터 공간을 위한 기법

보통 단순화가 문제를 해결하는 가장 쉬운 방법이지만, 몇몇 어려운 문제는 이것만으로는 해결되지 않는다. 이 절에서는 프로그램이 사용하는 데이터를 저장하기 위해 필요한 공간을 절약하는 기법을 살펴볼 것이다. 다음 절에서는 실행 시에 프로그램 자체가 차지하는 공간을 줄이는 방법에 대해 알아본다.

저장하지 말고, 다시 계산하라

객체를 저장하지 않고 필요할 때마다 다시 계산하면 객체 저장에 필요한 메모리를 크게 절약할 수 있다. 앞에서 나온, 점에 대한 행렬을 제거하고 매번 처음부터 순차 탐색으로 점을 찾는 방법이 바로 이 아이디어를 이용한 것이다. 소수(prime number)의 테이블은 소수인지 아닌지를 검사하는 함수로 대신할 수 있다. 이 방법을 사용하면 메모리를 덜 쓰는 대신에 실행시간이 늘어난다. 그리고 저장될 객체가 다른 정보로부터 다시 계산될 수 있는 경우에만 적용이 가능하다.

"생성기 프로그램"은 성능 비교나 정확성에 대한 회귀 테스트(regression test)를 목적으로 여러 프로그램을 동일한 랜덤 입력에 대해 돌려보는 데 사용되기도 한다. 랜덤 객체는 애플리케이션에 따라서 랜덤하게 생성된 텍스트 파일이거나 랜덤한 모양의 그래프일 수도 있다. 전체의 객체를 저장하기보다는 생성기 프로그램과 그 객체를 정의하는 랜덤 시드(seed)만 저장하면 된다. 객체에 접근하기 위해서는 좀더 많은 시간이 필요하지만, 큰 객체를 수바이트만으로 표현할 수 있다.

PC 소프트웨어의 사용자들은 CD-ROM이나 DVD-ROM으로부터 소프트웨어를 설치할 때 몇 가지 선택을 할 수 있다. "보통" 설치는 수백 MB의 데이터를 시스템의 하드 디스크에 저장하기도 하는데, 하드 디스크에 저장하면 더 빨리 읽어올 수 있다. 반면에, "최소" 설치는 그런 파일들을 하드 디스크에 저장하지 않고 속도가 더 느린 장치에 놔둔다. 이렇게 설치하면 그 프로그램이 실행될 때마다 데이터를 읽기 위해 더 많은 시간이 들겠지만, 하드 디스크의 용량은 절약된다.

네트워크상에서 동작하는 대부분의 프로그램에서는 데이터를 전송하는 데 필요한 시간 때문에 데이터의 크기에 많은 신경을 쓴다. 이런 경우에는 위와 상반되는 "저장하라, 다시 전송하지 말라"는 지침에 따라, 데이터를 로컬에 캐시함으로써 전송되는 데이터의 양을 줄일 수 있다.

희박 데이터 구조

10.2절에서 이런 데이터 구조를 소개했다. 3.1절에서는 복잡한 3차원 테이블을 2차원 배열에 저장하여 메모리를 절약했다. 만약 저장되어야 할 키를 테이블에 대한 인덱스로 사용한다면, 키 자체를 저장할 필요가 없고, 참조된 횟수 등의 키와 관련된 항목만을 저장한다. 키 인덱싱 기법의 응용은 [부록1]의 알고리즘 카탈로그에서 설명한다. 앞의 희박 행렬 예제에서는 *firstincol* 배열을 통한

키 인덱싱을 사용하여 col 배열을 사용할 필요가 없었다.

큰 공유 객체(긴 문자열과 같은)에 대한 포인터를 저장하면 동일한 객체의 여러 사본을 저장하기 위해 필요한 비용이 없어진다. 그러나 이렇게 공유된 객체는 누구나 수정할 수 있으므로 주의해야 한다. 이 기법은 내가 사용하는 탁상용 연감에서 1821년부터 2080년까지의 달력을 제공하는 데 사용되었다. 각각 다른 260개의 달력을 나열하는 대신에 14개의 표준 달력(윤년/평년 구분(2개) ×1월 1일의 요일(7개) = 14개)과 260개의 연도가 각각 표준 달력 몇 번에 해당하는지를 알려주는 표를 제공한다.

어떤 전화 시스템은 음성 대화를 희박 데이터 구조로 간주하여 통신 대역폭을 유지하기도 한다. 특정 방향의 음량이 기준량 아래로 떨어지면 간결하게 표현된 묵음이 전송되고, 이렇게 절약된 대역폭은 다른 대화를 전송하는 데 사용된다.

데이터 압축

정보 이론을 이용하여 객체를 조밀하게 부호화하면 메모리를 절약할 수 있다. 예를 들어 희박 행렬 예제에서는 행 번호에 대한 표현을 32비트에서 16비트, 최종적으로는 8비트로 압축하였다. 나는 PC 초창기 시절에 십진수 숫자를 나타내는 긴 문자열을 읽고 쓰는 데 많은 시간을 소모하는 프로그램을 작성한 적이 있다. c가 정수일 때 $c=10 \times a+b$이므로, 두 십진수 a와 b를 1바이트로(두 개를 각각 저장하는 대신에)부호화하도록 바꾸었다. 이 정보는 다음 두 줄의 코드로 복호화할 수 있다.

```
a = c / 10
b = c % 10
```

이 간단한 구상으로 입출력 시간이 반으로 줄었고, 수치 데이터 파일도 플로피 디스크 2장이 필요하던 것을 1장 용량으로 줄였다. 이런 부호화로 각 레코드에 필요한 메모리를 줄일 수 있지만, 데이터의 양이 얼마 되지않는 경우에는 절약되는 메모리에 비해 부호화와 복호화에 따른 오버헤드가 더 클 수도 있다(연습문제 6 참조).

정보 이론을 이용하여 디스크 파일이나 네트워크 같은 채널을 통해 전송되는 레코드의 스트림을 압축할 수도 있다. 소리는 초당 44,100개의 샘플을 16비트 정확성으로 두 개의 채널에(스테레오) 저장하여 CD 음질로 녹음할 수 있다. 이렇게 표현하면 1초의 소리를 저장하는데 176,400바이트가 필요하다. MP3 표준은 전형적인 사운드 파일(특히 음악)을 압축하여 크기를 줄이도록 하는 것이다. 연습문제 10은 텍스트, 이미지, 사운드 등에 대한 몇몇 일반적인 압축 형식의 효율성을 측정하는 것이다. 어떤 프로그래머는 자신이 개발할 소프트웨어를 위하여 특별한 목적의 압축 알고리즘을 만들기도 한다. 13.8절에서 75,000개의 영어단어를 담고 있는 파일을 52KB로 압축하는 법을 설명한다.

할당 정책

때로는 메모리를 얼마나 많이 사용하는가보다는 어떻게 사용하는가가 더 중요할 수 있다. 예를 들어, 여러분의 프로그램에서 크기가 같은 x, y, z 세 가지 타입의 레코드를 사용한다고 가정하자. 일부 언어에서는 세 가지의 타입에 대해 각각 10,000개씩의 객체를 선언하고 싶은 충동이 생길지도 모르겠다. 그러나, 10,001개의 x가 사용되고, y나 z는 전혀 사용되지 않는다면 어떻게 되겠는가? 20,000개의 레코드가 아직 사용되지 않은 채 남아있는데도, 프로그램은 10,001개의 레코드를 사용한 직후 메모리가 부족해질 수 있다. 레코드를 필요할 때 동적으로 할당하면 이러한 낭비를 피할 수 있다.

동적 할당에서는 뭔가가 필요할 때까지는 요청하지 않는다. 가변 길이 레코드 정책은 뭔가를 요청할 때 정확히 필요한 만큼만 요청하는 것을 뜻한다. 80칼럼천공카드가 사용되던 시절에는 디스크의 저장 공간 중 절반 이상이 불필요한 공백(trailing space)으로 채워지는 경우가 흔했다. 가변 길이 파일은 불필요한 공백을 사용하지 않고 각 줄의 끝을 개행 문자로 나타내어 디스크 용량을 두 배 이상 절약할 수 있다. 나는 가변 길이 레코드를 사용하여 입출력에 한정되어 있는 프로그램의 속도를 3배나 빠르게 한 적이 있다. 그 프로그램에서 최대 레코드 길이는 250바이트였지만, 평균적으로는 80바이트 정도만 사용되었다.

가비지 컬렉션(garbage collection)은 다 쓰고 버려진 메모리를 재활용한다. 14.4절의 힙 정렬(Heapsort) 알고리즘에서는 물리적으로 같은 위치의 메모리에 서로 다른 시간에 사용할 두 개의 논리적 데이터 구조를 겹쳐 놓는다.

메모리 공유에 대한 또 다른 접근방법은 1970년대 초에 Brian Kernighan이 작성한 외판원 프로그램에서 찾을 수 있다. 이 프로그램은 사용하는 메모리의 최대 부분이 두 개의 150×150 행렬로 표현되었고, 두 행렬은(각각을 a와 b라 하자) 점 사이의 거리를 나타냈다. 따라서 두 행렬의 대각선 요소는 모두 0이고 ($a[i,i]$=0) 대칭 행렬($a[i,j] = a[j,i]$)이 되므로, Kernighan은 정방 행렬 한 개를 (c라 하자) 이용하여 두 개의 삼각 행렬을 표현했다. 이 행렬의 한 모서리는 다음 그림과 같은 식일 것이다.

0	$b[0,1]$	$b[0,2]$	$b[0,3]$
$a[1,0]$	0	$b[1,2]$	$b[1,3]$
$a[2,0]$	$a[2,1]$	0	$b[2,3]$
$a[3,0]$	$b[3,1]$	$b[3,2]$	0

Kernighan은 다음의 코드로 $a[i,j]$를 구할 수 있었다.

```
c[max(i, j), min(i, j)]
```

min과 max를 바꾸면 b도 구할 수 있다. 이 표현방법은 초창기부터 많은 프로그램에서 사용되어 왔다. Kernighan의 프로그램은 이 기법을 사용함으로써 작성하기가 약간 더 어려워지고 조금 느려졌지만, 22,500워드의 행렬 두 개를 하나로 줄인 것은 30,000워드 용량의 머신에서는 중대한 의미를 가지는 것이었다. 만약 두 행렬이 30,000×30,000이었다면, 오늘날의 기가바이트 머신에서도 같은 의미를 가질 수 있을 정도로 큰 절감이다.

오늘날의 컴퓨팅 시스템에서는 캐시가 잘 사용되도록(cache-sensitive) 메모리를 배치하는 것이 중요할 수 있다. 나는 이에 대한 이론을 수년 동안 공부했지만, 여러 장의 CD로 구성된 몇몇 소프트웨어를 사용하면서 이를 처음으로 제대로 이해하게 되었다. 전국 전화번호부와 전국 지도 소프트웨어는 사용하기에 좋았다. 한 지역에서 다른 지역으로 넘어갈 때에만 CD를 바꿔주면 되었고, CD를 바꿔넣어야 하는 경우는 드물었다. 그러나 내가 CD 2장으로 구성된 백과 사전을 처음 사용했을 때에는 CD를 너무 자주 바꿔넣어야 한다는 것을 알고 다시 CD 한 장으로 되어있는 예전 버전을 썼다. 메모리 배치가 내 사용 패턴과 맞지 않았던 것이다. 연습문제 2.4의 해답에서는 매우 다른 메모리 접근 패턴을 가지는 세 가지 알고리즘의 성능을 그래프로 표현한다. 우리는 13.2절의 애플리케이션에서 배열을 사용한 경우가 연결 리스트보다 더 많은 데이터를 조작해야 하지만, 순차적 메모리 접근이 시스템의 캐시와 효율적으로 연동되어 더 빠르게 동작하는 것을 볼 수 있다.

10.4 코드 공간을 위한 기법

때로는 메모리의 병목이 되는 것이 데이터가 아니라 프로그램 자체의 크기일 수도 있다. 나는 컴퓨팅 환경이 열악했던 옛 시절에 다음과 같은 식의 코드가 여러 페이지에 걸쳐 나오는 그래픽 프로그램을 본 적이 있다.

```
for i = [17, 43] set(i, 68)
for i = [18, 42] set(i, 69)
for j = [81, 91] set(30, j)
for j = [82, 92] set(31, j)
```

이때 set(i, j)는 스크린의 (i, j) 위치에 점을 그리는 것이다. 적당한 함수(수평선과 수직선을 그리는 함수를 각각 hor과 vert라 하여)를 도입하면 다음과 같이 쓸 수 있다.

```
hor(17, 43, 68)
hor(18, 42, 69)
vert(81, 91, 30)
vert(82, 92, 31)
```

위 코드는 다음과 같은 배열로부터 명령을 읽어들이는 인터프리터로 바꿀 수 있다.

```
h 17 43 68
h 18 42 69
v 81 91 30
v 82 92 31
```

이렇게 해도 여전히 많은 메모리를 차지하는 것으로 보인다면, 각 줄을 32비트 워드로 표현할 수도 있다. 명령어(h, v, 혹은 기타)를 표현하는데 2비트를, 세 개의 수(0~1,023인 정수)에 대해 각각 10비트를 할애하는 것이다(물론, 이렇게 표현한 명령어는 프로그램으로 해석할 것이다). 이와 같은 가상의 경우를 통해 코드의 크기를 줄이는 몇 가지 일반적인 기법을 알 수 있다.

함수 정의

위의 프로그램에서는 코드에서 흔히 나타나는 패턴을 함수로 치환하는 방법으로 단순화시켜 코드 크기도 줄었고 의미도 더 명확해졌다. 이는 "상향 방식(bottom-up)" 디자인의 간단한 예이다. "하향 방식(top-down)" 디자인의 많은 장점을 무시할 수는 없지만, 잘 정의된 기본 객체와 컴포넌트, 함수를 이용하여 시스템을 일관적인 모양으로 만들면, 유지보수가 쉬워지는 동시에 코드의 크기가 줄어들 수 있다.

Microsoft는 전체 Windows 시스템에서 거의 사용되지 않는 함수들을 제거하여 "모바일 컴퓨팅 환경"에서와 같이 적은 메모리에서 실행될 수 있는 Windows CE를 개발했다. Windows CE의 단순한 사용자 인터페이스는 임베디드 시스템에서 핸드헬드 컴퓨터에 이르는 제한된 화면을 가진 작은 머신에서도 잘 동작했는데, 친숙한 인터페이스가 사용자에게는 큰 이점이었다. 또한 API가 비슷했기 때문에 Windows API 프로그래머에게도 친숙했다(그리고 프로그램도 호환되지는 않았지만 거의 비슷했다).

인터프리터

앞의 그래픽 프로그램에서는 긴 줄의 프로그램 텍스트를 인터프리터에 입력할 4바이트 명령어로 바꾸었다. 3.2절에서는 폼–레터 프로그래밍을 위한 인터프리터를 설명했는데, 그 주된 목적은 프로그램의 빌드와 유지보수를 더 간단히 하는 것이었지만, 부가적으로 프로그램의 크기도 줄어들었다.

Kernighan과 Pike는 <Practice of Programming(5.9절에서 설명했다)>의 9.4절에서 "인터프리터와 컴파일러, 가상 머신"에 대한 내용을 설명했는데, 결론을 뒷받침하기 위해 다음과 같은 예를 들었다. "가상 머신은 오래되기는 했지만 멋진 아이디어였는데, 최근에 와서 Java와 JVM으로 인해 다시 유행하게 되었다. 가상 머신은 고수준 언어로 작성된 프로그램에 대해 이식성(portability)이 높고 효율적인 표현 방법을 제공한다."

기계어로 변환하기

코드 공간 절약의 여러 측면 중에서 대부분의 프로그래머에게 상대적으로 제어하기 힘든 부분은 소스 언어를 기계어로 변환하는 과정이다. 컴파일러에 약간의 변경을 가하여 초창기 버전의 Unix 시스템의 코드 공간을 5%정도 줄인 적이 있기는 하다. 프로그래머는 최후의 방법으로 큰 시스템의 핵심 부분을 어셈블리어로 직접 작성하는 것을 고려할 수도 있다. 이 방법은 노력이 많이 들고 에러를 포함할 확률이 높지만 그만큼 큰 이익을 주지는 못한다. 그러나 디지털 신호 처리장치(digital signal processor)와 같이 메모리가 아주 중요한 일부 시스템에서는 종종 사용된다.

1984년에 소개된 Apple Macintosh는 놀라운 머신이었다. 그 작은 컴퓨터(128KB의 RAM)는 매우 특이하고 놀라운 사용자 인터페이스와 강력한 소프트웨어 모음을 갖고 있었다. 디자인 팀은 수백만 대의 판매고를 기대했지만 ROM은 64KB의 여유 밖에 없었다. 그러나 함수를 신중하게 정의하고(연산자의 일반화, 함수 통합, 기능 제거 등과 관련된) ROM 전체를 어셈블리어로 직접 작성하여, 그 작은 ROM에 놀라울 정도로 많은 시스템 기능을 넣었다. 그들은 자신들이 신중한 레지스터 할당과 명령어 선택을 통해 최대로 튜닝한 코드가 고수준 언어로 작성되어 컴파일된 동일한 코드와 비교하여 절반 크기라고 추정했다(그 이후로 컴파일러가 많이 발전했지만). 꽉 짜여진 어셈블리 코드는 아주 빠르기까지 했다.

10.5 원리

메모리 비용

프로그램이 메모리를 10% 더 사용한다면 어떻게 될까? 어떤 시스템에서는 그 정도의 메모리 사용량 증가에 비용이 전혀 들지 않을 것이다. 전에 버려졌던 메모리를 적절히 사용하게 되는 것이다. 그러나 용량이 매우 작은 시스템에서는 메모리 부족으로 프로그램이 전혀 동작하지 않을 수도 있다. 만약 데이터가 네트워크를 통해 전송된다면, 아마 도착하는 데 10%의 시간이 더 걸릴 것이다. 캐싱(caching)이나 페이징(paging)을 사용하는 시스템에서는 CPU에 가깝던 데이터가 L2 캐시나 RAM 또는 디스크로 쓰레싱(thrashing)[1]되어(13.2절과 연습문제 2.4의 해답을 참조) 실행시간이 크게 증가할 수도 있다. 메모리 비용을 줄이려고 하기 전에 그 비용에 대해 알고 있어야 한다.

메모리의 핫 스팟

9.4절에서 프로그램의 실행시간이 어떻게 특정 지점에 집중되는지를 보았다. 몇 %정도의 코드가 실행시간의 대부분을 차지하는 것은 흔한 일이다. 그러나 코드가 차지하는 메모리는 그렇지 않다. 어떤 명령이 10억 번 실행되거나 한 번도 실행되지 않거나 그 명령을 저장하는 데 필요한 메모리는 동일하다(코드의 상당 부분이 메인 메모리나 작은 캐시로 스와핑되지 않는 경우는 제외하고). 그러나 데이터에는 핫 스팟(hot spot)이 존재할 수 있다. 몇몇 흔한 레코드 타입이 메모리의 대부분을 차지하는 경우는 자주 있다. 희박 행렬의 예에서는 하

---

[1] 역자 주 : 쓰레싱(thrashing)은 메모리나 기타 자원이 고갈되거나 필요한 연산을 수행하기에 너무 적은 상황에 처해 처리하고자 하는 작업의 진전이 아주 적거나, 아예 없는 상태. 가상 메모리 시스템에서는 프로그램의 실행보다 페이징에 더 많은 시간을 소모하며 프로그래의 실행 속도가 크게 떨어지는 현상을 뜻함.

나의 데이터 구조가 0.5MB 머신에서 용량의 15%를 차지했다. 이 구조의 크기를 10분의 1로 줄일 수 있다면 시스템에 큰 영향을 미칠 것이다. 1KB를 차지하는 구조는 100분의 1로 줄여봤자 영향이 거의 없을 것이다.

메모리 측정

대부분의 시스템에서는 프로그래머가 실행 중인 프로그램이 사용하는 메모리를 관찰할 수 있도록 퍼포먼스 모니터를 제공한다. [부록3]에서는 C++에서의 메모리 비용에 대한 모델을 설명하는데, 이는 퍼포먼스 모니터와 함께 사용하면 특히 도움이 된다. 때로는 특별한 목적의 도구들이 도움이 되기도 한다. Doug McIlroy는 어떤 프로그램이 너무 커지기 시작하자 링커(linker)의 출력과 소스 파일을 연결하여 소스의 각 행이 얼마나 많은 메모리를 소모하는가를 살핌으로써(어떤 매크로들은 수백 줄의 코드로 확장되었다) 목적 코드(object code)의 크기를 줄일 수 있었다. 나는 메모리 할당자가 반환하는 메모리 블록을 보여주는 알고리즘 애니메이션을 보다가 프로그램에 메모리 손실(leak)이 있음을 발견하기도 했다.

트레이드오프

프로그래머는 때때로 메모리를 얻기 위해 퍼포먼스나 기능성, 유지보수성의 감소를 감수해야 하기도 한다. 그런 공학적 결정은 다른 대안을 모두 연구한 후에 이루어져야 한다. 이 칼럼의 여러 예제에서는 메모리를 줄이는 것이 다른 측면에 어떻게 긍정적인 영향을 미치는지를 보였다. 1.4절에서는 비트맵 데이터 구조를 사용하여 디스크가 아닌 메모리에 레코드들을 저장하여 실행시간은 수분에서 수초로, 코드는 수백 줄에서 수십 줄로 줄었다. 이런 것은 원래의 솔루션이 최적화된 상태와는 거리가 멀었기 때문에 가능했다. 그러나 우리 프로그래머들은 완벽하지 않기 때문에 종종 우리가 작성한 코드가 그런 상태에 있음을 발견한다. 우리는 항상 어떤 바람직한 특성을 포기하기 전에 우리가 낸 솔루션의 모든 면을 향상시킬 수 있는 기법들을 찾아봐야 한다.

환경에 걸맞게 작업하라

프로그램의 메모리 효율성은 프로그래밍 환경으로부터 큰 영향을 받을 수 있다. 컴파일러나 런타임 시스템이 사용하는 표현, 메모리 할당 정책, 페이징 정책 등이 중요한 이슈가 된다. [부록3]과 같은 메모리 비용모델은 여러분이 시스템 환경에 걸맞지 않게 작업하고 있는게 아니라는 확신을 갖는데 도움이 될 수 있다.

작업에 적합한 방법을 사용하라

우리는 지금까지 데이터 공간을 줄이기 위한 네 가지 기법(재계산, 희박 데이터 구조, 정보 이론, 할당 정책)과 코드 공간을 줄이기 위한 세 가지 기법(함수 정의, 인터프리터, 변환), 그리고 가장 중요한 원리인 단순성을 살펴보았다. 메모리가 중요하다면, 모든 방법을 고려하라.

10.6 연습문제

1. 1970년대 후반에 Stu Feldman은 Fortran 77 컴파일러를 만들었는데, 그 프로그램의 크기를 가까스로 64KB에 맞출 수 있었다. 그는 메모리를 절약하기 위해 중요한 레코드에 있는 일부 정수를 4비트 필드로 팩(pack)하는 방법을 사용했다. 그러나 팩을 사용하지 않고 그냥 8비트 필드에 저장하자, 데이터가 차지하는 메모리는 수백 바이트 증가했지만 프로그램 전체의 크기는 오히려 수천 바이트나 줄었다. 이렇게 된 이유는 무엇일까?

2 10.2절에 나오는 희박 행렬 데이터 구조를 만드는 프로그램을 어떻게 작성하겠는가? 이 작업을 위해 더 간단하고 효율적인 메모리 데이터 구조를 찾을 수 있겠는가?

3 여러분이 사용하는 시스템에서 디스크의 총용량은 얼마인가? 그중 현재 사용 가능한 용량은 얼마인가? RAM은 얼마나 있는가? 보통 사용 가능한 RAM의 공간은 얼마나 되는가? 여러 종류의 캐시 크기를 측정할 수 있는가?

4 연감이나 다른 참고서적 등 컴퓨터가 아닌 응용분야에서 공간 절약의 예가 될 수 있는 것을 조사해보라.

5 프로그래밍 초창기 시절에 Fred Brooks는 용량이 작은 컴퓨터에서 큰 테이블을 표현하는 또 다른 문제에 봉착했다(10.1절에서 언급한 일화가 있은 다음이다). 테이블의 각 엔트리 당 수 비트의 여유밖에 없었기 때문에, 테이블 전체를 하나의 배열에 저장할 수는 없었다(실제로는 각 엔트리 당 십진수 한 개를 저장할 공간밖에 없었는데, 정말 옛날 얘기다). 그래서 그가 선택한 두 번째 접근방법은 수치 분석을 이용하여 테이블을 하나의 함수로 표현하는 것이었다. 결과적으로 실제 테이블에 매우 근접한 함수를 만들 수 있었고(어떤 엔트리도 실제 엔트리와 마지막 자릿수에서 1~2이상 차이나지 않았다), 무시해도 좋을 만큼 적은 메모리를 차지했다. 그러나 요구되는 정확성을 만족시킬 만큼 근사가 충분히 좋지는 못했다. Brooks는 어떻게 제한된 메모리 내에서 요구되는 정확성을 충족시킬 수 있었을까?

6 10.3절의 데이터 압축에 대한 논의에는 /와 % 연산을 사용하여 $10 \times a + b$를 부호화하는 방법이 나온다. 이 연산을 논리 연산이나 테이블 검색으로 대체할 때 생길 수 있는 시간-공간 트레이드오프에 대해 논하라.

7 일반적인 형태의 프로파일러(porfiler)는 프로그램 카운터(program counter)의 값을 규칙적으로 표본채취한다(9.1절을 참조). 이런 값들을 저장하기 위해 시간, 공간적으로 효율적일 뿐 아니라 유용한 출력을 제공할 수 있는 데이터 구조를 디자인하라.

8 날짜(MMDDYYYY)에는 8바이트, 사회보장번호[2](DDD-DD-DDDD)에는 9바이트, 성명에는 25바이트(성으로 14바이트, 이름으로 10바이트, 중간 이름으로 1바이트)를 할당하는 것은 손쉬운 데이터 표현이다. 메모리 사용량이 매우 중요하다면, 이런 데이터를 저장하는 데 필요한 메모리를 얼마나 줄일 수 있겠는가?

9 온라인 영어 사전을 가능한 작게 압축하라. 메모리 사용량을 계산할 때에는 데이터 파일과 그 데이터를 인터프리트하는 프로그램의 크기를 모두 측정하라.

10 wav와 같은 사운드 파일은 mp3 파일로 압축될 수 있다. 그리고 bmp와 같은 이미지 파일은 gif나 jpg로, avi와 같은 동영상 파일은 mpg로 압축될 수 있다. 이들 파일 형식의 압축 효율성을 실험하여 측정하라. 이와 같은

---

[2] 역자 주: 사회보장번호(SSN, Social Security Number) — 미국에서의 신분 증명용 번호. 우리나라의 주민등록번호와 비슷함.

특수 목적의 압축 방식은 일반 목적의 압축 방식(gzip과 같은)과 비교할 때 얼마나 효율적인가?

11 오늘날의 프로그램에서 큰 부분을 차지하는 것은 직접 작성한 코드가 아니라 우리가 이용하는 코드인 경우가 종종 있다는 것을 한 독자가 지적하였다. 링크(link) 후에 여러분의 프로그램이 얼마나 큰지 살펴보라. 어떻게 하면 그 크기를 줄일 수 있겠는가?

10.7 더 읽을거리

Fred Brooks의 <Mythical Man Month> 20주년 기념판이 Addison-Wesley에서 1995년에 출간되었다. 이 기념판에는 기존에 있던 재미있는 에세이에 몇 개의 새로운 에세이를 추가했는데, 그 유명한 "No Sliver Bullet-Essence and Accident in Software Engineering"도 포함되어 있다. 이 책의 9장 제목은 "Ten pounds in a five-pound sack"인데, 대규모 프로젝트에서의 메모리 문제 관리에 대한 내용이다. 그는 메모리 계획, 기능 명세, 기능 또는 시간과 메모리의 교환과 같은 중요한 이슈를 제기한다.

8.8절에서 언급한 대부분의 책은 메모리 효율적인 알고리즘 및 데이터 구조를 사용하는 과학기술 분야에 대해 설명한다.

(*Sidebar*)

대규모 절감

1980년대 초반, Ken Thompson은 어떤 주어진 상황(예를 들면 King과 Bishop 두 개로 상대편의 King과 Knight에 맞서는)에서 최종단계에 들어선 체스 게임을 푸는 2단계 프로그램을 만들었다.(이 프로그램은 그전에 Thompson과 Joe Condon이 개발한 세계 컴퓨터 챔피언인 Belle 체스 머신과는 다른 것이다.) 이 프로그램의 학습 단계에서는 모든 가능한 체크메이트에서부터 역으로 작업하여 모든 가능한 체스보드[3](말이 4~5개 남은 상태에서)에서 체크메이트까지의 거리를 계산한다. 컴퓨터 과학자들은 이런 기법을 동적 프로그래밍(dynamic programming)이라 부르고, 체스 전문가들은 역분석이라 한다. 프로그램은 그 결과로 생성된 데이터베이스를 이용하여 주어진 상황에 대한 모든 것을 파악하고, 게임 진행 단계에서 완벽하게 체스 게임을 끝냈다. 체스 전문가들은 이 프로그램이 진행하는 게임에 대하여 "복잡하고, 유동적이며, 장황하고, 어렵다" 또는 "몹시 느리고, 신비하다"라고 표현한다. 그리고 이로 인해 이미 확립되어 있었던 체스의 정론들이 뒤집혔다.

모든 가능한 체스보드를 그대로 저장하려면 터무니없이 많은 메모리가 필요했다. 그래서 Thompson은 체스보드를 부호화하여, 보드에 대한 정보를 담고 있는 디스크 파일을 인덱싱하기 위한 키로 사용하였다. 그 파일의 각 레코드는 12비트로 이루어져 있고, 해당 위치에서 체크메이트까지의 거리 정보를 포함한다. 체스판은 64개의 칸으

---

3) 역자 주 : 체스보드(chessboard)는 일반적으로 체스판을 뜻하지만 여기서는 체스판에 말이 놓여있는 상황을 의미한다.

Sidebar

로 이루어져 있으므로, 고정된 말 5개의 위치는 0부터 63사이의 5개의 정수로 부호화할 수 있다. 결과적으로 키의 길이가 30비트가 되었는데, 이는 데이터베이스에 2^{30}(약 10억 7백만)개의 12비트 레코드를 가진 테이블이 필요하다는 것을 의미했고, 그 당시 사용 가능한 디스크 용량을 초과하는 크기였다.

Thompson이 간파했던 핵심은 다음의 그림에 표시되어 있는 점선에 대하여 대칭적인 체스보드들은 동일한 값을 가지므로 데이터베이스에 중복될 필요가 없다는 사실이었다.

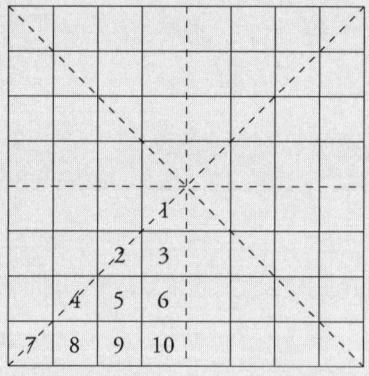

따라서 그의 프로그램은 숫자를 붙인 열 개의 칸 중 하나에 White King이 있다고 가정했다(임의의 체스보드는 최대 3번만 연속으로 대칭 이동하면 이와 같은 상황이 된다). 이렇게 정규화함으로써 디스크 파일에 있는 12비트 레코드의 수가 10×64^4개(10×2^{24}개)로 줄었다. 또 Thompson은 Black King이 White King에 인접할 수 없으므로 White King이 위 그림에서 표시된 10개의 칸 중 하나에 있는 상황에서는 두 King의 위치에 대한 유효 조합이 454개뿐이라는 것도 알아냈다. 이 사실을 이용하여 데이터베이스는 454×64^3개(1억 2천100만 개)의 12비트 레코드로 줄었고, 이는 디스크 한

Sidebar

장에 저장하기 적절한 크기였다.

   Thompson은 자신의 프로그램에 대한 복사본이 단 하나뿐일 것을 알았지만, 디스크 한 장에 들어갈 정도로 파일의 크기를 줄여야 했다. 그는 데이터 구조의 대칭성을 이용하여 크기를 8분의 1로 줄였고, 이는 전체 시스템의 성공에 매우 중요했다. 크기를 줄인 것은 동시에 실행시간도 줄이는 결과가 되었다. 프로그램에서 검사해야 할 위치의 개수가 적어졌으므로 학습 단계의 실행시간이 수개월에서 1~2주로 줄어든 것이다.

THE PRODUCT

3부
프로덕트

이제부터는 재미있는 부분이다. 1부와 2부에서는 기초적이면서도 중요한 내용을 살펴보았다. 앞으로 나올 다섯 칼럼에서는 앞에서 배운 내용을 이용하여 흥미로운 프로그램을 만든다. 여기서 다루는 문제는 그 자체로도 중요하고, 앞의 칼럼에서 배운 기술이 실제 애플리케이션으로 모이는 초점을 제공하기도 한다.

[칼럼 11]은 몇 가지 범용적인 정렬 알고리즘에 대해 설명한다. [칼럼 12]에서는 실제 상황에서의 특정 문제를 설명하고(정수의 랜덤한 표본을 생성하는 것과 같은), 그 문제를 여러 가지 방법으로 어떻게 공략할 수 있는지 살펴본다. 한 가지 접근방법은 문제를 집합 표현에서의 문제로 보는 것인데, 이는 [칼럼13]의 주제이기도 하다. [칼럼14]에서는 힙(heap) 데이터 구조를 소개하고, 이것이 정렬이나 우선순위 큐(queue)에서 어떻게 효율적인 알고리즘을 이끌어내는지 살펴본다. [컬럼15]에서는 아주 긴 문자열에서 단어나 어구를 탐색하는 것과 관련된 몇 가지 문제를 공략해 본다.

칼럼 11
정렬

일련의 레코드를 어떻게 순서대로 정렬할 수 있을까? 보통 대답은 간단하다. 라이브러리에 있는 정렬 함수를 사용하면 된다. 우리는 연습문제 1.1에 대한 해답과 2.8절의 전철어구 프로그램에서 이 접근방법을 사용했다. 불행하게도, 이 방법을 항상 사용할 수 있는 것은 아니다. 기존의 정렬 기능은 사용하기에 지나치게 복잡할 수도 있고, 특정 문제(1.1절에서 본 것과 같은)를 해결하기에는 너무 느릴 수도 있다. 이런 경우 프로그래머는 직접 정렬 함수를 작성하는 것 외에 다른 선택의 여지가 없다.

11.1 삽입 정렬

삽입 정렬(insertion sort)은 카드 놀이에서 카드를 정렬할 때 사용하는 방법이다. 가지고 있는 카드를 정렬된 순서로 보관하고, 새로운 카드를 받으면 적절한 위치에 삽입한다. 배열 $x[n]$을 오름차순으로 정렬하려면, 첫 번째 요소를 정렬된 부분배열(subarray) $x[0..0]$으로 보고 이로부터 시작하여 요소 $x[1]$, ..., $x[n-1]$을 차례로 삽입한다. 가상코드로 나타내면 다음과 같다.

```
for i = [1, n)
    /* invariant: x[0..i-1] is sorted */
    /* goal : sift x[i] down to its
       proper place in x[0..i] */
```

다음 네 줄은 이 알고리즘이 4개의 요소를 가지는 배열을 정렬하는 과정을 보여준다. "|"는 변수 i를 나타내고, "|"의 왼쪽 요소들은 정렬된 상태이고 오른쪽 요소들은 원래의 순서대로이다.

```
3|1 4 2
1 3|4 2
1 3 4|2
1 2 3 4|
```

변수 j(이동되는 요소를 추적하기 위한)를 사용하여 오른쪽에서 왼쪽으로 도는 루프로 원소를 이동시킨다. 이 루프는 배열에서 그 앞에 다른 요소가 있고 (즉 $j>0$) 해당 요소가 최종 위치에 도달하지 않은 경우(해당 요소의 값이 그 앞에 있는 요소의 값보다 큰 경우)에, 해당 요소와 그 앞에 있는 요소의 위치를 바꾼다. 따라서 전체 코드는 다음과 같다(isort1).

```
for i = [1, n)
    for (j = i; j > 0 && x[j-1] > x[j]; j--)
        swap(j-1, j)
```

가끔씩 정렬 프로그램을 직접 작성해야 하는 경우, 내가 가장 먼저 시도해보는 함수는 위의 3줄로 된 간단한 코드다.

코드 튜닝을 하고 싶은 프로그래머라면 안쪽 루프에서 swap 함수를 호출하는 것이 마음에 걸릴지도 모르겠다. 아마 함수의 몸체를 인라인하여 코드의 속도를 높일 수 있겠지만, 많은 컴파일러가 최적화를 통해 이런 작업을 해준다. 우리는 함수 호출부를 다음과 같이 $x[j]$와 $x[j-1]$을 교환(swap)하기 위해 임시 변수 t를 사용하는 코드로 대체할 수 있다(isort2).

```
t = x[j];    x[j] = x[j-1];    x[j-1] = t
```

내 머신에서는 isort2가 isort1보다 대략 3배정도 빨랐다.

이렇게 변경하고 나면 다른 속도향상 방법이 보이게 된다. 변수 t에 반복해서 같은 값(원래는 $x[i]$에 있는)을 대입하고 있으므로, 우리는 t와 관련된 대입문을 루프 밖으로 옮길 수 있고, 비교 부분을 수정하면 다음과 같이 된다(isort3).

```
for i = [1, n)
    t = x[i]
    for (j = i; j > 0 && x[j-1] > t; j--)
        x[j] = x[j-1]
    x[j] = t
```

이 코드는 t가 배열에 있는 값보다 작으면 배열의 요소를 오른쪽으로 1씩 이동시키고, 마지막으로 t를 적절한 위치에 넣는다. 이 5줄의 함수는 앞의 것보다 조금 더 이해하기 어렵지만, 내 시스템에서 isort2 함수보다 약 15% 정도 빠르게 동작했다.

최악의 경우를 포함한 임의의 데이터에 대한 삽입 정렬의 실행시간은 n^2에 비례한다. 다음은 입력이 n개의 랜덤한 정수일 때 위에서 살펴본 세 프로그램의 실행시간이다.

프로그램	코드 줄 수	실행시간(ns)
isort1	3	11.9 n^2
isort2	5	3.8 n^2
isort3	5	3.2 n^2

세 번째 정렬 프로그램은 $n=1,000$일 때 수 ms의 시간이 소요되었고, $n=10,000$일 때 0.3초 정도, 그리고 1백만 개의 정수에 대해서는 거의 한 시간이 소요되

었다. 우리는 곧 백만 개의 정수를 1초 이내로 정렬하는 코드를 볼 것이다. 그러나 만약 입력 배열이 이미 거의 정렬된 상태라면, 각 요소의 이동이 짧은 거리에서만 일어나므로 삽입 정렬이 훨씬 더 빠르다. 11.3절에서 설명하는 알고리즘은 정확하게 이런 특성을 이용한다.

11.2 간단한 퀵 정렬

이 알고리즘은 C. A. R. Hoare의 고전적 논문 <Quicksort(Computer Journal 5, 1, 1962년 4월, pp. 10-15)>에 설명되어있다. 8.3절에서 설명한 나누어 푸는(divide-and-conquer) 접근방법을 사용하는데, 정렬하기 위해 배열을 두 부분으로 나눈 다음 각각을 재귀적으로 정렬한다. 예를 들어 다음과 같이 8개의 요소를 가진 배열을 정렬할 때는

55	41	59	26	53	58	97	93
↑0							↑7

첫 번째 요소(55)를 중심으로 분할(partition)하여 55보다 작은 요소는 왼쪽에, 55보다 큰 요소는 오른쪽에 위치하도록 한다.

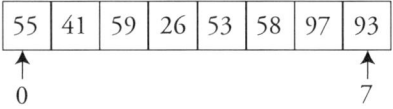

이제 0..2까지의 부분배열(subarray)과 4..7까지의 부분배열을 독립적으로 정렬하면(재귀적으로), 전체 배열이 정렬된다.

이 알고리즘의 평균 실행시간은 삽입 정렬의 $O(n^2)$보다 훨씬 적은데, 분할 오퍼레이션이 배열을 정렬하는 데 큰 도움이 되기 때문이다. n개의 요소가 있는 배열을 분할했을 때, 대략 반 정도의 요소가 분할값(partition value)의 위쪽에, 나머지 반이 아래쪽에 위치하게 된다. 비슷한 실행시간 동안 삽입 정렬의 이동 연산은 단지 하나의 요소를 적절한 위치로 이동시킬 뿐이다.

이제 재귀함수의 윤곽을 잡아보자. 우리는 배열의 유효한 부분을 l과 u, 두 개의 인덱스(하한과 상한을 나타내는)로 나타낼 것이다. 부분배열 요소의 개수가 2보다 작아지면 재귀를 멈춘다. 코드는 다음과 같다.

```
void qsort(l, u)
    if l >= u then
        /* at most one element, do nothing */
        return
    /* goal: partition array around a particular value,
       which is eventually placed in its correct position p
    */
    qsort(l, p-1)
    qsort(p+1, u)
```

값 t를 중심으로 분할을 하기 위해 내가 Nico Lomuto로부터 배운 간단한 기법으로 시작할 것이다. 우리는 다음 절에서 같은 작업을 하는 한층 빠른 프로그램을 보겠지만[1], 지금 볼 방법은 너무도 단순해서 잘못되기가 더 어려울 뿐 아니라, 결코 느리지도 않다. 우리는 주어진 값 t에 대해서 $x[a..b]$를 다시 배열하

---

1) 퀵 정렬을 설명할 때 대부분 다음 절에서 설명하는 양방향 분할 방법을 사용한다. 코드의 기본적인 아이디어는 간단하지만, 자세한 내용은 결코 쉽지 않다. 나는 11.3절의 짧은 분할 루프 코드에 숨어있는 버그를 추적하느라 이틀을 보낸 적이 있다. 이 칼럼의 초안을 읽은 한 독자는 표준적인 방법이 실제로는 Lomuto의 방법보다 더 간단하다고 불평하면서 자신의 주장을 반영한 약간의 코드 스케치를 보내왔는데, 나는 두 개의 버그를 발견한 다음에 그 코드를 살펴보는 것을 중단했다.

고 t보다 작은 요소는 왼쪽에, t보다 큰 요소는 오른쪽에 위치하도록 하는 인덱스 m('middle'을 뜻함)을 계산한다. 이 작업에는 배열을 왼쪽에서 오른쪽으로 스캔하고, 변수 i와 m을 사용하여 배열 x에서 다음 불변식(invariant)을 유지하도록 하는 간단한 for 루프를 사용할 것이다.

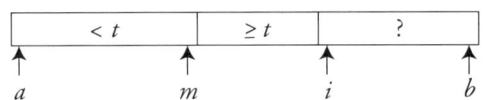

코드가 i번째 요소를 검사할 때 두 가지 경우를 고려해야 한다. 만약 $x[i] \geq t$인 경우에는 문제가 없고, 불변식은 여전히 참이다. 그러나 $x[i] < t$인 경우에는 m을 증가시키고(따라서 작은 요소에 대한 새로운 위치를 나타낸다), $x[i]$와 $x[m]$을 교환하여 다시 불변식을 얻어야 한다. 완전한 분할 코드는 다음과 같다.

```
m = a-1
for i = [a, b]
    if x[i] < t
        swap(++m, i)
```

퀵 정렬에서 우리는 배열 $x[l..u]$를 값 $t=x[l]$을 중심으로 분할할 것이므로, a는 $l+1$, b는 u가 될 것이다. 따라서 분할 루프의 불변식은 다음 그림과 같이 표현될 수 있다.

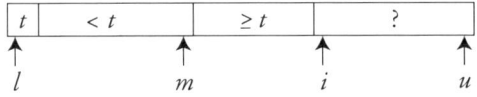

루프가 종료된 다음에는 다음과 같이 된다.

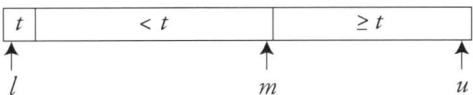

그 다음 x[l]과 x[m]을 바꾸면 다음과 같다.[2]

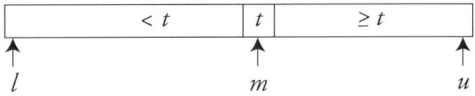

이제 우리는 파라미터를 (l, m-1)과 (m+1, u)로 하여 함수를 재귀적으로 호출할 수 있다.

다음 코드는 퀵 정렬에 대한 우리의 첫 번째 완전한 코드이다. 배열 x[n]을 정렬하려면, qsort1(0, n-1)을 호출하면 된다.

```
void qsort1(l, u)
    if (l >= u)
        return
    m = l
    for i = [l+1, u]
        /* invariant: x[l+1..m]   < x[l] &&
                      x[m+1..i-1] >= x[l] */
        if (x[i] < x[l])
            swap(++m, i)
    swap(l, m)
```

---

[2] 이 단계를 생략하고 파라미터를 (l, m)과 (m+1, u)로 하여 반복하고 싶을지도 모르겠지만, 불행하게도 이렇게 하면 t가 부분배열에서 가장 큰 요소일 경우 무한루프에 빠진다. 내가 루프의 종료를 검증하려 했더라면 이 버그를 잡았을지도 모르겠지만, 아마 독자는 내가 실제로 어떻게 그 버그를 발견했는지 짐작할 수 있을 것이다. Miriam Jacob는 이렇게 했을 때의 부정확성을 멋지게 증명했다. x[l]이 절대로 이동하지 않으므로, 배열에서 최소값인 요소가 x[0]에서 시작할 때만 이 정렬이 동작할 것이다.

```
/* x[l..m-1] < x[m] <= x[m+1..u] */
qsort1(l, m-1)
qsort1(m+1, u)
```

연습문제 2는 이 분할 코드를 Bob Sedgewick이 어떻게 수정했는지 설명하고 있는데(qsort2), 속도가 조금 더 빨라진다.

이 프로그램에 대한 정확성 증명의 대부분은 프로그램의 유도과정에서 이미 주어졌다(물론 이렇게 하는 것이 바람직하다). 증명은 추론을 이용하여 진행된다. 바깥쪽의 if문은 빈 배열과 요소가 1개뿐인 배열을 적절하게 처리하고, 분할 코드는 재귀적 호출에 대해서 더 큰 배열을 정확하게 설정한다. 프로그램은 절대 무한루프에 빠지지 않는데, 재귀적 호출이 일어날 때마다 매번 $x[m]$이 제외되기 때문이다. 이것은 우리가 4.3절에서 이진 탐색의 종료를 보인 것과 정확하게 같은 증명방법이다.

이 퀵 정렬은 서로 다른 요소들이 랜덤하게 나열되어 있는 입력 배열에 대해 평균적으로 $O(n \log n)$의 실행시간과 $O(\log n)$의 스택 공간을 사용한다. 수학적 증명 방법은 8.3절에 있는 것과 비슷하다. 대부분의 알고리즘 교재에서는 퀵 정렬의 실행시간을 분석해놓았고, 또한 비교를 기반으로 한 정렬은 최소 $O(n \log n)$회 비교를 해야 한다는 것에 대한 증명도 있다. 따라서 퀵 정렬은 최적에 가깝다.

qsort1은 내가 아는 한 가장 단순한 퀵 정렬 코드이고, 이 알고리즘의 많은 중요한 속성을 설명하고 있다. 그 첫 번째는 정말로 빠르다는 것이다. 내 시스템에서 이 함수는 1백만 개의 랜덤한 정수를 정렬하는 데 1초 조금 넘게 걸렸을 뿐이다. 이는 잘 튜닝된 C 라이브러리의 qsort보다 약 2배 정도 빠른 것이다 (C 라이브러리의 함수는 비용이 많이 드는 범용적 인터페이스를 가지고 있다). 이 정렬 함수는 일반적인 상황에는 대부분 적당하지만 다른 퀵 정렬과 마찬가지로 특정 형태의 입력에 대해서는 제곱에 비례하는 시간으로 나빠질 수 있다는 단점이 있다. 다음 절에서 좀더 견고한 퀵 정렬을 살펴보겠다.

11.3 개선된 퀵 정렬

qsort1 함수는 정수가 랜덤하게 배열된 경우에는 빠르다. 그러나 배열이 랜덤하지 않은 경우는 어떻게 될까? 2.4절에서 본 것과 같이, 때로는 같은 값의 요소끼리 모으기 위해 정렬하는 경우도 있다. 따라서 우리는 n개의 요소가 모두 동일한 배열과 같은 극단적인 경우도 고려해야 한다. 삽입 정렬은 이런 입력에 대해서 매우 잘 작동한다. 각각의 요소는 이동하는 경우가 없으므로 전체 실행시간은 $O(n)$이다. 그러나 qsort1 함수는 이 경우에 상황이 아주 나빠진다. $n-1$번의 각 분할 과정에서 하나의 요소를 분리하는데 $O(n)$의 시간이 소모되므로 전체 실행시간은 $O(n^2)$이 된다. $n=1,000,000$일 때의 실행시간이 1초에서 두 시간으로 껑충 뛴다.

우리는 다음 불변식을 사용하는 주의 깊은 양방향 분할 코드로 이 문제를 피할 것이다.

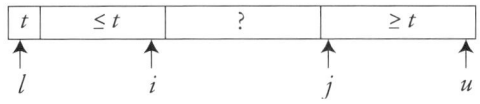

인덱스 i와 j는 분할될 배열의 양쪽 끝으로 초기화된다. 메인 루프는 두 개의 내부 루프를 갖고 있다. 첫 번째 내부 루프는 i를 t보다 작은 값에 대해서는 그냥 올리다가 더 큰 값이 나오면 멈춘다. 두 번째 내부 루프는 j를 t보다 큰 값에 대해서는 그냥 내리다가 더 작은 값이 나오면 멈춘다. 그 다음 두 인덱스가 교차되는지 확인하고, 두 인덱스에 위치한 값을 교환한다.

그런데 값이 같을 때는 어떻게 해야 할까? 지나치게 많은 작업을 피하기 위해 그냥 오른쪽으로 쭉 스캔해나가고 싶지만, 이렇게 하면 배열의 모든 요소가 동일할 경우에 제곱에 비례하는 동작을 하게 된다. 따라서 우리는 같은 요소에 대해서도 스캔을 멈추고 두 요소를 교환한다. 이 접근방법은 실제로 필요한 횟수보다 더 많은 교환 작업을 수행하지만, 배열의 모든 요소가 동일한 최악의 경우를 (거의 정확하게) $n \log_2 n$의 비교 횟수만 필요로 하는 최적의 경우로 바꾼다. 다음 코드는 이를 구현한 것이다.

```
void qsort3(l, u)
    if l >= u
        return
    t = x[l]; i = l; j = u+1
    loop
        do i++ while i <= u && x[i] < t
        do j-- while x[j] > t
        if i > j
            break
        swap(i, j)
    swap(l, j)
    qsort3(l, j-1)
    qsort3(j+1, u)
```

이 코드는 배열의 모든 요소가 동일한 때와 같은 나쁜 상황도 잘 처리할 뿐 아니라, 요소를 교환하는 횟수도 평균적으로 qsort1보다 적다.

지금까지 우리가 본 퀵 정렬은 항상 첫 번째 요소를 중심으로 배열을 분할했다. 이것은 입력이 랜덤한 경우에는 상관없지만, 특정 입력에 대해서는 지나치게 많은 시간과 공간을 요구할 수도 있다. 예를 들어, 배열이 이미 오름차순으로 정렬되어 있는 경우, 가장 작은 요소를 중심으로 분할하고, 그 다음 두 번째로 작은 요소를 중심으로 분할하는 식으로 전체 배열에 대해 작업하게 되어 실행시간이 $O(n^2)$이 된다. 분할의 중심이 될 요소를 랜덤하게 선택하면 훨씬 더 좋아질 수 있다. 이것은 x[l]과 x[l..u]에 있는 임의의 요소를 교환하면 된다.

    swap(l, randint(l, u))

만약 randint 함수를 쉽게 구할 수 없다면, 어떻게 직접 만들 수 있는지 연습문제 12.1을 참조하라. 그러나 어떤 코드를 사용하든 randint는 범위 [l, u]에 있는 값을 리턴한다는 것에 주의하라. 어떤 값이 주어진 범위를 벗어나는 버그는 발견하기도 힘들고 심각한 결과를 초래할 수 있다. 랜덤 분할 요소와 양방향 분할 코드를 잘 조합하면, 이 퀵 정렬의 예상되는 실행시간은 n개의 요소를 가지는 어떤 입력 배열에 대해서도 $n \log n$에 비례하게 된다. 퍼포먼스의 범위가 랜덤한 것은 난수 발생기(random number generator)를 호출한 결과이지, 입력 배열의 분포에 대한 가정 때문이 아니다.

우리의 퀵 정렬은 아주 작은 부분배열을 정렬하는 데 상당히 많은 시간을 소모하고 있다. 이런 부분은 퀵 정렬의 모든 절차를 다 사용하는 것보다는 삽입 정렬과 같은 단순한 방법을 사용하는 것이 더 빠를 것이다. Bob Sedgewick은 이런 아이디어를 적용하여 아주 훌륭한 방법을 개발했다. 퀵 정렬이 작은 부분배열(즉 l과 u가 가까울 때)에 대해 호출된 경우에는 아무것도 하지 않는다. 이것은 함수 내의 첫 번째 if문을 다음과 같이 변경하여 구현할 수 있다.

    if u-l < cutoff
        return

*cutoff*는 작은 정수다. 프로그램이 끝났을 때 배열은 정렬된 상태가 아니겠지만, 랜덤하게 나열된 요소를 가지는 작은 덩어리들로 나누어져 있을 것이고, 한 덩어리 안의 요소들은 오른쪽에 있는 다른 덩어리 안의 요소들보다 작은 값을 가질 것이다. 우리는 이들 덩어리 내부의 요소들을 다른 정렬 방법을 사용하여 정리해야 한다. 배열이 거의 정렬된 상태이므로 이 작업에는 삽입 정렬을

이용하는 것이 가장 적절하다. 따라서 배열 전체를 정렬하는 데는 다음과 같이 한다.

```
qsort4(0, n-1)
isort3()
```

연습문제 3에서는 *cutoff*의 최적값에 대해 살펴볼 것이다.

코드 튜닝의 마지막으로 우리는 swap 함수의 코드를 내부 루프에 넣을 것이다(swap을 호출하는 다른 두 부분은 내부 루프에 있는 것이 아니므로, 이 부분을 인라인화하는 것은 속도 향상에 큰 영향을 미치지 못할 것이다). 다음은 우리의 마지막 퀵 정렬 코드인 qsort4다.

```
void qsort4(l, u)
   if u - l < cutoff
      return
   swap(l, randint(l, u))
   t = x[l]; i = l; j = u+1
   loop
      do i++; while i <= u && x[i] < t
      do j--; while x[j] > t
      if i > j
         break
      temp = x[i]; x[i] = x[j]; x[j] = temp
   swap(l, j)
   qsort4(l, j-1)
   qsort4(j+1, u)
```

연습문제 4와 11에서는 퀵 정렬의 퍼포먼스를 향상시키기 위한 다른 방법에 대해 언급한다.

각 버전의 퀵 정렬이 다음 표에 요약되어 있다. 오른쪽 열은 n개의 랜덤한 정수를 정렬하는 데 걸린 평균 실행시간(ns)인데, 여러 함수가 특정 입력에 대해 제곱에 비례하는 동작으로 악화될 수 있다.

프로그램	코드 줄 수	실행시간(ns)
C 라이브러리 qsort	3	137 $n \log_2 n$
퀵 정렬1 (qsort1)	9	60 $n \log_2 n$
퀵 정렬2 (qsort2)	9	56 $n \log_2 n$
퀵 정렬3 (qsort3)	14	44 $n \log_2 n$
퀵 정렬4 (qsort4 + isort3)	15 + 5	36 $n \log_2 n$
C++ 라이브러리 sort	1	30 $n \log_2 n$

퀵 정렬4는 15줄의 qsort4와 5줄의 isort3을 사용한다. 1백만 개의 랜덤한 정수에 대해 실행시간은 C++ sort는 0.6초, C의 qsort 2.7초가 걸린다. 우리는 [칼럼14]에서 n개의 정수를 최악의 상황에서도 $O(n \log n)$의 시간 내에 정렬하는 알고리즘을 살펴볼 것이다.

11.4 원리

이 연습은 정렬에 대해, 그리고 좀더 일반적으로는 프로그래밍에 대해 몇 가지 중요한 교훈을 준다.

C 라이브러리의 qsort는 사용하기 쉽고 상대적으로 빠르다. 그러나 직접 만든 퀵 정렬보다는 느렸는데, 이는 qsort의 인터페이스가 일반적이고 융통성있게 설계되어 매번 비교 때마다 함수 호출이 일어나기 때문이다. C++ 라이브러리의 sort는 가장 단순한 인터페이스를 갖고 있어, 배열 x를 정렬할 때 sort(x, $x+n$)만 호출해주면 된다. 또한 아주 효율적으로 구현되어 있다. 만약 시스템에서 제공하는 정렬이 여러분의 필요를 충족시키면, 자신의 코드를 직접 작성하는 것은 생각도 하지 말라.

삽입 정렬은 코드를 작성하기가 단순하고 작은 배열을 정렬할 때에는 충분히 빠르다. 내 시스템에서 isort3으로 10,000개의 정수를 정렬하는 데는 단지 0.3초가 걸렸다.

n이 큰 경우 퀵 정렬의 $O(n \log n)$ 실행시간은 매우 중요해진다. [칼럼8]의 알고리즘 디자인 기법이 우리에게 나누어 해결하는 알고리즘에 대한 기본적인 아이디어를 제공했고, [칼럼4]의 프로그램 검증 기법은 그 아이디어를 간결하고 효율적인 코드로 구현하는 데 도움을 주었다.

알고리즘을 바꾸어 속도를 크게 개선했지만, [칼럼9]에서 설명한 코드 튜닝 기법을 사용하면 삽입 정렬을 4배, 퀵 정렬은 2배 향상시킬 수 있다.

11.5 연습문제

1 다른 강력한 도구들과 마찬가지로, 정렬 또한 사용되지 말아야 할 곳에서 사용되거나 또는 사용되어야 할 곳에서 사용되지 않은 경우가 종종 있다. n개의 부동소수점 수를 가지는 배열에 대해 최소값, 최대값, 평균, 중간값(median), 최빈값(mode) 등의 통계치를 계산할 때, 정렬이 어떻게 지나치게 사용되거나 또는 부족하게 사용될 수 있는지를 설명하라.

2 [R. Sedgewick] $x[l]$을 센티널로 사용하여 Lomuto의 분할 기법의 속도를 개선해보라. 이 기법이 어떻게 루프 다음의 swap 함수 호출을 제거할 수 있게 하는지 보여라.

3 어떻게 실험을 해야 특정 시스템에서 *cutoff*의 최적값을 찾을 수 있는가?

4 퀵 정렬은 평균적으로 단지 $O(\log n)$의 스택 공간을 사용하지만, 최악의 경우는 n에 비례하는 공간을 사용할 수 있다. 그 이유를 설명하고, 최악의 경우에도 $\log n$에 비례하는 공간만을 사용하도록 프로그램을 수정하라.

5 [M. D. McIlroy] 길이가 변하는 여러 개의 비트 열을 그 길이의 합에 비례하는 시간 내에 정렬하는데 Lomuto의 분할 기법을 어떻게 사용할 수 있는지 보여라.

6 이 칼럼에서 사용된 기법을 이용하여 다른 정렬 알고리즘을 구현하라. 선택 정렬(selection sort)은 최솟값을 선택하여 $x[0]$에 넣고, 남은 값 중에서 최솟값을 $x[1]$에 넣는 식으로 정렬을 한다. 셸 정렬(shell sort)은 삽입 정렬과 비슷하지만, 요소를 위치 1만큼 이동하는 대신 h만큼 이동한다. h값은 처음에는 크지만 점점 줄어든다.

7 이 칼럼에서 사용된 정렬 프로그램의 코드는 이 책의 웹 사이트에 있다. 여러분의 시스템에서 실행시간을 측정해보고 11.3절의 표와 같은 식으로 요약해보라.

8 여러분의 시스템 사용자가 정렬을 어떻게 선택해야 하는지를 보여주는 한 페이지짜리 가이드를 스케치해보라. 여러분이 제시한 방법은 실행시간, 공간, 프로그래머 시간(개발과 유지보수에 드는), 일반성(로마 숫자를 나타내는 문자열을 정렬해야 한다면?), 안정성(키(key)가 같은 아이템은 그들의 상대적 순서를 유지해야 함), 입력 데이터의 특성 등의 중요성을 고려해야 한다. 여러분의 방법에 대한 극한 테스트로, [칼럼1]에서 기술한 정렬 문제를 넣어보라.

9 배열 $x[0..n-1]$에서 k번째 작은 요소를 $O(n)$시간 내에 찾는 프로그램을 작성하라. 알고리즘에서 x의 요소들 위치를 바꿀 수도 있다.

10 퀵 정렬 프로그램의 실행시간에 대한 실험적 데이터를 모아서 표시해보라.

11 후조건(postcondition)이 다음과 같은 "두꺼운 피벗(fat pivot)" 분할 함수를 작성하라.

| < t | = t | > t |

어떻게 이 함수를 퀵 정렬 프로그램에 이용할 것인가?

12 컴퓨터를 사용하지 않는 분야에서 사용되는 정렬 방법을 연구해보라(우편물이나 동전 분류와 같은).

13 이 칼럼의 퀵 정렬 프로그램은 분할의 중심이 될 요소를 랜덤하게 선택한다. 배열의 샘플에서 중간값(median) 요소를 선택하는 등의 더 좋은 방법을 연구해보라.

14 이 칼럼의 퀵 정렬은 부분배열을 두 개의 정수 인덱스로 표현했는데, 이는 Java와 같이 포인터를 지원하지 않는 언어에서 필요하다. 그러나 C나 C++에서는 정수 배열을 정렬하는 데 원래의 함수 호출과 모든 재귀적 호출에 대해 다음과 같은 함수를 사용할 수 있다.

```
void qsort(int x[], int n)
```

이 인터페이스를 사용하도록 이 칼럼에서 사용한 알고리즘을 수정하라.

11.6 더 읽을거리

1973년 Addition-Wesley에서 1판을 출판한 이래, Don Knuth의 <The Art of Computer Programming, Volume 3: Sorting and Searching>은 이 주제에 대한 가장 신뢰할 만한 참고서적이다. 그 책은 모든 중요한 알고리즘에 대해 자세히 설명하고, 그 실행시간을 수학적으로 분석했으며, 어셈블리 코드로 그 알고리즘들을 구현하였다. 연습문제와 참고자료에서는 주요 알고리즘에 대한 많은 중요한 변형을 설명한다. Knuth는 1998년에 2판으로 책을 개정했다. 그가 사용한 MIX 어셈블리 언어는 세월이 많이 지났음을 보여주지만, 코드에서 드러나보이는 원리는 영원하다.

Bob Sedgewick은 기념비적인 <Algorithms> 3판에서 정렬과 탐색에 대해 좀 더 현대적인 처리방법을 보여준다. 1부에서 4부까지는 기본적인 내용과 데이터 구조, 정렬과 탐색을 다룬다. <Algorithms in C>는 1997년 Addison-Wesley에서 출판되었고, <Algorithms in C++(Chris Van Wyk가 C++에 대한 도움을 줌)>는 1998년에, <Algorithms in Java(Tim Lindholm이 Java에 대한 도움을 줌)>는 1999년에 출판되었다. 그는 유용한 알고리즘의 구현을 강조하고(여러분이 선택한 언어로), 여러 알고리즘의 퍼포먼스를 직관적으로 설명한다.

이 두 책은 이 칼럼의 정렬, [칼럼13]의 탐색, [칼럼14]의 힙(heap)에서 가장 중요한 참고자료다.

칼럼 12
표본 선정 문제

작은 컴퓨터 프로그램은 종종 교육적인 동시에 재미있기도 하다. 이 칼럼에서는 우수했을 뿐만 아니라 어떤 회사에서 매우 유용하게 사용된 조그마한 프로그램에 대한 이야기를 살펴보겠다.

12.1 문제

1980년대 초의 일이었는데, 한 회사가 PC를 처음으로 구매했다. 몇몇 주요 시스템을 설치해준 후에, 나는 그 회사 사람들에게 사무실의 여러 가지 일 중에서 프로그램으로 처리할 수 있는 것이 없는지 열린 눈으로 계속 찾아보라고 독려했다. 그 회사는 여론 조사 사업을 하던 곳이었는데, 한 직원이 지역구 리스트로부터 표본을 랜덤하게 선정하는 작업을 자동화하자고 제안했다. 손으로 하면 난수표를 들고 따분하게 한 시간이나 해야 하는 작업이었기 때문에 그 여직원은 다음과 같은 프로그램을 제안했다.

입력은 지역구 이름의 리스트와 정수 m으로 이루어진다. 출력은 랜덤하게 선택된 m개의 지역구 리스트이다. 일반적으로 수백 개의 지역구 이름

(각각은 최대 12자로 된 문자열)이 있고, m은 보통 20~40사이다.

이는 프로그램을 사용할 사람의 아이디어다. 코드 작성을 시작하기 전에, 여러분은 문제 정의에 대하여 제안할 것이 있는가?

그 작업은 자동화하기에 적당했기 때문에 나는 우선 아주 좋은 아이디어라고 답해주었다. 그리고 수백 개의 이름을 타이핑하는 것은 긴 난수열을 다루는 것보다는 쉽겠지만, 지루하고 실수하기 쉬운 일이라는 점을 지적했다. 프로그램이 입력의 상당 부분을 무시할 텐데도 많은 입력을 준비하는 것은 어리석은 짓이다. 따라서 나는 다음과 같은 대안을 제시했다.

입력은 두 개의 정수 m과 n으로 이루어진다. 출력은 범위 $0..n-1$에서 랜덤하게 선택된 정수 m개를 정렬한 리스트이고, 같은 정수가 반복되는 일은 없다[1]. 까다로운 확률론자들을 위해 덧붙이면, 우리는 정렬된 정수 리스트를 원하고 모든 가능한 정수 리스트는 선택될 확률이 동일하다.

$m=20$이고 $n=200$일 때, 프로그램은 4, 15, 17, ... 같은 식으로 시작하는 20개의 요소로 이루어진 리스트를 출력할 것이다. 그러면, 사용자가 리스트에서 4번째, 15번째, 17번째 등의 이름을 표시하여 200개의 지역구로부터 20개의 표본을 선정할 것이다(인쇄된 리스트에는 번호가 표시되어 있지 않기 때문에 프로그램의 출력은 정렬되어 있어야 한다).

프로그램을 사용할 사람들은 이와 같은 명세에 전적으로 동의했다. 이 프로

---

1) 실제 프로그램은 범위 $1..n$으로부터 m개의 정수를 선택하는 것이었지만, 칼럼에서는 이 책의 다른 부분과 일관성을 유지하고 C 배열에서 랜덤한 표본을 선정하는 데 이 프로그램을 사용할 수 있도록 하기 위해 0에서 시작하는 범위로 바꾸었다. 프로그래머는 0부터 세지만, 여론 조사원은 1에서 시작한다.

그램이 구현된 후, 전에는 한 시간이 걸렸던 작업을 몇 분만에 끝낼 수 있게 되었다.

이제 이 문제를 다른 측면에서 보도록 하자. 여러분이라면 이 프로그램을 어떻게 구현하겠는가? 큰 정수(m이나 n보다 훨씬 큰)를 랜덤하게 리턴하는 함수 bigrand()와 범위 $i..j$에서 균등한 확률로 정수 한 개를 랜덤하게 리턴하는 함수 randint(i, j)가 있다고 가정하라. 이들 함수의 구현은 연습문제 1에서 보게 될 것이다.

12.2 솔루션 하나

문제를 위와 같이 확정하자마자, 나는 Knuth의 <Seminumerical Algorithms>가 있는 가장 가까운 곳으로 바로 달려갔다(3권으로 이루어진 이 책은 집과 사무실에 동시에 구비해놓았을 만큼 투자할 가치가 충분하다). 내가 그 책을 자세하게 공부한 것은 10년도 더 된 일이었기 때문에, 이와 비슷한 문제에 대한 몇 가지 알고리즘이 그 책에 실려있음을 어렴풋하게 기억하고 있었을 뿐이었다. 몇 분 동안 가능한 디자인들(우리가 간단하게 살펴볼)을 고려한 후, 그 책의 3.4.2절에 나오는 알고리즘 S가 이 문제에 대한 이상적인 솔루션임을 깨달았다.

그 알고리즘은 정수 0, 1, 2, ..., $n-1$을 순서에 따라 적절한 랜덤 검사에 의해 선택한다. 정수를 순서대로 검사하기 때문에, 출력이 정렬됨을 보장할 수 있다.

선택의 기준을 이해하기 위해, $m=2$이고 $n=5$인 경우를 예로 들어보자. 처음에 오는 정수 0은 2/5의 확률로 선택해야 하므로, 프로그램은 다음과 같은 식으로 구현한다.

```
if (bigrand() % 5) < 2
```

불행하게도 1을 선택할 때에는 같은 확률을 사용할 수 없다(그렇게 하든 안 하든 5개의 정수 중에 2개를 고르게 된다는 사실에는 변함이 없겠지만). 그러므로 0이 선택된 후에는 1을 1/4의 확률로 선택하고, 0이 선택되지 않은 경우에는 2/4의 확률로 선택할 것이다. 일반적으로, 남아있는 r개의 숫자에서 s개를 선택해야 한다면, 다음 숫자는 s/r의 확률로 선택하게 된다. 다음은 이에 대한 가상코드이다.

```
select = m
remaining = n
for i = [0, n)
    if (bigrand() % remaining) < select
        print i
        select--
    remaning--
```

$m \leq n$이 성립하는 한, 이 프로그램은 정확히 m개의 정수를 선택한다. select가 0이 되면 더 이상 정수를 선택하지 않기 때문에 선택된 정수가 m보다 많을 수 없고, select/remaining이 1이 되면 항상 정수를 선택하기 때문에 선택된 정수가 m보다 적을 수도 없다. for문을 사용했으므로 정수들이 정렬된 순서로 출력될 것임을 보장할 수 있다. 위의 설명을 통해 각 부분집합은 선택될 확률이 같다는 것을 알 수 있을 것이다. Knuth는 이에 대한 확률적인 증명까지 제시한다.

Knuth의 책 제2권에서는 이 프로그램을 더 쉽게 작성할 수 있도록 한다. 이름과 입력, 출력, 범위 검사 등을 모두 포함하고도 최종 프로그램은 Basic으로 구현할 때 겨우 13줄이면 충분했다. 이 프로그램은 문제가 정의된지 30분 후에 완성되었고, 그후 수년 동안 문제없이 사용되었다. 다음은 이를 C++로 구현한 코드이다(프로그램 1).

```
void genknuth(int m, int n)
{   for (int i = 0; i < n; i++)
```

```
            /* select m of remaining n-i */
            if ((bigrand() % (n-i)) < m) {
                cout << i << "\n";
                m--;
            }
        }
```

이 프로그램은 수십 바이트의 메모리만을 사용했고, 그 회사가 풀고자 했던 문제에 대해서 번개같이 빨랐다. 그러나 이 코드는 n이 매우 클 경우 느려질 수 있다. 예를 들어 이 알고리즘을 사용하여 몇 개의 랜덤한 32비트 양의 정수를 생성하면(즉, $n=2^{32}$이면), 내 컴퓨터에서 약 12분이 걸린다. 자, 봉투 뒷면에 간단히 계산하는 퀴즈를 하나 풀어보자. 이 코드로 48비트 혹은 64비트의 랜덤한 정수 하나를 생성하려면 시간이 얼마나 걸리겠는가?

12.3 디자인 공간

프로그래머의 업무 중 하나는 오늘의 문제를 해결하는 것이다. 그리고 또 다른(더 중요할 수도 있는) 하나는 내일의 문제를 풀기 위해 준비하는 것이다. 준비란 강좌를 수강하거나 Knuth의 저서와 같은 책을 공부하는 것일 수도 있다. 그러나 프로그래머는 같은 문제를 어떻게 다르게 해결할 수 있었을지를 자문하는 정신적인 연습을 통해 배우는 일이 더 잦다. 이제 앞의 표본 선정 문제에 대해 가능한 디자인 공간을 탐구해보자.

나는 West Point[2]에서 열렸던 세미나에서 이 문제를 설명하고, 원래의 문제 정의(200개의 이름을 모두 타이핑하여 프로그램에 입력하는)보다 더 좋은 접근법이 없는지 물어보았다. 어떤 학생이 지역구의 리스트를 복사하고 가위로

---

[2] 역자 주 : 미국 육군 사관학교의 통칭. New York주 남동부에 위치한 미국 육군 사관학교 소재지의 이름이기도 하다.

잘라서 조각들을 상자에 담아 흔들어 섞은 후에 원하는 수만큼의 조각을 꺼내자고 제안했다. 그 생도는 1.7절에서 언급한 Adams의 책이 주제로 삼은 "개념적 블록의 파괴(conceptual blockbusting)"를 보여준 것이다[3].

이제부터는 범위 $0..n-1$로부터 m개의 정렬된 랜덤한 정수를 출력하는 프로그램을 찾는 것에 집중하자. 프로그램 1을 평가하는 것으로 시작하자. 이 알고리즘은 아이디어가 단순하고, 코드도 짧으며, 메모리도 몇 워드밖에 차지하지 않는다. 그리고, 이번 상황에 대해서는 실행 속도도 충분히 빨랐다. 그러나, 실행시간이 n에 비례하기 때문에 어떤 상황에서는 사용하기 힘들 수 있다. 따라서 이 문제를 푸는 다른 방법을 연구하기 위해 몇 분 정도는 투자할 가치가 있다. 더 읽기 전에 고수준의 디자인에 대한 밑그림을 가능한 많이 그려보라. 세부 구현사항에 대해서는 아직 걱정할 필요가 없다.

한 가지 솔루션은 처음에는 비어있던 집합에 랜덤한 정수를 충분한 개수가 생길 때까지 넣는 것이다. 가상코드는 대략 다음과 같다.

```
initialize set S to empty
size = 0
while size < m do
    t = bigrand() % n
    if t is not in S
        insert t into S
        size++
print the elements of S in sorted order
```

이 알고리즘은 특정 요소에 편향되지 않고, 출력은 랜덤하다. 집합 S를 구현

---

3) 그 책의 57쪽에서 Arthur Koestler는 창조성의 세 가지 종류를 묘사한다. "아!" 통찰은 독창성에 대한 이름이고, "아하!" 통찰은 발견 행위이다. 그였다면 그 생도가 제안한 솔루션을 "하하!" 통찰이라고 불렀을 텐데, 이는 고수준의 문제에 저수준의 답을 하는 희극적 영감에 의한 행위이다(연습문제 1.10, 1.11, 1.12의 해답에서와 같이).

하는 문제는 여전히 남아 있다. 적당한 데이터 구조를 생각해보라.

옛날이었다면 연결 리스트와 이진 탐색 트리 등 일반적인 데이터 구조를 후보에 올려놓고 어느 것이 좋을지 저울질했을 것이다. 그러나 요즘에는 그런 고민을 할 필요 없이 C++ STL의 set을 그냥 이용할 수 있다(프로그램 2).

```
void getsets(int m, int n)
{   set<int> S;
    while (S.size() < m)
        S.insert(bigrand() % n);
    set<int>::iterator i;
    for (i = S.begin(); i != S.end(); ++i)
        cout << *i << "\n";
}
```

나는 실제 코드의 길이가 가상코드와 같아서 기뻤다. 이 프로그램은 백만 개의 서로 다른 31비트 정수를 랜덤하게 생성하고 정렬하여 출력하는 데 내 머신에서는 약 20초가 걸린다. 중복을 걱정하지 않고 백만 개의 정렬되지 않은 정수를 생성하여 출력하는 데는 약 12.5초가 걸리므로, set의 오퍼레이션은 7.5초만 소모하는 것이다.

C++ STL의 명세는 삽입 오퍼레이션은 $O(\log m)$시간 내에, set의 요소를 열거하는 것은 $O(m)$시간 내에 실행됨을 보장하므로, 전체 프로그램은 $O(m \log m)$ 시간이 소요될 것이다(m이 n에 비하여 작을 때). 그러나 이 데이터 구조는 메모리를 많이 사용한다. 나의 128MB 머신에서는 m=1,700,000일 때부터 쓰레싱(thrashing)이 시작된다. 다음 칼럼에서는 set을 구현하는 다른 방법을 살펴볼 것이다.

랜덤한 정수들의 정렬된 집합을 생성하는 또 다른 방법은 0부터 $n-1$까지의 정수로 이루어진 집합을 뒤섞은 후에 그중 처음 m개의 요소를 선택하여 정렬하는 것이다. Knuth의 책 3.4.2절에 나오는 알고리즘 P가 배열 $x[0..n-1]$을 뒤섞는 알고리즘이다.

```
for i = [0, n)
    swap(i, randint(i, n-1))
```

Ashley Shepherd와 Alex Woronow는 이 문제에서 배열의 처음 *m*개의 요소만 정렬할 필요가 있다는 것을 알아냈다. 따라서 다음과 같은 C++ 프로그램이 된다.

```
void genshuf(int m, int n)
{   int i, j;
    int *x = new int[n];
    for (i = 0; i < n; i++)
        x[i] = i;
    for (i = 0; i < m; i++) {
        j = randint(i, n-1);
        int t = x[i]; x[i] = x[j]; x[j] = t;
    }
    sort(x, x+m);
    for (i = 0; i < m; i++)
        cout << x[i] << "\n";
}
```

이 알고리즘은 n 워드의 메모리를 사용하고 $O(n + m \log m)$ 시간을 필요로 하지만, 연습문제 1.9의 기법을 사용하면 실행시간을 $O(m \log m)$으로 줄일 수 있다. 우리는 이 알고리즘을 프로그램 2에 대한 대안으로 볼 수 있다. 선택된 요소를 $x[0..i-1]$에, 그렇지 않은 요소를 $x[i..n-1]$에 표현한다. 선택되지 않은 요소를 명시적으로 표현하기 때문에 새로운 요소가 이미 선택되었는지를 검사하지 않아도 된다. 그러나 불행하게도 이 방법은 $O(n)$의 시간과 메모리를 사용하기 때문에, Knuth의 알고리즘을 사용하는 것이 더 낫다.

지금까지 살펴본 함수들은 앞의 문제에 대해 몇 가지 다른 솔루션을 제공한다. 그러나 이들 함수가 디자인 공간의 전체를 이루는 것은 결코 아니다. 예를 들어, n이 1백만이고 m이 $n-10$이라고 가정해보자. 이 경우에는 10개의 정렬된 랜덤 표본을 생성하고, 이들이 리스트에 포함되지 않는다는 사실을 리턴하는 것이 나을 것이다. 다음으로 n이 2^{31}, m은 1천만이라고 가정해보자. 이 경우에는 1천1백만 개의 정수를 생성하고 정렬한 후에 중복된 요소를 제거하여 1천만 개의 정렬된 표본을 생성할 수도 있다. 연습문제 9의 해답에서는 Bob Floyd가 탐색을 기반으로 만든 매우 영리한 알고리즘을 설명한다.

12.4 원리

이 칼럼에서는 프로그래밍 프로세스에 있어 중요한 몇몇 단계를 설명한다. 다음 논의에서 이들 단계를 어떤 자연스러운 순서로 나열하기는 했지만, 디자인 프로세스는 더 능동적이다. 여러 디자인 단계를 넘나들며, 받아들일 만한 솔루션에 이르기 전까지는 각 단계를 여러 번씩 반복하는 것이 보통이다.

발견된 문제를 이해하라

문제가 발생한 컨텍스트에 대해 사용자와 대화를 나누어라. 문제에 대한 설명에는 종종 솔루션을 찾는 데 도움이 되는 아이디어가 들어있다. 모든 초기 아이디어와 마찬가지로, 이런 아이디어도 고려 대상이 되어야 하지만 다른 아이디어를 배제하면 안 된다.

추상적인 문제를 구체화하라

문제에 대한 간결하고 구체적인 설명은 처음에 문제를 푸는데 도움이 되고, 이 솔루션이 다른 문제에 어떻게 응용될 수 있는지를 볼 때에도 보탬이 된다.

디자인 공간을 탐구하라

너무도 많은 프로그래머들이 자신의 문제에 대한 '그' 솔루션에 너무 빠르게 도달한다. 한 시간 동안 생각한 후에 한 시간 동안 코드를 작성하는 것이 아니라, 일 분 동안 생각하고 하루 동안 구현 작업을 하는 것이다. 비정형적 고수준 언어를 사용하면 디자인을 묘사하는 데 도움이 된다. 가상코드는 제어의 흐름을 나타내고, 추상 데이터 구조는 중요한 데이터 구조를 표현한다. 디자인 프로세스 중 이 단계에서는 문학적인 지식이 매우 유용하다.

한 솔루션을 구현하라

아주 운이 좋은 날에는 디자인 공간을 탐색하여 어떤 프로그램이 다른 프로그램보다 훨씬 우월하다는 것을 발견하게 된다. 그러나 대부분의 경우에는 최상의 솔루션을 선택하기 위해 상위의 몇 가지를 빠르게 구현해보아야 한다. 가능한 가장 강력한 오퍼레이션을 사용하여, 선택한 디자인을 직관적인 코드로 구현할 수 있도록 많은 노력해야 한다[4].

---

4) 연습문제 6은 내가 프로그래밍 스타일에 대해 평가했던 한 강좌에서 냈던 과제다. 대부분의 학생은 한쪽 분량의 솔루션을 제출했고, 평범한 학점을 받았다. 그전 여름에 대형 소프트웨어 개발 프로젝트를 수강했던 두 학생은 문서화가 잘된 5쪽 분량의 프로그램을 제출했는데, 설명이 잘 되어있는 10여 개의 함수로 나뉘어 있었다. 그들이 받은 학점은 F였다. 최소 5줄의 코드면 그 프로그램을 작성할 수 있었기 때문에 그보다 60배나 긴 프로그램에 대해 학점을 줄 수는 없었던 것이다. 그 두 명이 자신들은 표준적인 소프트웨어 공학 도구를 이용한 것뿐이라며 불평하기에, 나는 Pamela Zave의 말을 인용하는 것으로 답변을 대신했다. "소프트웨어 공학의 목적은 복잡성(Complexing)을 제어하는 것이지, 복잡성을 만드는 것이 아니다." 간단한 프로그램을 찾기 위해 몇 분을 더 투자하면, 복잡한 프로그램을 문서화하기 위해 들이는 시간을 절약할 수 있다.

되돌아보라

Polya의 <How to Solve It>은 프로그래머가 문제를 더 잘 풀 수 있도록 도와준다. 이 책의 15쪽에서 저자는 "항상 뭔가 할 일이 남아있다. 충분히 연구하고 깊게 파고들면 어떤 솔루션이라도 더 향상시킬 수 있다. 그리고 어떤 경우에라도 그 솔루션을 더 잘 이해할 수 있다."고 말한다. 그가 준 힌트는 프로그래밍 문제를 되돌아보는 데 특히 유용하다.

12.5 연습문제

1 C 라이브러리의 rand() 함수는 일반적으로 약 15개의 랜덤 비트를 리턴한다. 이 함수를 이용하여 적어도 30개의 랜덤 비트를 리턴하는 bigrand() 함수를 구현하라. 그리고 범위 [l, u]에서 하나의 정수를 랜덤하게 리턴하는 함수 randint(l, u)도 구현하라.

2 12.1절에서는 m개의 요소를 가지는 부분집합들이 모두 같은 확률로 선택되어야 한다고 정했는데, 이는 각 정수를 m/n의 확률로 선택하는 것보다 더 어려운 조건이다. 각 요소는 같은 확률로 선택하지만, 어떤 부분집합을 다른 부분집합보다 더 높은 확률로 선택하는 알고리즘을 설명하라.

3 $m < n/2$일 때, 집합 기반의 알고리즘에서 집합에 어떤 수가 없음을 알기 전에 멤버 검사(어떤 집합에 특정 요소가 속하는지 여부를 검사하는 것)를 행하는 횟수에 대한 기댓값이 2보다 작음을 증명하라.

4 집합 기반의 프로그램에서 일어나는 멤버 검사의 횟수를 세어보는 것은

순열, 조합 또는 확률 이론에 대한 여러 가지 재미있는 문제로 이어진다. 프로그램이 평균적으로 멤버 검사를 하는 횟수를 m과 n에 대한 함수로 표현하면 어떻게 되는가? $m=n$일 때, 멤버 검사의 횟수는? 어떤 경우에 멤버 검사를 m번 이상 하겠는가?

5 이 칼럼에서는 한 가지 문제에 대한 여러 개의 솔루션을 설명했다. 각 프로그램은 모두 이 책의 웹 사이트에서 얻을 수 있다. 여러분의 컴퓨터에서 각 프로그램의 퍼포먼스를 측정하고, 실행시간, 메모리 등을 고려할 때 각 솔루션이 언제 적당할지를 설명하라.

6 [강의 연습문제] 나는 학부 과정의 알고리즘 강의 시간에 정렬된 부분집합을 생성하는 문제를 과제로 두 번 내었다. 정렬 및 탐색을 가르치기 전에는 $m=20$, $n=400$인 경우에 대한 프로그램을 작성하도록 시켰다. 이때의 주된 채점 기준은 짧고 깨끗한 프로그램이었고, 실행시간은 신경쓰지 않았다. 정렬 및 탐색을 가르친 후에는 $m=5,000,000$이고 $n=1,000,000,000$인 경우에 대하여 그 문제를 다시 풀도록 했고, 이번에는 실행시간을 주된 채점 기준으로 삼았다.

7 [V. A. Vyssotsky] 조합적 객체들을 생성하는 알고리즘은 종종 재귀 함수로 표현하는 것이 좋을 때가 있다. Knuth의 알고리즘은 다음과 같이 쓸 수 있다.

```
void randselect(m, n)
    pre     0 <= m <= n
    post    m distinct integers from 0..n-1 are
            printed in decreasing order
    if m > 0
```

```
if (bigrand() % n) < m
    print n-1
    randselect(m-1, n-1)
else
    randselect(m, n-1)
```

이 프로그램은 랜덤한 정수를 내림차순으로 출력한다. 이들 정수를 오름차순으로 출력하려면 어떻게 해야 하는가? 여러분이 답한 프로그램의 정확성을 증명하라. 0..n-1에 대해 크기 m인 모든 부분집합을 생성하기 위해 이 프로그램의 기본적인 재귀 구조를 어떻게 이용할 수 있겠는가?

8 0..n-1에서 m개의 정수를 랜덤하게 선택하여 출력하는 프로그램을 어떻게 만들 수 있겠는가(정수의 출력 순서도 랜덤해야 한다)? 리스트에서 정수의 중복이 허용된다면, 정렬된 리스트를 어떻게 생성할 수 있겠는가? 또, 중복도 허용되고 랜덤한 순서로 출력해야 한다면 어떻겠는가?

9 [R. W. Floyd] m이 n에 가까울 때, 집합 기반의 알고리즘에서는 이미 집합에 존재하기 때문에 버려질 많은 난수가 생성된다. 최악의 경우에라도 m개의 난수만을 사용하는 알고리즘을 찾을 수 있겠는가?

10 n개의 객체 중에서 하나를 랜덤하게 선택해야 하는데, 그 객체들을 순차적으로만 볼 수 있고 n의 값을 미리 알 수 없다면 어떻게 하겠는가? 구체적으로 설명하면, 텍스트 파일을 읽어들여 한 줄을 랜덤하게 선택하고 출력해야 하는데, 그 파일의 총 줄 수를 미리 알 수는 없다면 어떻게 하겠는가?

11 [M. I. Shamos] 한 광고용 게임에 16개의 점이 그려진 카드가 있는데, 각 점에는 1..16의 정수가 랜덤하게 숨겨져 있다. 게임 참가자는 카드를 긁

어 점을 지워 숫자가 드러나게 한다. 만약 3이 나타나면 게임에서 지고, 그전에 1과 2가 모두 나타나면(순서에 상관없이) 이긴다. 일련의 점들을 선택했을 때 게임에서 이길 확률을 계산하기 위해 여러분이 취할 단계를 설명하라. 최대 1시간의 CPU 시간을 사용할 수 있다고 가정하라.

12 이 칼럼에 나오는 프로그램 중 하나를 내가 처음 작성했을 때 $m=0$인 경우 프로그램이 죽는 버그가 있었다. m이 0이 아닐 때, 그 프로그램의 출력은 랜덤인 것처럼 보였지만 사실은 그렇지 않았다. 표본 생성 프로그램이 실제로 랜덤하게 출력한다는 것을 보장하기 위해 어떻게 테스트하겠는가?

12.6 더 읽을거리

Don Knuth의 <The Art of Computer Programming> 제2권은 Seminumerical Algorithms이다. 3판이 1998년에 Addison-Wesley에서 출간되었다. 3장(그 책의 처음 절반)은 난수에 대한 것이고, 4장(나머지 절반)은 산술에 관한 것이다. 3.4.2절 "Random Sampling and Shuffling"이 특히 이 칼럼과 관련이 깊다. 여러분이 고차원적 산술을 통해 난수 발생기나 함수를 만들려 한다면, 이 책이 필요할 것이다.

칼럼 13

탐색[1]

 탐색 문제는 다양하게 응용된다. 컴파일러는 변수 이름을 검색하여 그 타입과 주소를 찾는다. 맞춤법 검사기는 맞춤법이 맞는지 확인하기 위해 사전에서 단어를 검색한다. 전화번호부 프로그램은 가입자 이름을 검색하여 전화번호를 찾는다. 인터넷 DNS는 이름을 검색하여 IP 주소를 찾는다. 이런 수천 종류의 애플리케이션은 특정 아이템과 관련된 정보를 찾기 위해 검색 기능을 필요로 한다.

 이 칼럼에서는 한 가지 탐색 문제, "관련된 다른 데이터가 없는 정수의 집합을 어떻게 저장할 것인가?"를 놓고 자세히 살펴볼 것이다. 이 문제는 단순하지만 다른 데이터 구조를 구현하는 데 있어 발생하는 많은 중요한 문제를 제기한다. 우리는 작업을 정확히 정의하는 것으로 시작하고, 이것을 이용하여 집합을 표현하는 가장 일반적 방법을 살펴볼 것이다.

---

[1] 역자 주 : 이 칼럼에서 실제로 다루는 내용은 집합을 표현하는 데이터 구조이므로 칼럼 제목은 "집합 표현을 위한 구조" 정도가 나을 듯하다.

13.1 인터페이스

우리는 [칼럼12]에서 다루었던, 주어진 범위 [0, *maxval*) 내에서 중복이 없는 m개의 랜덤한 정수를 정렬된 순서로 생성하는 문제부터 계속할 것이다. 우리의 작업은 다음 가상코드를 구현하는 것이다.

```
initialize set S to empty
size = 0
while size < m do
   t = bigrand() % maxval
   if t is not in S
      insert t into S
      size++
print the elements of S in sorted order
```

우리의 데이터 구조를 정수의 집합이라는 뜻으로 IntSet이라 부르겠다. 인터페이스는 다음과 같은 public 멤버를 갖는 C++ 클래스로 정의할 것이다.

```
class IntSetImpl {
public:
   IntSetImpl(int maxelements, int maxval);
   void insert(int t);
   int size();
   void report(int *v);
};
```

생성자(constructor) IntSetImpl은 집합을 빈 상태로 초기화한다. 생성자는 두 개의 인수를 가지는데, 하나는 집합이 가질 수 있는 원소[2]의 최대 개수이고 다른 하나는 원소가 가질 수 있는 최대값을 지정하는 것이다. 특정 구현에서는 이

---

[2] 역자 주 : 다른 칼럼에서는 element를 요소라고 번역했지만, 여기서는 집합에 대한 element는 원소로 번역하였다. '원소'와 '요소'가 혼용되지만 모두 "element"를 뜻한다.

들 인수 중 하나 또는 둘 모두를 무시할 수도 있다. insert 함수는 집합에 새로운 정수를 추가한다(집합에 그 정수가 이미 존재하지 않는다면). size 함수는 집합에 있는 현재 원소의 개수를 알려주고, report 함수는 집합의 원소들을 정렬된 순서로 벡터 v에 기록한다.

이 간단한 인터페이스는 단지 설명을 위한 것이다. 에러 처리나 소멸자(destructor)와 같은 업무에서 실제로 사용되는 클래스에 중요한 요소가 빠져있다. 전문 C++ 프로그래머라면 추상 클래스(abstract class)와 가상 함수(virtual function)를 사용하여 인터페이스를 지정할 테고, 그 서브클래스에서 각각의 구현을 작성할 것이다. 우리는 이렇게 하는 대신, 배열을 사용한 구현에 대해서는 IntSetArr, 리스트를 사용한 구현에 대해서는 IntSetList와 같은 식의 이름을 사용하는 간단한(그리고 때로는 더 효율적인) 접근방법을 취할 것이다. 임의의 구현에 대한 이름으로는 IntSetImpl을 사용할 것이다.

다음 C++ 코드는 랜덤한 정수의 정렬된 집합을 생성하기 위한 함수에서 이런 데이터 구조를 사용한다.

```cpp
void gensets(int m, int maxval)
{   int *v = new int[m];
    IntSetImpl S(m, maxval);
    while (S.size() < m)
        S.insert(bigrand() % maxval);
    S.report(v);
    for (int i = 0; i < m; i++)
        cout << v[i] << "\n";
}
```

insert 함수는 중복된 원소를 집합 안에 넣지 않기 때문에, 원소를 집합에 추가하기 전에 해당 원소가 이미 집합 안에 존재하는지 검사할 필요가 없다.

IntSet을 가장 쉽게 구현하는 방법은 강력하고도 일반적인 C++ STL의 set을 사용하는 것이다.

```
class IntSetSTL {
private:
    set<int> S;
public:
    IntSetSTL(int maxelements, int maxval) {}
    int size() { return S.size(); }
    void insert(int t) { S.insert(t); }
    void report(int *v)
    {   int j = 0;
        set<int>::iterator i;
        for (int i = S.begin(); i != S.end(); ++i)
            v[j++] = *i;
    }
};
```

생성자에서는 두 인수를 모두 무시한다. 위의 IntSet에서 size와 insert 함수는 STL에 있는 함수와 정확하게 대응된다. report 함수는 표준 반복자(iterator)를 사용하여 집합의 원소를 배열에 정렬된 순서로 기록한다. 이 범용적 구조도 좋지만 완벽하지는 않다. 우리는 곧 이 특별한 작업에 대해 시간적 공간적으로 5배 더 효율적인 구현을 볼 것이다.

13.2 선형적 구조

우리는 먼저 가장 단순한 구조(정수의 배열)로 집합을 구현할 것이다. 우리의 클래스에서는 현재 원소 개수를 정수 n에 보관하고, 원소는 벡터 x에 보관할 것이다.

```
private:
    int n, *x;
```

([부록5]에 모든 클래스에 대한 완전한 구현이 있다.) 이 C++ 생성자의 가상코

드 버전은 배열을 할당하고(센티널로 사용할 별도의 요소 하나를 추가하여), n을 0으로 설정한다.

```
IntSetArray(maxelements, maxval)
   x = new int[1 + maxelements]
   n = 0
   x[0] = maxval
```

우리는 원소를 정렬된 순서로 출력해야 하기 때문에 항상 정렬된 상태로 보관할 것이다. (다른 상황에서는 정렬이 안된 배열이 더 좋을 수 있다.) 우리는 또한 센티널 원소 *maxval*을 정렬된 원소의 마지막에 유지할 것이다. *maxval*은 집합 내의 다른 어떤 원소보다 큰 값을 가지고 있어야 한다. 이렇게 하면 리스트의 끝을 지나치는지 확인하기 위한 검사를 더 큰 원소를 찾는 검사(어차피 필요한)로 대체할 수 있다. 또한 삽입 코드가 간단해질 뿐 아니라, 부수적으로 더 빨라지기도 한다.

```
void insert(t)
   for (i = 0; x[i] < t; i++)
      ;
   if x[i] == t
      return
   for (j = n; j >= i; j--)
      x[j+1] = x[j]
   x[i] = t
   n++
```

첫 번째 루프는 배열을 스캔하면서 삽입할 값 *t*보다 작은 요소는 그냥 지나친다. 만약 배열의 원소와 *t*가 같으면, 해당 원소가 이미 집합에 존재한다는 뜻이므로 즉시 리턴한다. 그렇지 않으면, *t*보다 큰 요소들(센티널을 포함하여)을 위로 한 칸씩 올리고, 결과로 남는 빈 자리에 *t*를 넣은 다음, *n*을 하나 증가시킨다.

이 작업은 $O(n)$의 시간이 걸린다.

size 함수는 모든 구현에 대해 다음과 같이 동일하다.

```
int size()
    return n
```

report 함수는 $O(n)$시간 동안 센티널 원소를 제외한 모든 원소를 출력 배열에 복사한다.

```
void report(v)
    for i = [0, n)
        v[i] = x[i]
```

배열은 크기를 미리 알 수 있는 집합을 구현하는 데 매우 훌륭한 구조이다. 우리의 배열은 정렬되어 있으므로, member 함수를 구현하는 데 $O(\log n)$의 시간이 걸리는 이진 탐색을 사용할 수 있다. 이 절의 마지막 부분에서 배열 버전의 실행시간에 대해 자세히 볼 것이다.

집합의 크기를 미리 알 수 없는 경우 집합을 구현하는 데는 연결 리스트가 최적의 후보이다. 또한 리스트를 사용하면 요소를 삽입할 때 다른 요소를 하나씩 이동시켜야 하는 비용이 없어진다.

클래스 IntSetList는 다음과 같은 private 데이터를 사용할 것이다.

```
private:
    int n;
```

```
struct node {
    int val;
    node *next;
    node(int v, node *p) { val = v; next = p; }
};
node *head, *sentinel;
```

연결 리스트의 각 노드는 정수값과 리스트 내 다음 노드에 대한 포인터를 가지고 있다. node 생성자는 두 파라미터를 두 필드에 대입한다.

배열을 정렬된 상태로 유지했던 것과 같은 이유로, 연결 리스트 또한 정렬된 상태로 유지할 것이다. 또, 리스트에서도 역시 다른 값보다 큰 값을 가지는 센티널 노드를 사용할 것이다. 생성자는 이런 노드를 하나 만들고 *head*가 그 노드를 가리키도록 설정한다.

```
IntSetList(maxelements, maxval)
    sentinel = head = new node(maxval, 0)
    n = 0
```

report 함수는 리스트를 순회하면서 정렬된 요소를 출력 벡터에 넣는다.

```
void report(int *v)
    j = 0
    for (p = head; p != sentinel; p = p->next)
        v[j++] = p->val
```

정렬된 연결 리스트에 아이템을 하나 추가하려면 같은 값을 가지는 요소를 찾을 때까지(이 경우는 바로 리턴) 또는 더 큰 값을 가지는 요소를 찾을 때까지 순회하여, 바로 그 위치에 노드를 삽입한다. 불행하게도, 경우의 수가 많기 때문에 코드가 복잡해진다(연습문제 13.4의 해답을 보라). 이 작업을 위한 내가 아는 가장 단순한 코드는 다음과 같이 호출되는 재귀적 함수이다.

```
void insert(t)
   head = rinsert(head, t)
```

재귀가 사용되는 부분은 깔끔하다.

```
node *rinsert(p, t)
   if p->val < t
      p->next = rinsert(p->next, t)
   else if p->val > t
      p = new node(t, p)
      n++
   return p
```

프로그래밍 문제가 여러 가지 특수한 경우에 얽혀있을 때, 재귀를 사용하면 이와 같은 단순한 코드가 되는 경우가 많다.

m개의 정수를 생성하기 위해 어떤 구조를 사용하든, 탐색은 평균 m에 비례하는 실행시간이 필요하다. 따라서 두 구조 모두 전체 실행시간은 m^2에 비례할 것이다. 나는 리스트 버전이 배열 버전보다 약간 빠를 것이라 생각했다. 리스트 버전은 요소를 삽입할 때 배열 내에서 더 큰 값들을 이동시키는 것을 피하기 위해 별도의 메모리(포인터를 위한)를 사용한다. 다음은 n을 1,000,000으로 고정하고, m을 10,000부터 40,000까지 변화시키면서 실행시간을 측정한 결과이다.

구조	집합의 크기(m)		
	10,000	20,000	40,000
배열	0.6	2.6	11.1
단순한 리스트	5.7	31.2	170.0
리스트(재귀함수 제거)	1.8	12.6	73.8
리스트(그룹 할당)	1.2	5.7	25.4

배열 버전에 대한 실행시간은 예상했던 대로 크기의 제곱에 비례하여 증가했다. 그러나 리스트 버전은 실행시간이 배열보다 10배나 느리게 시작하여 n^2보

다 더 빠르게 증가했다. 뭔가 잘못된 것이다.

　나는 처음에 재귀함수의 탓인 줄 알았다. 재귀적 호출의 오버헤드뿐만 아니라 rinsert 함수의 재귀 깊이(recursion depth)가 원소를 찾은 위치가 되므로 $O(n)$이 된다. 리스트로 내려가는 내내 되풀이한 후, 코드는 원래의 값을 거의 모든 포인터에 다시 대입한다. 내가 재귀 함수를 연습문제 13.4의 해답에 설명된 반복 함수로 바꾸었을 때, 실행시간이 3분의 1로 줄었다.

　그 다음에는 연습문제 5에서 설명하는 기법을 사용하여 메모리 할당 방법을 바꾸었다. 삽입할 때마다 매번 새로운 노드를 할당하는 대신, 생성자에서 m개의 노드에 대한 하나의 블록을 할당하고, insert에서 필요한 대로 넘겨주도록 했다. 이것은 삽입 기능을 서로 다른 두 가지 방법으로 개선한 것이다.

　[부록3]에 있는 실행시간에 대한 비용모델에 의하면 메모리 할당은 간단한 연산에 비해 시간을 약 100배 정도 더 소모한다. 우리는 이런 비용이 많이 드는 연산을 m번 하는 것에서 1번만 하는 것으로 바꾸었다.

　[부록3]에 있는 공간(메모리)에 대한 비용모델에 의하면, 만약 여러 개의 노드를 하나의 블록으로 할당했을 때 각 노드는 단지 8바이트(정수에 4바이트, 포인터에 4바이트)를 소모한다. 40,000개의 노드는 320KB를 소모하고, 이는 내 머신의 L2 캐시에 충분히 수용될 수 있는 크기이다. 그러나 각각의 노드를 따로 할당하면 각 노드는 48바이트, 전체는 1.92MB가 되어 L2 캐시의 용량을 초과하게 된다.

　좀더 효율적인 메모리 할당자를 가지고 있는 다른 시스템에서는 재귀함수를 제거했을 때 속도가 5배 빨라졌지만, 메모리 할당 방법을 바꾸었을 때는 단지 10%의 개선 효과가 있을 뿐이었다. 대부분의 코드 튜닝 기법과 마찬가지로, 캐싱과 재귀함수 제거는 때로는 엄청난 성능 향상을 가져오지만, 아무 효과가 없을 때도 있다.

　배열에 삽입하는 알고리즘은 목표값(target value)을 삽입할 위치를 찾기 위해 순차적으로 탐색한 다음, 목표값보다 큰 값들을 모두 위로 밀어올린다. 리스트에 삽입하는 알고리즘 역시 첫 번째 작업은 하지만, 두 번째 작업은 하지 않는다. 그런데 리스트 버전은 작업을 반만 하면서도 왜 시간은 두 배나 걸리는 것일까? 하나의 이유는 메모리를 두 배 더 사용하기 때문이다. 큰 리스트에서는 4바이트 정수에 접근하기 위해 8바이트 노드를 캐시로 읽어들여야 한다. 또 다른 이유는 배열의 데이터에 접근할 때는 완벽하게 예측가능하지만, 리스트에 대한 접근 패턴(access pattern)은 메모리 여기저기를 헤집어야 한다는 것이다.

13.3 이진 탐색 트리

이제 우리는 빠른 검색과 삽입을 지원하는 구조를 살펴볼 것이다. 다음 그림은 정수 31, 41, 59, 26을 차례대로 입력한 후의 이진 탐색 트리를 보인다.

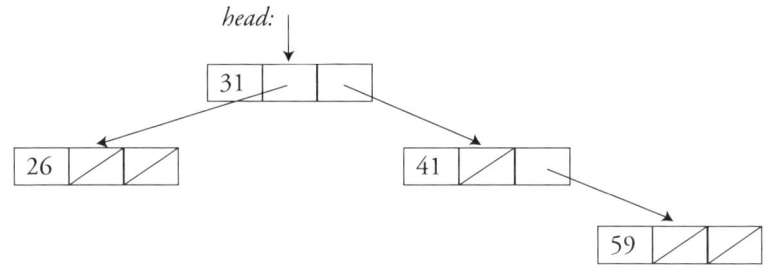

IntSetBST 클래스에서는 다음과 같이 노드와 루트를 정의한다.

```
private:
    int n, *v, vn;
    struct node {
        int val;
        node *left, *right;
        node(int i) { val = i; left = right = 0; }
```

```
    };
    node *root;
```

처음에는 루트를 빈 상태로 하여 초기화하고, 다른 동작은 재귀함수를 호출하여 실행한다.

```
    IntSetBST(int maxelements, int maxval) { root = 0; n = 0; }
    void insert(int t) { root = rinsert(root, t); }
    void report(int *x) { v = x; vn = 0; traverse(root); }
```

삽입 함수는 해당 값을 찾을 때까지(이 경우는 탐색을 종료), 또는 값을 찾지 못하고 트리의 끝에 도달할 때까지(이 경우는 노드를 삽입) 트리를 따라 내려간다.

```
    node *rinsert(p, t)
        if p == 0
            p = new node(t)
            n++
        else if t < p->val
            p->left = rinsert(p->left, t)
        else if t > p->val
            p->right = rinsert(p->right, t)
        // do nothing if p->val == t
        return p
```

우리의 애플리케이션에서는 요소가 랜덤한 순서로 삽입되므로 복잡한 균형 구조에 대해서는 고려하지 않을 것이다(연습문제 1에서는 랜덤 집합에 대한 다른 알고리즘이 극도의 비균형적 트리를 유도할 수 있다는 것을 보인다).

중위 순회(inorder traversal)[3]는 먼저 왼쪽 서브트리를 처리하고, 그 다음 루

---

[3] 내가 이 프로그램을 처음 작성했을 때에는 컴파일러가 내부적 불일치(internal inconsistency) 에러를 보고하고는 죽어버리는 이상한 버그가 있었다. 내가 최적화 옵션

트 노드를, 그 다음에 오른쪽 서브트리를 처리한다.

```
void traverse(p)
    if p == 0
        return
    traverse(p->left)
    v[vn++] = p->val
    traverse(p->right)
```

변수 vn은 벡터 v에서 다음 요소(next available element)에 대한 인덱스이다.

다음 표는 13.1절에서 살펴본 STL을 사용한 집합 구조, 이진 탐색 트리를 이용한 구조, 그리고 다음 절에서 살펴볼 몇몇 다른 구조에 대한 실행시간을 정리한 것이다. 정수의 최대값은 $n=10^8$으로 고정했고, m은 시스템의 메모리를 다 사용하여 디스크에 쓰레싱을 시작할 때까지 가능한 높게 올렸다.

구조	집합 크기(m)					
	1,000,000		5,000,000		10,000,000	
	Secs	MB	Secs	MB	Secs	MB
STL	9.38	72				
BST	7.30	56				
BST*	3.71	16	25.26	80		
Bins	2.36	60				
Bins*	1.02	16	5.55	80		
BitVec	3.72	16	5.70	32	8.36	52

표에 나타난 시간은 출력을 인쇄하는 데 필요한 시간을 포함하지 않은 것인데, 출력에 필요한 시간은 STL 구현의 실행시간과 비슷했다. 우리의 간단한 이진

을 비활성화시키자 버그가 사라졌고, 나는 컴파일러 작성자를 책망했다. 나는 순회 코드를 서둘러 작성하다가 p가 null인지 확인하는 if문을 포함시키지 않은 것이 문제였음을 나중에 깨달았다. 옵티마이저는 재귀(tail recursion)를 루프로 변환하려 시도했고, 루프를 종료할 조건을 찾지 못한 경우 죽어버린 것이었다.

탐색 트리는 STL과는 달리 복잡한 균형 구조에 대한 처리를 하지 않으므로 (STL 명세는 최악의 경우에 대해서도 좋은 퍼포먼스를 보장한다), 약간 더 빠르고 적은 메모리를 사용한다. STL은 약 $m=1,600,000$일 때 쓰레싱이 시작되는 반면, 우리의 첫 번째 BST는 $m=1,900,000$일 때 쓰레싱이 시작된다. "BST*"로 표시된 줄은 몇몇 최적화 기법을 이용하여 이진 탐색 트리를 사용한 경우이다. 가장 중요한 최적화는 모든 노드를 한 번에 할당한 것이다(연습문제 5 참조). 이렇게 하면 트리의 메모리 사용량이 훨씬 적어지고, 실행시간도 3분의 1로 줄어든다. 또한 재귀를 반복으로 변환하고(연습문제 4 참조) 연습문제 7에서 설명하는 센티널 노드를 사용하여, 추가적으로 약 25%의 속도 향상을 얻었다.

13.4 정수를 위한 구조

마지막으로, 우리가 사용하는 집합이 정수에 대한 집합이라는 사실을 활용하는 두 가지 구조에 대해 살펴보자. 비트 벡터는 이미 [칼럼1]에서 살펴보았기 때문에 눈에 익다. 다음은 private 데이터와 함수들이다.

```
enum { BITSPERWORD = 32, SHIFT = 5, MASK = 0x1F };
int n, hi, *x;
void set(int i)   {        x[i>>SHIFT] |=  (1<<(i & MASK)); }
void clr(int i)   {        x[i>>SHIFT] &= ~(1<<(i & MASK)); }
int test(int i)   { return x[i>>SHIFT] &   (1<<(i & MASK)); }
```

생성자에서는 배열을 할당하고 모든 비트를 0으로 채운다.

```
IntSetBitVec(maxelements, maxval)
    hi = maxval
    x = new int[1 + hi/BITSPERWORD]
    for i = [0, hi)
```

```
       clr(i)
    n = 0
```

연습문제 8에서는 한 번에 한 워드의 데이터를 조작하여 속도를 향상시키는 방법을 보인다. report 함수의 속도도 비슷한 방법으로 향상시킬 수 있다.

```
void report(v)
    j = 0
    for i = [0, hi)
        if test(i)
            v[j++] = i
```

마지막으로, insert 함수는 이전에 해당 비트가 0인 경우에만 비트를 1로 설정하고 n을 증가시킨다.

```
void insert(t)
    if test(t)
        return
    set(t)
    n++
```

앞 절에 있는 표는 최대값 n이 충분히 작아 비트 벡터가 메모리에 들어갈 수 있는 경우, 이 구조가 매우 효율적이라는 것을 보여준다(연습문제 8에서는 더 효율적으로 만드는 방법을 보인다). 불행하게도 $n=2^{32}$인 경우 비트 벡터는 0.5GB의 메모리를 필요로 한다.

우리의 마지막 데이터 구조는 리스트와 비트 벡터의 장점만 취한 것이다. 여기서는 정수를 일련의 "버킷" 또는 "빈(bin)"에 저장한다. 만약 범위 0..99에 포함되는 4개의 정수가 있다면, 이것을 4개의 빈에 위치시킬 수 있다. 빈 0은 0..24, 빈 1은 25..49, 빈 2는 50..74, 빈 3은 75..99의 범위에 속하는 정수를 포함할 수 있다.

	41		
26	31	59	

 m개의 빈은 해싱의 한 종류로 볼 수도 있다. 각 빈에 있는 정수들은 정렬된 연결 리스트를 이용하여 저장한다. 정수가 균일하게 분포되어 있으므로 각각의 연결 리스트는 길이를 예측할 수 있다.

이 구조는 다음과 같은 private 데이터를 가진다.

```
private:
   int n, bins, maxval;
   struct node {
      int val;
      node *next;
      node(int v, node *p) { val = v; next = p; }
   };
   node **bin, *sentinel;
```

생성자는 빈의 배열과 큰 값을 가지는 센티널 요소를 할당하고, 각각의 빈이 센티널을 가리키도록 초기화한다.

```
IntSetBins(maxelements, pmaxval)
   bins = maxelements
   maxval = pmaxval
   bin = new node*[bins]
   sentinel = new node(maxval, 0)
   for i = [0, bins)
      bin[i] = sentinel
   n = 0
```

insert 함수는 정수 t를 적절한 빈으로 위치시켜야 한다. $t*bins/maxval$과 같은 뻔한 매핑(mapping)은 오버플로(그리고 지저분한 디버깅 - 개인적으로 씁쓸한 경험을 했기 때문에 이렇게 말할 수 있다)를 유발할 수 있다. 따라서 다음과 같이 더 안전한 매핑을 사용할 것이다.

```
void insert(t)
    i = t / (1 + maxval/bins)
    bin[i] = rinsert(bin[i], t)
```

rinsert는 연결 리스트에 있던 것과 동일하다. 이와 비슷하게 report 함수도 본질적으로는 연결 리스트에서와 같은 코드가 각각의 빈에 순서대로 적용된 것이다.

```
void report(v)
    j = 0
    for i = [0, bins)
        for (node *p = bin[i]; p != sentinel; p = p->next)
            v[j++] = p->val
```

앞 절의 표에서 빈을 사용한 방법이 빠르다는 것을 볼 수 있다. "Bins*"로 표시된 줄은 모든 노드를 초기화 단계에서 할당하도록 수정한 빈의 실행시간을 나타낸 것이다(연습문제 5 참조). 수정된 구조는 원래 구조에 비해 메모리는 약 4분의 1만을 사용하고 실행시간은 반으로 줄어든다. 재귀를 제거하면 실행시간이 추가적으로 10%정도 더 줄어든다.

13.5 원리

지금까지 집합을 표현하기 위한 다섯 가지 중요한 데이터 구조를 살펴보았다. m이 n과 비교하여 작을 때, 이들 구조의 평균 퍼포먼스가 다음 표에 기술되어 있다(b는 한 워드의 비트 수를 나타낸다).

이 표는 이런 문제를 위한 집합 표현방법의 수박 겉핥기에 불과하다. 연습문제 10의 해답에 다른 가능성에 대한 언급이 있다. 15.1절은 단어의 집합을 탐색하

집합 표현	O(오퍼레이션 당 시간)			총시간	메모리(워드)
	Init(초기화)	insert	report		
정렬된 배열	1	m	m	$O(m^2)$	m
정렬된 리스트	1	m	m	$O(m^2)$	$2m$
이진 트리	1	$\log m$	m	$O(m \log m)$	$3m$
빈	m	1	m	$O(m)$	$3m$
비트 벡터	n	1	n	$O(n)$	n/b

기 위한 구조에 대해 설명한다.

우리가 집합 표현을 위한 데이터 구조에 집중해왔지만, 많은 프로그래밍 작업에 적용할 수 있는 몇 가지 원리를 배웠다.

라이브러리의 역할

C++ STL은 구현하기 쉽고, 유지보수 및 확장이 단순한 범용 솔루션을 제공한다. 여러분이 데이터 구조와 관련된 문제에 직면했을 때, 가장 먼저 해야 할 일은 그 문제를 푸는 일반적인 도구를 찾아보는 것이다. 그러나 앞의 경우에서는 특수 목적의 코드가 특정 문제의 속성을 잘 활용했기 때문에 훨씬 더 빠를 수 있었다.

공간의 중요성

13.2절에서 잘 튜닝된 연결 리스트가 배열에 비하여 작업의 양은 반 밖에 안 되지만 시간은 두 배나 소모하는 것을 보았다. 왜 그럴까? 배열은 각 요소당 메모리를 반만 사용하고, 또한 메모리에 순차적으로 접근하기 때문이다. 13.3절에서 이진 탐색 트리에 대해 사용자 정의 메모리 할당을 사용하여 메모리 사용량은 3배, 실행시간은 2배 감소시킨 것을 보았다. 실행시간은 0.5MB(L2 캐시의 크기) 및 80MB 근처(내 머신에서의 가용 RAM 크기)의 경계를 넘을 때 크게 증가했다.

코드 튜닝 기법

우리가 본 대부분의 실질적 개선은 범용적 메모리 할당을 큰 블록으로 한번만 할당하도록 바꾼 것이다. 이는 비용이 많이 드는 호출을 제거하고, 메모리 또한 한층 효율적으로 사용할 수 있게 한다. 재귀함수를 반복(루프)으로 재작성한 것은 연결 리스트를 세 배나 빠르게 했지만, 빈에서는 단지 10%의 속도 개선이 있었을 뿐이다. 센티넬로 인해 대부분의 구조에서 코드가 깔끔하고 단순해졌고, 부수적으로 실행시간도 감소했다.

13.6 연습문제

1. 연습문제 12.9의 해답은 랜덤한 정수의 정렬된 집합을 생성하기 위한 Bob Floyd의 알고리즘을 설명한다. 이 칼럼의 IntSet들을 이용하여 그 알고리즘을 구현할 수 있겠는가? Floyd 알고리즘에 의해 생성된 랜덤이 아닌 분포에 대해 이들 구조는 어떻게 작동하는가?

2. 장난감 같은 IntSet 인터페이스를 좀더 견고하게 만들기 위해 어떻게 변경하는 것이 좋겠는가?

3. 주어진 원소가 집합에 포함되는지를 알려주는 find 함수를 구현하여 집합 클래스들을 확장하라. 이 함수가 insert보다 더 효율적으로 동작하도록 구현할 수 있겠는가?

4. 리스트, 빈, 이진 탐색 트리에 대한 재귀적 삽입 함수를 반복 사용하도록 재작성하고, 실행시간의 차이를 측정해보라.

5 9.1절과 연습문제 9.2의 해답에서는, Chris Van Wyk가 그 자신의 구조에 사용할 노드의 모음을 따로 유지하여 메모리 할당자를 여러 번 호출하는 것을 피한 방법을 설명한다. 리스트, 빈, 이진 탐색 트리를 이용하여 구현한 IntSet에 같은 아이디어가 어떻게 적용될 수 있는지를 보여라.

6 IntSet의 여러 구현에 대해 다음 코드 조각을 실행 시켜 시간을 측정하면 어떤 사실을 배울 수 있겠는가?

```
IntSetImp S(m, n);
for (int i = 0; i < m; i++)
    S.insert(i);
```

7 우리의 배열, 연결 리스트, 빈은 모두 센티널을 이용한다. 이진 탐색 트리에 어떻게 같은 기법을 적용할 수 있는지 보여라.

8 비트 벡터에서 한번에 여러 비트를 처리하는 병렬처리를 사용하여 초기화와 출력 오퍼레이션의 속도를 어떻게 개선할 수 있을지 보여라. char, short, int, long, 또는 다른 타입에 대해 연산을 할 때 어떤 것이 가장 효율적인가?

9 빈에서 비용이 많이 드는 나누기 연산을 좀더 값싼 논리적 시프트(shift) 연산으로 대체하여 어떻게 속도를 개선할 수 있는지 보여라.

10 랜덤한 수를 생성하는 것과 비슷한 컨텍스트에서 정수의 집합을 표현하는 데 어떤 다른 데이터 구조가 사용될 수 있겠는가?

11 중복되지 않는 랜덤한 정수가 정렬된 배열을 생성하는 가장 빠르게 동작하는 완전한 함수를 작성하라(앞에서 기술한 집합 표현방법에 구애될 필요는 없다).

13.7 더 읽을거리

Knuth와 Sedgewick의 훌륭한 알고리즘 교재에 대해 11.6절에서 이미 설명했다. 탐색은 Knuth의 <Sorting and Searching>의 6장(뒷부분 반), Sedgewick의 <Algorithms>의 4부 주제이다.

(Sidebar)

실질적 탐색 문제

이 칼럼에서 다룬 간단한 구조는 실제 산업에서 사용되는 강력한 데이터 구조를 공부하기 위한 기반이 된다. 이 사이드바에서는 Doug McIlroy가 1978년에 작성한 맞춤법 검사 프로그램에서 사전을 표현하는 데 사용했던 주목할만한 구조에 대해 살펴볼 것이다. 1980년대에 이 책에 나오는 원래의 칼럼을 쓸 때, 나는 McIlroy의 프로그램으로 맞춤법을 검사했다. 이번 판(edition)을 쓸 때에도 그 프로그램을 다시 사용했는데, 여전히 유용한 도구였다. McIlroy의 프로그램에 대한 자세한 내용은 IEEE Transactions on Communications COM-30, 1 (1982년 1월, pp. 91-99)에 있는 그의 논문 "Development of a spelling list"에서 볼 수 있다. 내 사전에서 "진주(pearl)"는 "아주 뛰어나고 귀중한 것"이라고 정의하는데, 이 프로그램은 그만한 자격이 있다.

McIlroy가 첫 번째로 직면했던 문제는 단어의 리스트를 모으는 것이었다. 그는 축약되지 않은 사전(유효성 검사를 위해)과 100만 단어를 가지는 Brown대학의 언어자료(통용성 검사를 위해)의 교집합을 구하는 것으로 시작했다. 그것은 충분히 이치에 맞는 시작이었지만, 처리되어야 할 작업 또한 많이 남아있었다.

McIlroy는 대부분의 사전에서는 생략된 고유명사도 사전에 포함시켜 갔다. 먼저 전화번호부에서 가장 흔한 성(last name), 남자와 여자의 이름에 대한 리스트, Dijkstra나 Nixon 같은 유명한 이름, 그리고 Bulfinch(미국의 작가)의 색인에 나오는 신화적 이름 등 1,000여 개의 사람 이름을 먼저 리스트에 추가했다. Xerox와 Texaco가 잘못된 단어로 나오는 것을 보고는 Fortune의 500대 기업의 이름을 리스트에 추

Sidebar

가했다. 출판사 이름 또한 참고문헌 일람표 같은 데서 많이 나타나므로 이들 또한 추가했다. 그 다음에는 국가와 수도, 미국과 전세계의 100대 도시, 그리고 대양, 행성, 별 이름도 잊지 않고 추가했다.

그는 또한 일반적인 동식물 이름, 화학 용어, 해부학 용어, 그리고 전산 용어도 추가했다. 그러나 너무 많이 추가하지는 않았다. 실생활에서는 맞춤법이 틀린 단어이기 쉬운 유효한 단어(지리학 용어인 cwm과 같은)는 사전에 추가하지 않았고, 여러 가지 맞춤법이 모두 맞는 경우에는 그중 하나만을 포함시켰다(따라서 traveling은 포함되지만 travelling은 포함되지 않는다).

McIlroy는 맞춤법 검사 프로그램이 실제로 사용될 때 한동안 그 출력 결과의 복사본을 자신에게 메일로 보내게 한 다음(예전에는 프라이버시와 유효성 사이의 트레이드오프를 다른 관점에서 보았다), 그것을 검사하는 트릭을 사용했다. 문제점을 찾아냈을 때는 최대로 보편적인 솔루션을 적용했고, 그 결과 아주 좋은 75,000 단어의 리스트를 얻어냈다. 여기에는 내가 문서에서 사용하는 대부분의 단어가 포함되어 있지만, 여전히 맞춤법이 틀린 곳을 찾아낸다.

이 프로그램은 단어에서 접두사, 접미사를 분리하기 위해 접사(affix) 분석을 사용한다. 이것은 필요하기도 하고, 편리하기도 하다. 이것이 필요한 이유는 영어의 단어 리스트에는 이런 접두사, 접미사가 없으므로, 맞춤법 검사기가 misrepresented와 같은 단어를 분리하여 생각하지 않으면 많은 유효한 영어단어가 틀린 것으로 인식될 수 있기 때문이다. 접사 분석에는 또한 사전의 크기를 감소시키는 유용한 부수효과가 있다.

접사 분석의 목적은 misrepresented에서 mis-, re-, pre-, 그리고 -ed를 분리하여 sent로 줄이는 것이다(represent가 다시(re-) present한다는 뜻이 아니고, present가 미리(-pre) sent한다는 뜻도 아니지만, 이 프로그램에서는 사전의 크기를 줄이기 위해 이런 우연을 이용한다). 이 프로그램의 테이블에는 40개의 접두사 규칙과 30개의 접미사 규칙이 포함되어 있다. 1,300개의 예외사항을 가지고 있는 불용어 리스트(stop list)는 entend(intend를 잘못 씀)를 en + tend로 생각하는 것과 같이, 맞는 것처럼 보이지만 실제로는 틀린 분석을 하지 않게 한다. 이 분석으로 75,000개의 단어 리스트가 30,000개의 단어로 감소했다. McIlroy의 프로그램은 각 단어에 대해 루프를 돌면서 접사를 분리하고 그 결과와 매치되는 것을 찾을 때까지(이 경우는 맞는 단어), 또는 분리할 접사가 더 이상 없을 때(이 경우는 틀린 단어)까지 검색을 계속한다.

봉투 뒷면에 하는 간단한 계산으로 분석을 해보면 사전을 메모리에 유지하는 것이 중요함을 알 수 있다. 이것은 원래 64KB의 주소 공간만을 가지는 PDP-11에서 프로그램을 작성하던 McIlroy에게 특히 어려웠던 부분이었다. 그는 논문의 초록(abstract)에서 그가 사용한 메모리 절약 방법을 다음과 같이 간략히 설명하고 있다. "접두사와 접미사를 분리하는 것으로 단어 리스트의 크기를 원래 크기의 3분의 1로 감소시켰고, 해싱으로 남아있는 비트의 60%를 제거했고, 데이터 압축으로 다시 크기를 반으로 줄였다." 따라서 75,000의 영어단어(그리고 어미가 변화된 형태의 다른 많은 단어) 리스트는 16비트 컴퓨터에서 26,000 워드로 표현되었다.

McIlroy는 해싱을 사용하여 30,000개의 영어단어를 각각 27비트(왜 27이 좋은지 곧 살펴볼 것이다)로 표현했다. 다음의 간단한 단어 리스트에 대해 이 기법이 어떻게 진행되는지 살펴보자.

a list of five words

첫 번째 해싱 방법은 대략 단어 리스트의 크기(n)를 가지는 해시 테이블과 문자열을 범위 $[0, n)$의 정수로 매핑하는 해시 함수를 사용하는 것이다. (문자열에 대한 해시 함수는 15.1절에서 볼 것이다.) 테이블의 i번째 엔트리는 i로 해시되는 모든 문자열을 포함하는 연결 리스트를 가리키는 포인터이다. 만약 null 리스트가 빈 셀(cell)로 표현

Sidebar

되고, 해시 함수가 $h(a)=2$, $h(list)=1$과 같은 식으로 값을 낸다면, 다섯 개의 요소를 가지는 테이블은 다음과 같이 보일 것이다.

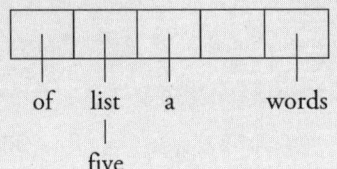

단어 w를 검색하려면 테이블의 $h(w)$ 번째 셀이 가리키는 리스트에서 순차 탐색을 수행한다.

다음 단계는 훨씬 더 큰 테이블을 사용하는 것이다. $n=23$으로 하면 대부분의 해시 셀에 단지 하나의 요소만을 포함하게 된다. 이 예에서는 $h(a)=13$, $h(list)=5$이다.

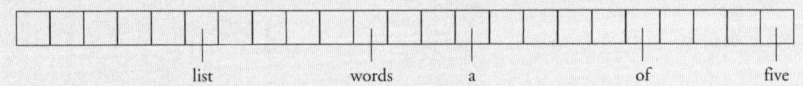

McIlroy의 맞춤법 검사 프로그램은 $n=2^{27}$(대략 1억3천4백만)을 사용하고, 몇몇을 제외한 대부분의 리스트는 단지 하나의 요소만을 포함한다.

다음 단계는 더욱 대담하다. 단어를 연결 리스트에 저장하는 대신, McIlroy는 테이블 엔트리에 하나의 비트만을 저장한다. 이는 사용 공간을 엄청나게 감소시키지만, 에러를 포함하게 된다. 다음 그림은 앞의 예와 동일한 해시 함수를 사용하고, 비트가 0인 경우에는 빈 셀로 표현한 것이다.

Sidebar

프로그램은 단어 w를 찾기 위해 테이블의 $h(w)$ 번째 비트에 접근한다. 만약 그 비트가 0이면 프로그램은 단어 w가 테이블 내에 없다고 보고한다. 만약 그 비트가 1이면 프로그램은 w가 테이블에 있다고 가정한다. 가끔씩 잘못된 단어가 유효한 비트로 해시되는 경우가 있지만, 이런 에러가 발생할 확률은 단지 $30,000/2^{27}$ 또는 대략 $1/4,000$에 불과하다. 따라서 평균적으로 매 4,000개의 틀린 단어마다 하나 정도가 맞는 단어로 인식될 수 있다. McIlroy가 본 바로는 전형적인 초안 문서의 경우 에러를 20개 이상 포함하는 경우는 드물었고, 따라서 이 결함은 100번을 실행했을 때 최대 한 번 정도 나타난다고 볼 수 있다. 이것이 McIlroy가 27을 선택한 이유이다.

해시 테이블을 $n=2^{27}$ 비트의 열로 표현하는 데는 1천6백만 바이트 이상이 필요하다. 따라서 프로그램은 1로 설정된 비트만을 저장하는데, 위의 예는 다음과 같은 해시값으로 저장된다.

5 10 13 18 22

만약 $h(w)$가 존재하면 단어 w는 테이블에 있는 것이다. 이런 표현방법은 30,000개의 27비트 워드를 사용하게 되지만, McIlroy의 머신에는 단지 32,000개의 16비트 워드를 표현할 수 있는 주소공간이 있을 뿐이었다. 따라서 그는 리스트를 정렬한 다음, 연속된 해시값들 간의 차를 표현하기 위한 가변 길이 코드를 사용했다. 가상의 시작값을 0으로 가정하면, 위의 리스트는 다음과 같이 압축된다.

5 5 3 5 4

McIlroy의 맞춤법 검사 프로그램에서는 그 차가 평균 13.6비트로 표현되었다. 또한 압축된 리스트에서 유용한 시작 위치를 가리키도록 여분의 단어 수백 개를 남겨두어 순차 탐색의 속도를 개선했다. 그 결과 접근 속도가 빠를 뿐 아니라, 에러도 거의 없는

Sidebar

64KB 크기의 사전이 되었다.

우리는 이미 맞춤법 검사 프로그램의 퍼포먼스에 대한 두 가지 측면을 살펴보았다. 유용한 출력을 생성했으며 64KB의 메모리에 저장될 수 있을 정도로 크기를 줄였고, 속도도 빨랐다. 그 프로그램이 처음 작성된 옛날의 머신에서조차도 30초 정도에 문서 열 페이지의 맞춤법을 검사를 할 수 있었다(그 당시에는 엄청나게 빠른 것처럼 보였다). 한 단어의 맞춤법은 수초 내에 확인할 수 있었는데, 사전의 크기가 작아 디스크로부터 빨리 읽어들일 수 있었기 때문이다.

칼럼 14
힙 Heaps

이 칼럼에서는 "힙(Heaps)"에 대해 설명하는데, 우리는 두 가지의 중요한 문제를 풀기 위해 이 데이터 구조를 사용할 것이다.

- 정렬(Sorting)
  힙 정렬은 n개의 요소를 가지는 배열을 정렬하는 데 최대 $O(n \log n)$ 시간이 걸리고, 추가적인 메모리 사용량도 수 워드밖에 되지 않는다.
- 우선순위 큐(Priority Queues)
  힙은 새 요소를 삽입하는 오퍼레이션과 집합에서 최소값 요소를 추출하는 오퍼레이션을 이용하여 요소들의 집합을 유지하고, 각 오퍼레이션은 $O(\log n)$ 시간이 걸린다.

위의 두 가지 문제에 대해, 힙은 코드를 작성하기에 간단하고 효율적이다.

이 칼럼은 상향식으로 구성되어 있다. 세부사항에서 출발하여 큰 그림으로 간다. 다음 두 절은 힙 데이터 구조와 이 구조에 적용할 두 가지의 함수에 대해 설명한다. 그 다음 두 절에서는 이 도구를 이용하여 위에서 설명한 문제를 풀 것이다.

14.1 데이터 구조

힙은 항목의 모음을 표현하는 데이터 구조다[1]. 우리는 예제로 숫자를 나타내겠지만, 정렬 가능한 타입이면 어떤 것이든 힙에 넣을 수 있다. 다음은 12개의 정수로 이루어진 힙을 나타낸 것이다.

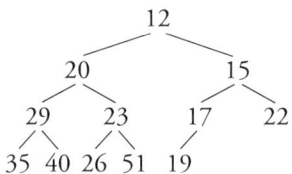

위의 이진 트리는 두 가지의 속성을 만족하기 때문에 힙의 일종이다. 첫 번째 속성은 순서(order)이다. 모든 노드의 값은 그 자식 노드의 값보다 작거나 같다. 이는 집합의 최소값 요소가 트리의 루트(위의 예에서 12와 같이)에 위치한다는 뜻이지만, 왼쪽과 오른쪽 자식 사이의 상대적인 순서와는 상관없는 속성이다. 두 번째 힙 속성은 모양(shape)이다. 이 개념은 다음의 그림으로 이해할 수 있다.

구체적으로 설명하면, 모양 속성을 만족하는 이진 트리는 그 종단 노드가 최대 두 레벨(마지막 두 레벨)에 걸쳐 존재할 수 있고, 최종 레벨의 노드들은 모두 왼쪽으로 치우쳐 있다. 트리에는 "구멍(holes)"이 없으므로 트리에 n개의 노드

---

[1] 컴퓨터에서 "힙(heap)"이라는 용어는 가변 길이 노드를 할당하기 위해 사용되는 메모리 세그먼트를 뜻하기도 한다. 이 칼럼에서는 그런 의미를 무시할 것이다.

가 있다면, 루트로부터 $\log_2 n$이상의 거리에 위치하는 노드는 없다. 우리는 곧 이 두 속성이 집합의 최소값 요소를 찾을 수 있을 만큼 제한적인 동시에 요소의 삽입이나 삭제 후에 구조를 효율적으로 재구성할 수 있을 만큼 느슨하게 작용함을 보게 될 것이다.

힙의 추상적인 속성을 알았으니 이제 그 구현을 살펴보자. 이진 트리에 대한 가장 일반적인 표현방법은 레코드와 포인터를 이용하는 것이다. 우리는 모양 속성을 만족하는 이진 트리에 대해서만 적합하지만 이 특수한 경우에는 꽤 효율적인 구현을 사용할 것이다. 모양 속성을 만족하는 12개의 요소로 이루어진 트리는 12개의 요소를 가지는 배열 $x[1..12]$에 다음과 같이 표현된다.

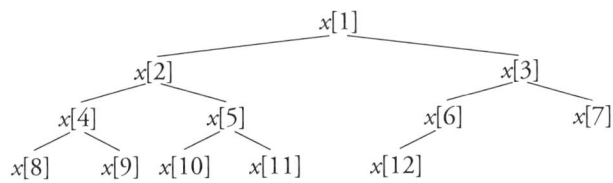

힙은 1에서 시작하는 배열을 사용함에 주의하라. 이를 C로 가장 쉽게 구현하는 방법은 $x[n+1]$을 선언하고 $x[0]$ 요소는 사용하지 않는 것이다. 이진 트리에 대한 이러한 묵시적 표현에서는 루트가 $x[1]$에 있고, 루트의 두 자식은 각각 $x[2]$와 $x[3]$에 있는 식이 된다. 이 트리에 대한 전형적인 함수들은 다음과 같이 정의된다.

```
root = 1
value(i) = x[i]
leftchild(i) = 2*i
rightchild(i) = 2*i+1
parent(i) = i / 2
null(i) = (i < 1) or (i > n)
```

n개의 요소를 가지는 묵시적 트리는 반드시 모양 속성을 만족하고, 구멍이 있을 가능성이 없다.

다음 그림은 12개의 요소를 가지는 힙과 그것을 12개의 요소를 가지는 배열에 묵시적 트리로 나타낸 것이다.

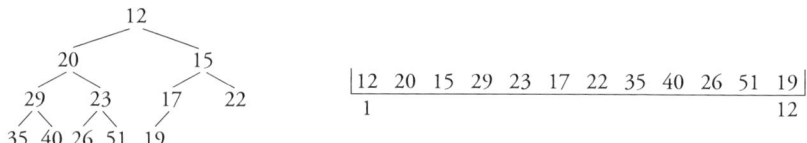

표현방법에 의해 모양 속성이 보장되므로, 이제 어떤 노드의 값이 그 부모 노드의 값보다 크거나 같다는 조건만 만족하면 힙이라 할 수 있다. 정확히 말하면, 다음을 만족하는 경우의 배열 $x[1..n]$은 힙 속성을 만족하는 것이다.

$$\forall_{2 \leq i \leq n} \; x[i/2] \leq x[i]$$

정수의 나누기 연산자 '/'는 내림(round down)하므로, 4/2와 5/2는 모두 2이다. 다음 절에서는 힙 속성을 만족하는 부분 배열 $x[l..u]$(이것은 이미 변형된 모양 속성을 만족한다)에 대해 설명할 것이다. 우리는 heap(l, u)를 수학적으로 다음과 같이 정의한다.

$$\forall_{2l \leq i \leq u} \; x[i/2] \leq x[i]$$

14.2 두 가지 중요한 함수

이 절에서는 어느 한쪽 끝에서 힙 속성이 무너진 배열을 바로잡는 두 가지 함수에 대해 설명한다. 두 함수는 모두 효율적이다. n개의 요소로 이루어진 힙을 재구성하는데 대략 $\log n$번의 단계가 필요하다. 이 칼럼에서는 상향식으로 설명하기 때문에, 여기에서 함수들을 정의하고 다음 절에서 이를 이용할 것이다.

$x[1..n-1]$이 힙일 때, $x[n]$에 임의의 요소를 넣으면 아마 heap(1, n)이 성립하지는 않을 것이다. 이렇게 깨진 속성을 복구시키는 것이 siftup 함수가 하는 일이다. 이 함수의 이름 자체가 방법을 나타내고 있다. 새로운 요소를 적당한 위치까지 위로 올리면서 부모와 계속 자리를 바꾸는 것이다. (이 절에서는 방향이 위로 향하는 전형적인 힙 정의를 사용할 것이다. 힙의 루트가 트리의 최상위에 있는 $x[1]$이고, 따라서 $x[n]$은 트리의 바닥에 있다.) 이 과정은 다음 그림에 설명되어 있는데, 새로운 요소 13이 적당한 위치 즉, 루트의 오른쪽 자식이 될 때까지 위로 이동함을 볼 수 있다.

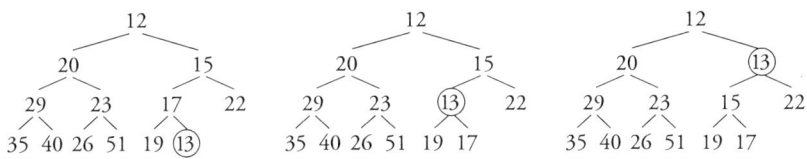

이 과정은 동그라미로 표시된 노드가 그 부모보다 값이 크거나 같을 때까지(위의 경우와 같이), 또는 트리의 루트가 될 때까지 계속된다. 이런 과정이 heap(1, $n-1$)이 성립하는 상태에서 시작되었다면, 과정이 완료된 후에는 heap(1, n)이 성립할 것이다.

지금까지 배운 배경지식으로 코드를 작성해보자. 위의 이동 과정에는 반복 구조가 필요하므로, 루프 불변식을 사용할 것이다. 위의 그림에서 동그라미로 표시된 노드와 그 부모 사이를 제외하면 어디서나 힙 속성이 성립한다. 동그라미로 표시된 노드의 인덱스를 i라 하면, 다음과 같은 불변식을 사용할 수 있다.

```
loop
    /* invariant: heap(1, n) except perhaps
       between i and its parent */
```

원래 heap(1, n−1)이 성립했기 때문에, 우리는 i=n으로 루프를 초기화할 수 있다.

루프에서는 할 일이 이미 끝났는지를(동그라미로 표시된 노드가 힙의 최상 위로 오거나 그 부모보다 크거나 같을 때) 검사하고, 만약 아니라면 종료될 때까지 계속한다. 위의 불변식은 i와 그 부모 사이를 제외한 모든 곳에서 힙 속성이 성립한다는 뜻이다. i==1이 참이면, i는 부모가 없고 따라서 힙 속성은 모든 곳에서 성립하게 되므로, 루프는 종료된다. i가 부모를 가지고 있다면, p=i/2를 대입하여 p를 부모의 인덱스로 만든다. x[p]≤x[i]면, 힙 속성이 모든 곳에서 성립하고, 루프가 종료된다.

그러나, i가 부모와 순서가 바뀌어 있다면, x[i]와 x[p]를 교환한다. 이 과정은 다음의 그림에 나타나 있다. 각 노드의 키는 한 문자로 표현되어 있고, 노드 i에 동그라미가 표시되어 있다.

교환 후에는 다섯 개의 요소가 모두 올바른 순서로 나열된다. 힙에서 b가 원래 더 높은 곳에 있었으므로, b<d이고 b<e이다[2]. 그리고 x[p]≤x[i]가 거짓이므

---

2) 이 중요한 속성은 루프 불변식에서 제외되어 있다. Don Knuth는, 정확하게는 불변 식을 "i에게 부모가 없다면 heap(1, n)이 성립하고, 그렇지 않은 경우에는 p가 i의 부모일 때 x[i]를 x[p]로 바꾼다면 성립하게 될 것이다"로 강화해야 한다고 했다. 우리가

로 $a<b$이고, 결과적으로 $a<b$, $b<c$이므로 $a<c$이다. 따라서 p와 그 부모 사이를 제외하면 모든 곳에서 힙 속성이 성립한다. 그러므로 $i=p$를 대입하여 불변식을 다시 얻는다.

위의 설명을 종합하면 siftup 코드는 다음과 같이 되는데, 힙이 log n개의 레벨로 이루어져 있기 때문에 실행시간이 log n에 비례한다.

```
void siftup(n)
      pre   n > 0 && heap(1, n-1)
      post heap(1, n)
   i = n
   loop
      /* invariant: heap(1, n) except perhaps
               between i and its parent */
      if i == 1
         break
      p = i / 2
      if x[p] <= x[i]
         break
      swap(p, i)
      i = p
```

[칼럼4]에서와 같이, 선조건과 후조건은 함수를 규정한다. 함수가 호출되기 전에 선조건이 성립하면 함수가 리턴한 후에는 후조건이 성립할 것이다.[^]

이제 siftdown을 살펴 보자. $x[1..n]$이 힙일 때 $x[1]$에 새로운 값을 대입하더라도 heap(2, n)는 여전히 성립하는데, siftdown 함수는 heap(1, n)이 성립하게 만드는 것이다. 이 함수는 $x[1]$을 자식이 없을 때까지 또는 자식보다 작거나 같을 때까지 아래로 이동시킨다. 다음 그림은 18이 자식(19)보다 작게 될 때까지 아래로 내려가는 것을 보여준다.

곧 공부할 siftdown 루프에서도 이와 같은 정확성이 필요하다.

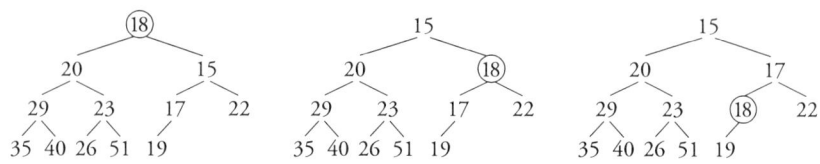

요소를 위로 올릴 때에는, 항상 루트를 향했다. 아래로 내리는 것은 이보다 훨씬 복잡하다. 순서가 잘못된 요소는 자식 중에서 값이 작은 것과 교환된다.

위의 그림은 siftdown 루프의 불변식을 나타내고 있다. 동그라미로 표시된 노드와 그 자식 사이를 제외하면 모든 곳에서 힙 속성이 성립한다.

```
loop
    /* invariant: heap(1, n) except perhaps between
            i and its (0, 1 or 2) children */
```

루프는 siftup에서와 비슷하다. 먼저 i에 자식이 있는지 검사하고, 없다면 루프를 종료한다. 이제부터는 약간 복잡하다. 만약 i에 자식이 있다면, 변수 c에 i의 자식 중에서 값이 작은 것의 인덱스를 대입한다. 마지막으로, $x[i] \leq x[c]$라면 루프를 종료하고, 그렇지 않은 경우에는 $x[i]$와 $x[c]$를 교환하고 $i=c$를 대입한 후 아래로 계속 작업한다.

```
void siftdown(n)
        pre     heap(2, n) && n >= 0
        post    heap(1, n)
    i = 1
    loop
        /* invariant: heap(1, n) except perhaps between
                i and its (0, 1 or 2) children */
        c = 2*i
        if c > n
            break
        /* c is the left child of i */
```

```
if c+1 <= n
    /* c+1 is the right chlid of i */
    if x[c+1] < x[c]
        c++
/* c is the lesser child of i */
if x[i] <= x[c]
    break
swap(c, i)
i = c
```

siftup에서와 같이 각 경우를 분석해보면, 교환으로 인해 c와 그 자식 사이를 제외한 모든 곳에서 힙 속성이 성립한다는 것을 알 수 있다. 이 함수도 siftup과 같이 힙의 각 레벨에서 일정량의 작업만을 하기 때문에 실행시간이 log n에 비례한다.

14.3 우선순위 큐

모든 데이터 구조에는 두 가지 측면이 있다. 밖에서 보면, 그 명세를 통해 무엇을 하기 위한 것인지를 알 수 있다(큐는 insert와 extract 오퍼레이션을 이용하여 요소의 열을 유지한다). 안에서 보면, 그 구현을 통해 어떻게 그 일을 하는지 알 수 있다(큐는 배열 또는 연결 리스트를 이용한다). 여기서는 우선순위 큐의 추상적 속성들을 규정한 후 구현에 들어갈 것이다.

우선순위 큐는 요소들에 대한(처음에는 비어있는) 집합[3]을 다룬다. 이 집합을 S라 하자. insert 함수는 새로운 요소를 집합에 삽입한다. 선조건과 후조건으로 이를 더 명확하게 정의할 수 있다.

---

[3] 여기서의 집합은 값이 같은 요소가 중복될 수 있으므로, "다중집합(multiset)" 또는 "백(bag)"이라 부르는 것이 더 정확할 것이다. 합집합 연산자는 {2,3}∪{2}={2,2,3}이 성립되도록 정의한다.

```
void insert(t)
    pre     |S| < maxsize
    post    current S = original S ∪ {t}
```

extractmin 함수는 집합에서 가장 작은 값의 요소를 삭제하고, 그 값을 리턴한다.

```
int extractmin()
    pre     |S| > 0
    post    original S = current S ∪ {result}
            && result = min(original S)
```

물론 이 함수는 최대값이나 어떤 정렬에 대한 극값(extreme value)을 리턴하는 것으로도 변형될 수 있을 것이다.

우리는 이 작업을 위해 큐의 요소가 타입 T가 되도록 하는 템플릿을 사용하여 C++ 클래스를 정할 수 있다.

```
template<class T>
class priqueue {
public:
    priqueue(int maxsize);    // init set S to empty
    void insert(T t);         // add t to S
    T extractmin();           // return smallest in S
};
```

우선순위 큐는 여러 곳에서 유용하게 응용될 수 있다. 운영체제에서는 작업의 집합을 표현하는 데 이런 구조를 사용할 수 있다. 이때 작업들은 임의의 순서로 삽입되고, 다음에 실행될 작업은 제거된다.

```
priqueue<Task> queue;
```

이산적인 사건들을 시뮬레이션 하는 경우에 요소는 각 사건의 발생 시각이 된다. 시뮬레이션 루프는 다음 사건을 추출하고 큐에 더 많은 사건을 추가할 수도 있다.

```
priqueue<Event> eventqueue;
```

위의 두 가지 응용에서 기본적인 우선순위 큐는 집합의 요소에 대한 추가적인 정보를 다룰 수 있어야 하지만, 여기서는 이런 세부 구현 사항은 무시하겠다 (C++ 클래스에서는 이런 사항을 우아하게 다룰 수 있다).

간단히 생각하면, 배열이나 연결 리스트와 같은 순차적 구조도 우선순위 큐를 구현하는 데 쓰일 수 있다. 순차적 구조가 정렬되어 있다면, 최소값을 얻는 것은 쉽지만 새로운 요소를 추가하는 것이 어렵다. 정렬되어 있지 않은 경우에는 상황이 반대가 된다. 다음 표는 n개의 요소를 가지는 집합에 대한 각 구조의 퍼포먼스를 나타낸다.

데이터 구조	실행시간		
	한 번의 삽입	한 번의 추출	n번씩의 삽입과 추출
정렬된 순차적 구조	$O(n)$	$O(1)$	$O(n^2)$
힙	$O(\log n)$	$O(\log n)$	$O(n \log n)$
정렬되지 않은 순차적 구조	$O(1)$	$O(n)$	$O(n^2)$

이진 탐색을 사용하면 새로운 요소를 위한 위치를 $O(\log n)$시간 내에 찾을 수 있지만, 새 요소를 위해 기존의 요소들을 옮기는 작업에 $O(n)$번의 단계가 필요하다. $O(n^2)$ 알고리즘과 $O(n \log n)$ 알고리즘의 차이를 잊어버렸다면, 8.5절을 다시 보라. n=1,000,000일 때 프로그램의 실행시간은 각각 3시간과 1초가 된다.

우선순위 큐를 힙으로 구현하면 순차적 구조를 이용하여 구현한 두 극단의 중간이 된다. 배열 $x[1..n]$에 힙 속성을 만족하도록 하여 n개의 요소를 표현한다. 여기서 x는 C 또는 C++에서 $x[maxsize+1]$로 선언한다($x[0]$은 사용하지 않는다). $n=0$으로 하여 집합을 비어있는 상태로 초기화한다. 새로운 요소가 추가되면 n을 증가시키고 새 요소를 $x[n]$에 위치시킨다. 이렇게 하면 siftup으로 바로잡아야 할 상황이 된다(heap(1, n–1)까지만 성립하므로). 따라서 삽입 코드는 다음과 같다.

```
void insert(t)
    if n >= maxsize
        /* report error */
    n++
    x[n] = t
    /* heap(1, n-1) */
    siftup(n)
    /* heap(1, n) */
```

extractmin 함수는 집합에서 최소값을 가지는 요소를 찾아 그것을 제거하고 힙 속성을 만족하도록 배열을 재구성한다. 힙이 배열로 되어 있기 때문에 최소값 요소는 $x[1]$에 있다. 이제 $x[2..n]$에 n–1개의 요소가 남아 있고, 이는 힙 속성을 만족한다. 우리는 두 단계를 거쳐 heap(1, n)이 다시 성립하도록 할 것이다. 먼저 $x[n]$을 $x[1]$으로 옮기고 n을 감소시킨다. 이제 집합의 요소들은 $x[1..n]$에 있고, heap(2, n)이 성립한다. 그 다음 siftdown을 호출한다. 코드는 간단하다.

```
int extractmin()
    if n < 1
        /* report error */
    t = x[1]
    x[1] = x[n--]
    /* heap(2, n) */
    siftdown(n)
    /* heap(1, n) */
    return t
```

insert와 extractmin은 *n*개의 요소를 가지는 힙에 대하여 모두 $O(\log n)$시간을 필요로 한다.

다음은 C++로 구현한 완전한 형태의 우선순위 큐이다.

```cpp
template<class T>
class priqueue {
private:
    int n, maxsize;
    T *x;
    void swap(int i, int j)
    {   T t = x[i]; x[i] = x[j]; x[j] = t; }
public:
    priqueue(int m)
    {   maxsize = m;
        x = new T[maxsize+1];
        n = 0;
    }
    void insert(T t)
    {   int i, p;
        x[++n] = t;
        for (i = n; i > 1 && x[p=i/2] > x[i]; i = p )
            swap(p, i);
    }
    T extractmain()
    {   int i, c;
        T t = x[1];
        x[1] = x[n--];
        for (i = 1; (c = 2*i) <= n; i = c) {
            if (c+1 <= n && x[c+1] < x[c])
                c++;
            if (x[i] <= x[c])
                break;
            swap(c, i);
        }
        return t;
    }
};
```

위의 간단한 인터페이스에는 에러 검사나 소멸자(destructor)가 포함되어 있지 않지만, 알고리즘의 내부를 간결하게 표현하고 있다.

14.4 정렬 알고리즘

우선순위 큐는 벡터를 정렬하기 위한 간단한 알고리즘을 제공한다. 먼저 각 요소를 차례로 우선순위 큐에 삽입하고, 순서대로 하나씩 제거한다. priqueue 클래스를 사용하면 C++로 간단하게 구현할 수 있다.

```
template<class T>
void pqsort(T v[], int n)
{   priqueue<T> pq(n);
    int i;
    for (i=0; i < n; i++)
        pq.insert(v[i]);
    for (i=0l i < n; i++)
        v[i] = pq.extractmin();
}
```

insert와 extractmin을 각각 n번씩 실행하는 것은 최악의 경우 $O(n \log n)$ 시간이 드는데, 이는 [칼럼11]에서 구현한 퀵 정렬(Quicksorts)의 최대 시간 비용 $O(n^2)$보다 뛰어난 것이다. 그러나 불행하게도 힙에 사용되는 배열 $x[0..n]$으로 인해 $n+1$ 워드의 메모리가 추가적으로 필요한 단점이 있다.

이제 이 접근방법을 향상시켜 힙 정렬(Heapsort)을 생각해보자. 힙 정렬은 코드가 더 짧고, 보조적인 배열을 필요로 하지 않기 때문에 메모리도 덜 사용하며, 시간도 덜 소모한다. 이 알고리즘을 위해 가장 큰 요소가 최상위에 위치하는 힙에서 동작하도록 siftup과 siftdown이 수정되었다고 가정하자('<'와 '>' 부호를 서로 바꾸기만 하면 된다).

앞의 간단한 알고리즘에서는 두 개의 배열(우선순위 큐를 위한 배열 하나와 정렬될 요소를 위한 배열 하나)을 사용하지만, 힙 정렬은 배열 한 개만 사용하여 메모리를 절약한다. 배열의 왼쪽은 힙을 위한 공간으로, 오른쪽은 요소들의 열을 위한 공간으로 배정하여 배열 한 개가 두 개의 추상 구조를 표현하도록 구현하는 것이다(처음에는 임의의 순서로 되어 있지만, 마지막에는 정렬된 상태가 된다). 다음 그림은 배열 x의 변화를 나타내는데, 배열은 수평으로 그려지고 시간은 수직 축을 따라 진행된다.

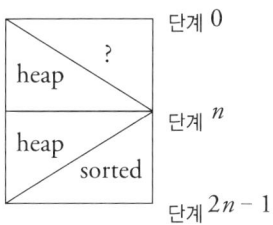

힙 정렬 알고리즘은 크게 두 부분으로 진행된다. 처음 n단계에서는 배열을 힙으로 만들고, 그 다음 n단계에서는 내림차순으로 요소를 추출하면서 오른쪽에서 왼쪽으로 채워가며 정렬된 배열을 만든다.

첫 번째 부분은 힙을 만드는 것이다. 이에 대한 불변식은 다음의 그림으로 설명할 수 있다.

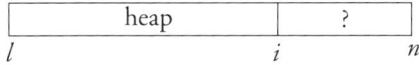

다음 코드는 요소들을 배열의 앞쪽으로 옮겨 heap(1, n)이 성립하도록 한다.

```
for i = [2, n]
    /* invariant: heap(1, i-1) */
    siftup(i)
    /* heap(1, i) */
```

두 번째 부분은 앞에서 얻은 힙을 이용하여 정렬된 배열을 만드는 것이다. 이에 대한 불변식은 다음의 그림으로 설명할 수 있다.

```
    | heap, ≤   | sorted, ≥ |
    l           i           n
```

루프 본문에서는 두 가지 오퍼레이션에서 불변식을 유지한다. 처음 i개의 요소 중에서는 $x[1]$이 최댓값 요소이므로, 이것을 $x[i]$와 교환하면 정렬된 배열의 크기가 하나 늘어난다. 이 교환으로 깨진 힙 속성은 새로운 최상위 요소를 아래로 이동시켜 다시 얻는다. 두 번째 부분에 대한 코드는 다음과 같다.

```
for (i = n; i >= 2; i--)
    /* heap(1, i) && sorted(i+1, n) && x[1..i] <= x[i+1..n] */
    swap(1, i)
    /* heap(2, i-1) && sorted(i, n) && x[1..i-1] <= x[i..n] */
    siftdown(i-1)⁴⁾
    /* heap(1, i-1) && sorted(i, n) && x[1..i-1] <= x[i..n] */
```

이미 작성한 함수들을 이용하면, 완전한 힙 정렬 알고리즘은 다섯 줄의 코드로 충분하다.

```
for i = [2, n]
    siftup(i)
for (i = n; i >= 2; i--)
    swap(1, i)
    siftdown(i-1)
```

이 알고리즘은 최대 비용이 $O(\log n)$인 siftup과 siftdown을 각 $n-1$번씩 사용

---

4) 역자 주 : siftdown(i-1)은 $x[1]$을 아래로 이동시켜 배열 $x[1..i-1]$이 힙 속성을 만족하도록 하는 오퍼레이션임을 상기하기 바란다.

하기 때문에, 최악의 경우에도 실행시간이 $O(n \log n)$이 된다.

연습문제 2와 3의 해답에서는 힙 정렬 알고리즘의 속도를 개선하는 (또한 더 간단하게 만드는) 몇 가지 방법을 설명한다. 힙 정렬은 전형적인 입력 데이터에 대해 최악의 경우에도 $O(n \log n)$의 성능을 보장하지만, 가장 빠른 힙 정렬이라도 11.2절의 간단한 퀵 정렬보다 느린 것이 보통이다.

14.5 원리

효율성

모양 속성은 힙의 모든 노드가 루트로부터 $\log_2 n$ 레벨 내에 있음을 보장한다. 트리의 균형이 유지되기 때문에 siftup과 siftdown 함수가 효율적인 실행시간을 가질 수 있다. 힙 정렬은 하나의 배열에 두 개의 추상구조(힙과 열)를 교차시켜 부가적 메모리를 사용하지 않는다.

정확성

루프에 대한 코드를 작성하기 위해 먼저 불변식을 정확하게 기술한다. 그리고 그 불변식을 보존하면서 루프가 종료될 때까지 진행한다. 모양 속성과 순서 속성은 각각 다른 종류의 불변식을 나타내는데, 둘 다 힙 데이터 구조의 불변 속성이다. 힙을 사용할 함수는 작업 시작 전에도 이들 속성이 참이라 가정할 것이고, 작업이 끝난 후에도 여전히 참으로 남아 있도록 해야 한다.

추상화

훌륭한 엔지니어는 어떤 컴포넌트가 무슨 일을 하는지(사용자 입장에서의 추상화)와 어떻게 그 일을 수행하는지(블랙 박스 내부 구현)를 구별한다. 이 칼럼에서는 블랙 박스를 절차 추상화와 추상 데이터 타입이라는 두 가지 방식으로 포장한다.

절차 추상화

우리는 정렬 함수가 어떻게 구현되어 있는지 알 필요 없이 배열을 정렬하기 위해 그 함수를 사용할 수 있다. 이는 정렬을 하나의 오퍼레이션으로 보는 것이다. 함수 siftup과 siftdown도 이와 비슷한 수준의 추상화를 제공한다. 우선순위 큐와 힙 정렬을 만들 때, 우리는 그 함수들이 어떻게 동작하는지는 신경 쓰지 않았지만, 무엇을 하는 함수인지는 알고 있었다(배열의 한쪽 끝에서 힙 속성이 깨졌을 때 이를 바로 잡는다). 훌륭한 엔지니어라면 이런 블랙 박스 컴포넌트 정의는 한번만 하고, 서로 다른 두 종류의 도구들을 결합하기 위해 그 컴포넌트를 사용할 수 있도록 한다.

추상 데이터 타입

어떤 데이터 타입이 하는 일은 그 데이터 타입의 메소드와 각 메소드의 명세로 알 수 있다. 어떻게 하는지는 구현에 달린 것이다. 이 칼럼의 C++ priqueue 클래스나 바로 전 칼럼의 C++ IntSet 클래스를 사용할 때, 명세만 보고도 하고자 하는 작업에 적당한지 알 수 있다. 물론 그들의 구현이 프로그램의 퍼포먼스에 영향을 미칠 수는 있다.

14.6 연습문제

1 힙 기반의 우선순위 큐를 가능한 빠르게 동작하도록 구현하라. n의 값이 얼마일 때 순차적 구조를 사용한 것보다 빠른가?

2 다음 명세를 만족하도록 siftdown을 수정하라.

```
void siftdown(l, u)
     pre     heap(l+1, u)
     post    heap(l, u)
```

수정한 코드의 실행시간은 얼마인가? 그 코드를 사용하여 O(n)시간에 n개의 요소를 가지는 힙을 만드는 방법을 보여라(즉, 더 짧은 코드로 더 빠른 힙 정렬이 된다).

3 힙 정렬을 가능한 빠르게 동작하도록 구현하라. 11.3절의 표에 나타낸 정렬 알고리즘들과 비교하면 어떠한가?

4 다음 문제를 푸는데 힙으로 구현한 우선순위 큐를 어떻게 사용할 수 있겠는가? 입력이 정렬되어 있다면 여러분의 답은 어떻게 바뀌겠는가?

a. Huffman 코드를 만들라(이 코드는 정보 이론이나 데이터 구조에 대한 많은 책에서 다룬다).
b. 많은 수의 부동소수점 수에 대한 합을 구하라.
c. 파일에 저장되어 있는 10억 개의 수 중에서 가장 큰 1백만 개를 찾아라.
d. 정렬되어 있는 여러 개의 작은 파일을 하나의 큰 정렬된 파일로 병합하라(이 문제는 1.3절과 같이 디스크 기반의 머지 정렬 프로그램을 구현할 때 생긴다).

5 용량이 1인 상자를 가능한 적게 사용하여 n개의 추(0에서 1사이인)를 담는 것을 상자 채우기 문제라 한다. 이 문제에 대해 첫 번째로 생각할 수

있는 휴리스틱은 추를 나타나는 순서대로 집어들고 상자들을 오름차순으로 검색하여 그 추를 담을 수 있는 첫 상자를 찾아 채우는 것이다. David Johnson은 자신의 MIT 학위논문에서 힙과 비슷한 구조를 사용하여 이 휴리스틱을 $O(n \log n)$ 시간으로 구현할 수 있다고 했다. 어떤 방법일지 설명하라.

6 디스크상의 순차 파일에 대한 일반적인 구현에서는 각 블록이 다음 블록(디스크상의 어느 블록도 가능하다)을 가리키도록 한다. 이 방법은 블록하나를 쓰거나(파일을 처음 작성할 때) 파일의 첫 번째 블록을 읽는데 일정한 시간을 소모하고, i-1번째 블록을 이미 읽은 후라면 i번째 블록을읽을 때에도 역시 일정한 시간을 소모한다. 따라서 처음부터 i번째 블록을 읽으려면 i에 비례하는 시간이 필요하다. Xerox Palo Alto 연구센터에서 Ed McCreight가 디스크 제어 장치를 설계할 때, 그는 다른 속성은 모두 그대로 유지하고 각 노드에 포인터를 하나씩 추가하면 i번째 블록을 $\log i$에 비례하는 시간에 읽을 수 있음을 알아냈다. 이 아이디어를 어떻게 구현하겠는가? 또, 어떤 수의 i제곱을 $\log i$에 비례하는 시간에 계산하는 연습문제 4.9의 코드와 이 알고리즘의 공통점은 무엇인가?

7 어떤 컴퓨터에서는 이진 탐색 프로그램에서 현재 범위의 중간을 찾기 위해 2로 나누는 연산이 가장 비용이 많이 드는 부분이 된다. 탐색할 배열이 올바르게 만들어져 있다고 가정할 때, 어떻게 하면 나누는 연산을 2로 곱하는 연산으로 대체할 수 있겠는가? 이를 위한 테이블을 생성하고 탐색하는 알고리즘을 제시하라.

8 큐의 평균 크기가 k보다 훨씬 클 때, 범위 [0,k)의 정수를 표현하는 우선순위 큐에 대한 적절한 구현은 무엇인가?

9 우선순위 큐를 힙으로 구현했을 때 insert와 extractmin이 가지는 로그적 실행시간이 최상의 결과에 대한 상수배임을 증명하라.

10 힙의 기본적인 아이디어는 스포츠 팬과 비슷하다. 준결승에서 Brian과 Lynn이 각각 Al과 Peter를 물리쳤고, 결승전에서는 Lynn이 Brian을 이겼다고 하자. 이러한 결과는 다음 그림과 같이 나타낼 수 있다.

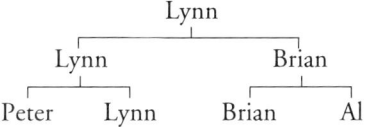

이와 같은 "토너먼트 트리"는 테니스 대회나 축구, 야구, 농구 등의 포스트 시즌 플레이오프에서 흔하게 사용된다. 경기의 결과에 이변이 없다고 가정한다면(운동 경기에서는 종종 틀릴 수 있는 가정이다), 두 번째로 잘하는 선수가 결승전에 오를 확률은 얼마인가? 또, 전대회 순위에 따라 선수들에게 시드를 배정하는 알고리즘을 제시하라.

11 C++ STL에서는 힙과 우선순위 큐, 힙 정렬이 어떻게 구현되어 있는가?

14.7 더 읽을거리

11.6절에서는 Knuth와 Sedgewick이 쓴 훌륭한 알고리즘 교재를 설명한다. 힙과 힙 정렬은 Knuth의 <Sorting and Searching> 5.2.3절에 나온다. Sedgewick의 <Algorithms> 9장에서는 우선순위 큐와 힙 정렬을 설명한다.

칼럼 15
문자열 처리

    우리는 스트링[1]에 둘러싸여 있다. 비트의 스트링은 정수가 되고 부동소수점 수가 된다. 숫자의 스트링은 전화번호가 되고, 문자의 스트링은 단어가 된다. 문자의 긴 스트링은 웹 페이지가 되고, 그보다 더 긴 스트링은 책이 된다. 유전 공학자의 데이터베이스와 이 책을 읽는 많은 독자의 세포 속 깊숙한 곳에는 문자 A, C, G, T[2]로 표현되는 아주 긴 스트링이 있다.

    프로그램은 이런 스트링에 대해 갖가지 연산을 수행한다. 스트링을 정렬하고, 세고(count), 검색하고, 패턴을 인식하기 위해 분석한다. 이 칼럼은 스트링에 대한 몇 가지 고전적인 문제를 검토하면서 이런 주제를 소개할 것이다.

15.1 단어

    첫 번째 문제는 어떤 문서에 포함되어 있는 단어의 리스트를 생성하는 것이다(이런 프로그램에 수백 권의 책을 입력하는 것은, 사전으로 사용할 수 있는

---

1) 역자 주 : string은 보통 문자열을 뜻하지만, 어떤 것의 연속된 열을 뜻하기도 한다.
2) 역자 주 : adenine, cytosine, guanine, thymine

단어 리스트를 얻기 위한 초기작업이 될 수 있다). 그러나 단어란 정확하게 무엇일까? 우리는 "공백(white space)으로 둘러싸인 일련의 문자열"이라는 단순한 정의를 사용할 것이지만, 이는 웹 페이지의 "<html>", "<body>", " " 등도 단어로 취급됨을 의미한다. 연습문제 1에서 이런 문제를 어떻게 피할지 살펴본다.

우리의 첫 번째 C++ 프로그램은 STL의 set과 string을 사용하는데, 연습문제 1.1의 해답을 약간 수정하였다.

```
int main(void)
{   set<string> S;
    set<string>::iterator j;
    string t;
    while (cin >> t)
        S.insert(t);
    for (j = S.begin(); j != S.end(); ++j)
        cout << *j << "\n";
    return 0;
}
```

while 루프에서 입력을 읽어들여 각 단어를 set S에 넣는다(STL 명세에 중복된 원소는 무시하도록 되어있다). 그런 다음 for 루프에서는 set에 있는 단어를 정렬된 순서대로 꺼내와 출력한다. 이 프로그램은 우아할 뿐 아니라 충분히 효율적이다(곧 이에 대해 논의할 것이다).

다음 문제는 문서 내에 있는 각 단어의 개수를 세는 것이다. 다음은 King James 성경에서 가장 많이 나오는 21개의 단어를 빈도 순으로 정렬한 것이다(지면을 절약하기 위해 세 칼럼으로 표시함).

```
the   62053      shall 9756      they  6890
and   38546      he    9506      be    6672
```

```
of    34375      unto  8929      is    6595
to    13352      I     8699      with  5949
And   12734      his   8352      not   5840
that  12428      a     7940      all   5238
in    12154      for   7139      thou  4629
```

789,616개의 단어로 이루어진 텍스트에서 거의 8%가 "the"였다. 우리의 단어에 대한 정의에 따라, "and"와 "And"는 별개의 단어로 처리했다.

이 카운트(count)는 다음과 같은 C++ 프로그램으로 생성했는데, 각각의 문자열과 정수 카운트를 연결하기 위해 STL의 map을 사용했다.

```
int main(void)
{   map<string, int> M;
    map<string, int>::iterator j;
    string t;
    while (cin >> t)
        M[t]++
    for (j=M.begin(); j!=M.end(); ++j)
        cout << j->first << " " << j->second << "\n";
    return 0;
}
```

while 문에서 각 단어 t를 map M에 삽입하고 해당 카운터(처음에 0으로 초기화 되어있는)를 증가시킨다. for문은 각 단어를 정렬된 순서로 하나씩 꺼내 단어(first)와 그 카운트(second)를 출력한다.

이 C++ 코드는 직관적이고, 간결할 뿐 아니라 놀라울 정도로 빠르다. 내 머신에서 King James 성경 한 권을 처리하는 데 7.6초 걸렸다. 읽는 것을 준비하는 데 2.4초, 삽입하는 데 4.9초, 결과를 출력하는 데 0.3초 걸렸다.

우리는 해시 테이블(hash table)을 직접 만들고, 단어에 대한 포인터, 단어의 개수를 나타내는 카운터, 그리고 테이블 내의 다음 노드에 대한 포인터를 포함하는 노드를 사용하여 처리시간을 단축할 수 있다.

다음은 문자열 "in", "the", 다시 "in"을 삽입한 후의 해시 테이블을 나타내는데, 이런 경우는 드물겠지만 두 문자열의 해시값이 모두 1인 경우이다.

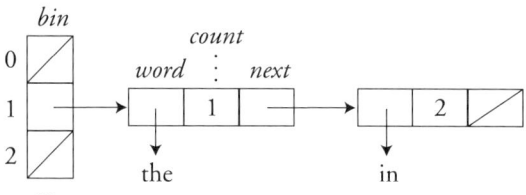

우리는 다음 C 구조체로 해시 테이블을 구현할 것이다.

```
typedef struct node *nodeptr;
typedef struct node {
    char *word;
    int count;
    nodeptr next;
} node;
```

우리는 "단어"의 정의를 허술하게 했지만, King James 성경에는 서로 다른 단어가 단지 29,131개 있을 뿐이다. 해시 테이블의 크기는 소수(prime number)를 사용하고, 승수(multiplier)로는 31을 사용할 것이다(보통 이렇게들 많이 한다).

```
#define NHASH 29989
#define MULT 31
nodeptr bin[NHASH];
```

우리의 해시 함수는 문자열을 NHASH보다 작은 양의 정수로 매핑한다.

```
unsigned int hash(char *p)
    unsigned int h = 0
```

```
for ( ; *p; p++)
    h = MULT * h + *p
return h % NHASH
```

unsigned int를 사용하여 *h*가 항상 양수가 되도록 한다.

main 함수에서는 *bin*의 모든 요소를 NULL로 초기화하고, 단어를 읽어들여 각 단어에 대한 카운터를 증가시키고, 해시 테이블의 원소를 하나씩 꺼내 단어와 카운트를 (정렬되지 않은 상태로) 출력한다.

```
int main(void)
    for i = [0, NHASH)
        bin[i] = NULL
    while scanf("%s", buf) != EOF
        incword(buf)
    for i = [0, NHASH)
        for(p=bin[i]; p!=NULL; p=p->next)
            print p->word, p->count
    return 0
```

입력된 단어에 대한 카운터를 증가시키는 작업은 incword에서 처리된다(입력된 단어가 해시 테이블에 아직 없는 경우에는 초기화를 한다).

```
void incword(char *s)
    h = hash(s)
    for (p=bin[h]; p!=NULL; p=p->next)
        if strcmp(s, p->word) == 0
            (p->count)++
            return
    p = malloc(sizeof(hashnode))
    p->count = 1
    p->word = malloc(strlen(s)+1)
    strcpy(p->word, s)
    p->next = bin[h]
    bin[h] = p
```

for 루프에서는 해시값이 같은 모든 노드를 확인한다. 단어를 찾으면 카운터를 증가시키고 리턴한다. 단어를 찾지 못한 경우에는 새로운 노드를 만들고, 메모리를 할당한 다음 문자열을 복사하고(경험 많은 C 프로그래머라면 이런 작업에 strdup을 사용할 것이다), 그 노드를 리스트의 앞에 삽입한다.

이 C 프로그램은 입력을 읽는 데 2.4초(C++ 버전과 같은 시간)가 걸렸지만, 삽입하는 데는 0.5초(C++ 버전은 4.9초), 출력하는 데는 0.06초(C++ 버전은 0.3초) 밖에 안 걸렸다. 전체 실행시간은 2.96초(C++ 버전은 7.6초)이고, 처리 시간은 0.56초(C++ 버전은 5.2초)이다. 우리가 직접 만든 해시 테이블(30줄의 C 코드)은 C++ STL의 map보다 10배 정도 빠르다.

이 간단한 예제는 단어의 집합을 표현하는 두 가지 방법을 설명하고 있다. 균형 탐색 트리(balanced search tree)는 문자열을 개개의 객체로 조작하는데, 이런 구조는 STL에 있는 대부분의 set과 map을 구현하는 데 사용된다. STL의 set과 map은 요소를 항상 정렬된 순서대로 유지하기 때문에, 바로 앞 요소를 찾거나 요소를 순서대로 출력하는 작업을 효율적으로 수행할 수 있다. 반면에 해시는 해시함수를 계산하기 위해 문자들을 들여다보고, 그런 다음 큰 테이블에 키를 흩어놓는다. 이는 평균적으로 매우 빠르지만, 균형 트리(balanced tree)와는 달리 최악의 경우에 대한 성능을 보장하지 않고, 순서와 관련된 조작도 지원하지 않는다.

15.2 어구

단어는 문서의 기본이 되는 요소이고, 많은 중요한 문제가 단어 검색으로 해결될 수 있다. 그러나 때로는 내 문서, 도움말 파일, 웹 페이지, 또는 인터넷에서 "substring searching"이나 "implicit data structures"와 같이 어구를 이루는 긴 문자열을 검색하기도 한다.

여러분은 큰 텍스트에서 몇 개의 단어로 이루어진 어구를 어떻게 찾겠는가? 만약 텍스트의 내용을 본 적이 없다면, 여러분은 처음부터 시작하여 전체 입력에 대해 살펴나가는 수밖에 없다. 대부분의 알고리즘 책에서 이 "부분문자열(substring) 검색 문제"에 대한 여러 접근방법을 설명하고 있다.

그러나 검색을 하기 전에 텍스트의 내용에 대해 전처리(preprocess)를 할 수 있는 기회가 있다고 가정해보자. 여러분은 문서 내의 각 단어를 인덱싱하는 해시 테이블(또는 검색 트리)을 만들고, 각 단어가 나타나는 모든 위치의 리스트를 저장할 수 있을 것이다. 이런 "역 인덱스(inverted index)"를 이용하면 프로그램에서 주어진 단어를 빠르게 찾을 수 있다. 어구가 포함하는 단어의 위치 리스트들을 겹쳐보면 어구를 찾을 수 있지만, 이 방법은 구현하기 쉽지 않고 느릴 가능성이 있다(그러나 몇몇 웹 검색 엔진이 이 방법을 사용하고 있다).

이제 우리는 강력한 데이터 구조를 살펴보고 이것을 간단한 문제에 적용할 것이다. 문제는 주어진 텍스트 입력 파일에서 중복된 가장 긴 부분문자열을 찾는 것이다. 예를 들면, "Ask not what your country can do for you, but what you can do for your country"에서 중복된 문자열 중 가장 긴 것은 "can do for you"이고, 두 번째로 긴 것은 "your country"이다. 여러분은 이 문제를 풀기 위해 어떻게 프로그램을 작성하겠는가?

이 문제는 우리가 2.4절에서 살펴보았던 전철어구 문제를 떠올리게 한다. 입력 문자열이 배열 $c[0..n-1]$에 저장된다면, 우리는 다음과 같은 가상코드를 사용하여 모든 쌍의 부분문자열을 비교하는 것으로 시작할 수 있다.

```
maxlen = -1
for i = [0, n)
   for j = (i, n)
      if (thislen = comlen(&c[i], &c[j])) > maxlen
         maxlen = thislen
         maxi = i;
         maxj = j
```

comlen 함수는 두 파라미터 문자열을 비교하여 첫 문자부터 시작하는 공통된 부분의 길이를 리턴한다.

```
int comlen(char *p, char *q)
    i = 0
    while *p && (*p++ == *q++)
        i++
    return i
```

이 알고리즘은 모든 쌍의 부분문자열을 살펴보기 때문에, 실행시간이 최소 n^2에 비례한다. 어구에 포함된 단어를 검색하는 데 해시 테이블을 사용하여 속도를 높일 수 있지만, 여기서는 완전히 다른 접근방법을 취할 것이다.

우리의 프로그램은 최대 MAXN개의 문자를 처리할 것이고, 처리할 문자열은 배열 c에 저장할 것이다.

```
#define MAXN 5000000
char c[MAXN], *a[MAXN];
```

우리는 접미사 배열(suffix array)이라는 간단한 데이터 구조를 사용할 것이다. 이 용어가 도입된 것은 1990년대이지만, 이 데이터 구조가 사용된 것은 적어도 1970년대부터였다. char에 대한 포인터 배열 *a*를 접미사 배열이라 한다. 입력을 읽어들이면서 우리는 *a*를 초기화하여 각 요소가 입력 문자열에서 대응하는 문자를 가리키도록 한다.

```
while (ch = getchar()) != EOF
    a[n] = &c[n]
    c[n++] = ch
c[n] = 0
```

배열 c의 마지막 요소에는 문자열의 끝을 나타내는 NULL이 포함되어 있다.

요소 *a*[0]은 전체 문자열을 가리키고, 그 다음 요소는 두 번째 문자로 시작하는 접미사를 가리키고, 나머지도 같은 식이다. 입력 문자열이 "banana"일 경우, 배열은 다음과 같이 될 것이다.

```
a[0]: banana
a[1]: anana
a[2]: nana
a[3]: ana
a[4]: na
a[5]: a
```

배열 *a*에 있는 포인터는 모두 입력 문자열의 접미사를 가리키므로, 배열의 이름이 "접미사 배열"이 된 것이다.

만약 배열 *c*에 두 번 나타나는 긴 문자열이 있다면, 두 개의 다른 접미사로 나타날 것이다. 따라서 우리는 같은 접미사가 모이도록 하기 위해(2.4절에서 정렬을 이용하여 전철어구를 모았던 것처럼) 배열을 정렬할 것이다. "banana" 배열을 정렬하면 다음과 같이 된다.

```
a[0]: a
a[1]: ana
a[2]: anana
a[3]: banana
a[4]: na
a[5]: nana
```

이제 우리는 배열을 읽어나가면서 인접 요소를 비교하여 반복되는 문자열 중 가장 긴 것을 찾는다(이 경우에는 "ana").

우리는 qsort 함수를 사용하여 이 접미사 배열을 정렬할 것이다.

```
qsort(a, n, sizeof(char*), pstrcmp)
```

pstrcmp 비교 함수는 라이브러리 함수 strcmp에 한 단계의 인디렉션(indirection)을 추가한 것이다. 다음은 배열 전체를 읽으면서 comlen 함수를 이용하여 두 인접 문자열이 공통으로 가지는 문자의 개수를 센다.

```
for i = [0, n)
    if comlen(a[i], a[i+1]) > maxlen
        maxlen = comlen(a[i], a[i+1])
        maxi = i
printf("%.*s\n", maxlen, a[maxi])
```

printf문에서 전체 문자열 중 *maxlen*개의 문자를 인쇄하기 위해 '*' 정밀도 지정자(precision)를 사용했다.

나는 완성된 프로그램을 실행 시켜 Samuel Butler가 번역한 Homer의 <Iliad (807,503 문자)>에서 가장 긴 반복 문자열을 찾아보았다. 프로그램은 다음 문자열을 찾는 데 4.8초가 걸렸다.

```
whose sake so many of the Achaeans have died at Troy, far
from their homes? Go about at once among the host, and
speak fairly to them, man by man, that they draw not their
ships into the sea.
```

위의 문장이 처음 나타나는 곳은 Juno가 Minerva에게 트로이를 떠나는 것이 그리스를 지키는 길이라고 설득하는 장면에서 나타나고, 거기서부터 조금 뒤에 Minerva가 Ulysses에게 같은 말을 반복한다. 이와 같이 *n*개의 문자로 된 전형적인 텍스트 파일을 처리하는 데 이 알고리즘은 정렬을 하는 덕분으로 $O(n \log n)$의 실행시간이 걸린다.

접미사 배열은 *n*개의 문자로 된 입력 텍스트의 모든 부분문자열을 텍스트 자체와 *n*개의 부가적인 포인터를 사용하여 표현한다. 연습문제 6에서 접미사 배열로 어떻게 부분문자열 검색 문제를 해결하는지 볼 것이다. 이제는 접미사 배열을 좀더 미묘한 곳에 적용해보자.

15.3 텍스트 생성하기

어떻게 텍스트를 랜덤하게 생성할 수 있을까? 고전적인 접근방법 중의 하나는 타자기 앞에 원숭이를 앉혀놓는 것이다. 만약 원숭이가 소문자 키와 스페이스 키를 고르게 두드린다면 출력은 아마 다음과 같을 것이다.

```
uzlpcbizdmddk njsdzyyvfgxbgjjgbtsak rqvpgnsbyputvqqdtmgltz
ynqotqigexjumqphujcfwn    ll    jiexpyqzgsdllgcoluphl
sefsrvqqytjakmav bfusvirsjl wprwqt
```

이것은 정말 말도 안 되는 영어 문장이다.

단어 게임(Scrabble™ 또는 Boggle™ 같은)에서 문자를 세어 보면 여러 문자의 빈도가 서로 다르다는 것을 알 수 있다. 예를 들면, A가 Z보다 훨씬 많다. 문서 내 각 문자의 빈도를 원숭이가 셀 수 있다고 하면 좀더 그럴듯한 문장을 만들 수 있을 것이다. 즉 텍스트에서 A가 300번 나타나는 동안 B는 단지 100번 정도 나타난다면, 원숭이는 A를 B보다 3배 더 많이 쳐야 한다. 이렇게 하면 영어에 좀더 가깝게 된다.

```
saade ve mw hc n entt da k eethetocusosselalwo gx
fgrsnoh,tvettaf aetnlbilo fc lhd okleutsndyeoshtbogo eet ib
nheaoopefni ngent
```

대부분의 사건은 어떤 컨텍스트 내에서 발생한다. 우리가 랜덤하게 1년치 기온 데이터(화씨 단위로)를 생성하고 싶다고 가정하자. 0과 100 사이의 랜덤한 정수 365개는 그리 설득력 있어 보이지 않을 것이다. 오늘의 온도를 어제 온도에 대한 (랜덤) 함수로 만든다면 좀더 그럴싸할 것이다. 어제가 85도였다면 오늘 15도가 될 리는 없지 않은가.

같은 논리가 영어단어에서도 성립한다. 시작 문자가 Q라면 그 다음에 나타나는 문자는 U일 확률이 높다. 각 문자를 그전 문자에 대한 랜덤 함수로 만들면 텍스트 생성기는 좀더 흥미로운 텍스트를 만들 수 있다. 따라서 샘플 텍스트를 읽은 다음 각 문자가 A 뒤에는 얼마나 나오는지, B 뒤에는 얼마나 나오는지, 이런 식으로 각 문자에 대해 세어볼 수 있다. 랜덤 텍스트를 만들 때 다음 문자를 현재 문자에 대한 랜덤 함수로 생성하는 것이다. "1차" 텍스트는 정확히 이 구상 대로 만들어진 것이다.

1차 : t I amy, vin. id wht omanly heay atuss n macon aresethe hired boutwhe t, tl, ad, torurest t plur I wit hengamind tarer-plarody thishand.
2차 : Ther I the heingoind of-pleat, blur it dwere wing waske hat trooss. Yout lar on wassing, an sit. "Yould," "I that vide was nots ther.
3차 : I has them the saw the secorrow. And wintails on my my ent, thinks, fore voyager lanated the been elsed helder was of him a very free bottlemarkable,
4차 : His heard. "Exactly he very glad trouble, and by Hopkins! That is on of the who difficentralia. He rushed likely?" "Blood night that.

우리는 이 아이디어를 더 긴 문자열로 확장할 수 있다. 2차 텍스트는 각 문자를 이전 문자 두 개에 대한 함수로 만든 것이다(문자의 쌍은 종종 digram이라 한다). 예를 들면 영어에서 TH 뒤에는 보통 A, E, I, O, U, Y와 같은 모음이 오고, 이보다 드물게 R, W가 오며, 다른 문자는 거의 오지 않는다. 3차 텍스트는 다음에 올 문자를 이전 문자 세 개(trigram)에 대한 함수로 만든 것이다. 4차가 되었을 때 대부분의 단어는 영어단어이고, 이 텍스트가 Sherlock Homes 이야기("The Adventure of Abbey Grange")로부터 생성되었다는 것을 알게 되더라도 크게 놀라지 않을 것이다. 고전적 교육을 받은 한 독자는 이 칼럼의 초고를 읽었을 때 여기 나열된 단편의 문장들을 보고 고대 영어(Old English)가 빅토리아 영어(Victorian English)로 발전한 것이 떠오른다고 했다.

수학 지식이 있는 독자라면 이 과정이 Markov 체인이라는 것을 눈치챘을 것이다. 한 상태는 각각의 k-그램(gram)을 나타내고, 한 상태에서 다른 상태로 가는 확률은 변하지 않으므로, 이것은 "정상 전이 확률을 가지는 유한 상태 Markov 체인(finite-state Markov chain with stationary transition probabilities)"이다.

우리는 또한 랜덤 텍스트를 단어 수준에서 생성할 수도 있다. 가장 멍청한 방법은 사전에서 단어를 랜덤하게 선택하여 나열하는 것이다. 이것보다 조금 나은 방법은 문서를 하나 읽어서 각 단어의 개수를 센 다음, 적절한 확률로 다음에 나타날 단어를 선택하는 것이다(15.1절에서 설명한 프로그램이 이런 접근 방법에 적절히 사용될 수 있다). 그러나 우리는 다음 단어를 생성할 때 그 이전의 두세 단어를 고려하는 Markov 체인을 사용하여 좀더 흥미로운 텍스트를 얻을 수 있다. 다음은 이 책의 칼럼 1~14의 초고를 읽게 한 후에 생성한 랜덤 텍스트이다.

> 1차 : The table shows how many contexts; it uses two or equal to the sparse matrices were not chosen. In Section 13.1, for a more efficient that "the more time was published by calling recursive structure translates to build scaffolding to try to know of selected and testing and more robust and a binary search).
>
> 2차 : The program is guided by verification ideas, and the second errs in the STL implementation (which guarantees good worst-case performance), and is especially rich in speedups due to Gordon Bell.

> Everything should be to use a macro: for n=10,000,
> its run time; that point Martin picked up from his
> desk
>
> 3차 : A Quicksort would be quite efficient for the main-
> memory sorts, and it requires only a few distinct
> values in this particular problem, we can write them
> all down in the program, and they were making
> progress towards a solution at a snail's pace.

1차 텍스트는 거의 소리 내서 읽을 만하고, 3차 텍스트는 원래의 입력에 있는 매우 긴 어구가 랜덤하게 나타나고 있다. 패러디가 목적이라면 2차 텍스트가 가장 흥미롭다.

나는 Shannon의 고전 <Mathematical Theory of Communication(1984)>에서 영어 텍스트에 대한 문자 수준, 단어 수준의 k차 근사를 처음으로 보았다. 여기서 Shannon은 다음과 같이 쓰고 있다.

> "예를 들어, [문자 수준의 1차 텍스트]를 생성하려면 랜덤하게 책의 한 페이지를 펼쳐서 페이지의 임의의 위치에 있는 문자를 선택하여 기록한다. 그런 다음 책의 다른 페이지를 펼쳐 바로 전에 기록했던 문자가 나올 때까지 읽은 다음, 그 문자의 바로 다음 문자를 기록한다. 다시 다른 페이지를 펼쳐 두 번째로 기록한 문자를 찾아 그 바로 뒤에 오는 문자를 기록한다. 이런 식의 작업을 계속한다. 이와 비슷한 과정이 [문자 수준의 1차와 2차 텍스트, 단어 수준의 0차와 1차 텍스트]에 대해 사용되었다. 이런 근사 작업을 계속 해나갈 수 있다면 무척 흥미롭겠지만, 다음 단계에 드는 노력이 너무도 크다."

프로그램을 사용하면 이런 어려운 작업을 자동화할 수 있다. k차 Markov 체인을 생성하기 위한 우리의 C 프로그램은 최대 5MB의 텍스트를 배열

*inputchars*에 저장할 것이다.

```
int k = 2;
char inputchars[5000000];
char *word[1000000];
int nword = 0;
```

우리는 입력 텍스트 전체를 읽어들여 각 단어를 생성하는 방법으로(텍스트의 크기가 크다면 속도가 느려지겠지만) Shannon의 알고리즘을 직접 구현할 수도 있지만, 그렇게 하는 대신 배열 *word*를 문자들을 가리키는 접미사 배열의 한 종류로 이용할 것이다. 단어의 경계에서만 시작한다는 것 외에는 접미사 배열과 같은데, 이런 식의 수정은 흔한 것이다. 변수 *nword*는 단어의 개수를 보관한다. 우리는 다음 코드로 파일을 읽는다.

```
word[0] = inputchars
while scanf("%s", word[nword]) != EOF
    word[nword+1] = word[nword] + strlen(word[nword]) + 1
    nword++
```

각 단어는 *inputchars*에 추가되고(다른 어떤 메모리 할당도 필요 없다), scanf에 의해 제공되는 NULL로 종료된다.

입력을 읽은 후에는 배열 *word*를 정렬하여 *k*개의 단어로 이루어진 동일한 열에 대한 포인터를 모두 모을 것이다. 다음 함수는 비교 작업을 한다.

```
int wordncmp(char *p, char *q)
    n = k
    for ( ; *p == *q; p++, q++)
        if (*p == 0 && --n == 0)
            return 0
    return *p - *q
```

이 함수는 문자가 같은 동안 두 문자열을 스캔한다. NULL을 만나면 카운터 n을 1씩 감소시키고, k개의 같은 단어를 본 후에는 같다는 뜻으로 0을 리턴한다. 다른 문자가 있는 것을 발견했을 때는 그 차를 리턴한다.

입력을 읽어들인 다음에는 k개의 NULL을 덧붙이고(비교 함수가 문자열의 마지막을 벗어나지 않도록 하기 위해서), 문서에 있던 처음 k개의 단어를 출력한 다음(랜덤한 출력의 시작으로), 정렬 함수를 호출한다.

```
for i = [0, k)
    word[nword][i] = 0
for i = [0, k)
    print word[i]
qsort(word, nword, sizeof(word[0]), sortcmp)
```

sortcmp 함수는 포인터에 대한 한 단계의 인디렉션을 추가하는 것이다.

이제는 텍스트에 있던 k-그램에 대한 상당히 많은 양의 정보가 메모리 효율적 구조에 저장되었다. 만약 k가 1이고 입력 텍스트가 "of the people, by the people, for the people"이라면, 배열 word는 다음과 같을 것이다.

```
word[0]: by the
word[1]: for the
word[2]: of the
word[3]: people
word[4]: people, for
word[5]: people, by
word[6]: the people,
word[7]: the people
word[8]: the people,
```

보통 더 많은 단어가 뒤에 올 수 있지만, 이 그림은 명확성을 위해 *word*의 각 요소(단어에 대한 포인터)가 가리키는 처음 $k+1$개의 단어만을 보이고 있다. 만약 "the" 다음에 올 단어를 찾는다면, 우리는 접미사 배열을 검색하여 세 가지 선택(두 개의 "people,"과 하나의 "people")을 할 수 있다.

이제 우리는 다음과 같은 가상코드 스케치로 무의미한 텍스트를 생성할 수 있다.

```
phrase = first phrase in input array
loop
    perform a binary search for phrase in word[0..nword-1]
    for all phrases equal in the first k words
        select one at random, pointed to by p
    phrase = word following p
    if k-th word of phrase is length 0
        break
    print k-th word of phrase
```

우리는 *phrase*를 입력의 첫 번째 문구로 설정하여 루프를 초기화한다(이 단어들이 이미 출력 파일에 기록되었다는 사실을 상기하라). 이진 탐색은 *phrase*가 처음으로 나타나는 위치를 찾기 위해 9.3절의 코드를 사용한다(첫 번째로 나타나는 요소를 찾는 것은 여기서 매우 중요한데, 9.3절의 이진 탐색이 그렇게 하고 있다). 그 다음 루프는 같은 어구를 모두 살펴보고 연습문제 12.10의 해답에서 사용하는 방법으로 그중 하나를 랜덤하게 선택한다. 만약 어구의 *k*번째 단어 길이가 0이라면, 현재 어구는 문서의 마지막 어구이므로, 루프를 종료한다.

완전한 가상코드는 이런 아이디어를 구현할 뿐 아니라, 생성할 단어 수의 상한(upper bound)까지 정해준다.

```
phrase = inputchars
for (wordsleft = 10000; wordsleft > 0; wordsleft--)
    l = -1
    u = nword
    while l+1 != u
        m = (l + u) / 2
        if wordncmp(word[m], phrase) < 0
            l = m
```

```
    else
        u = m
for (i=0; wordncmp(phrase, word[u+i]) == 0; i++)
    if rand() % (i+1) == 0
        p = word[u+i]
phrase = skip(p, 1)
if strlen(skip(phrase, k-1)) == 0
    break
print skip(phrase, k-1)
```

Kernighan과 Pike의 <Practice of Programming(5.9절에서 언급한)> 3장에서는 "디자인과 구현"에 대한 일반적 주제를 다루고 있다. 그 부분에서 단어 수준의 Markov 텍스트 생성 문제에 대해 설명하는데, 이는 데이터를 입력 받고, 데이터를 출력하고, 그 과정에 약간의 창의력을 필요로 하는 많은 프로그램의 전형이 되기 때문이다. 그들은 이 문제에 대한 흥미로운 배경을 약간 언급하고, 그 작업을 위한 프로그램을 C, Java, C++, Awk, Perl로 구현했다.

이 절에서 설명한 프로그램은 Kernighan과 Pike의 C 프로그램과 비교해볼 만하다. 여기서 설명한 코드는 그들의 코드에 비해 길이는 절반 수준이고, 어구를 k개의 연속된 단어에 대한 포인터로 표현하여 메모리 효율적이고 구현하기 쉽다. 약 1MB 정도의 입력에 대해 두 프로그램의 속도는 대충 비슷하다. Kernighan과 Pike는 조금 더 큰 구조를 사용하고, 비효율적인 malloc을 많이 사용하기 때문에, 내 시스템에서는 이 칼럼의 프로그램이 10배 정도 메모리를 적게 사용한다. 만약 연습문제 14의 해답에 나오는 속도향상 방법을 사용하고 이진 탐색과 정렬을 해시 테이블로 대체한다면, 이 절에서 사용한 프로그램은 약 2배 정도 빨라질 것이다(메모리 사용량은 50%정도 늘어나겠지만).

15.4 원리

문자열 문제

컴파일러는 심볼 테이블에서 변수 이름을 어떻게 검색할까? 도움말 시스템은 질의(query)를 위한 문자열의 각 문자를 입력할 때 어떻게 신속하게 전체 CD-ROM을 검색할 수 있을까? 웹 검색 엔진은 어떻게 어구를 검색하는 것일까? 지금까지 간단한 문제를 통해 여러 기법을 살펴보았는데, 그중 몇몇은 이와 같은 실제 문제에서도 사용된다.

문자열을 위한 데이터 구조

우리는 문자열을 표현하기 위해 가장 중요한 여러 가지 데이터 구조를 살펴보았다.

해싱

해싱은 충분히 빠르고 구현하기도 간단하다.

균형 트리

균형 트리는 기대와 전혀 다른 입력에 대해서도 좋은 퍼포먼스를 보장하며, C++ STL에 있는 대부분의 set과 map을 구현하는 데 사용되었다.

접미사 배열

접미사 배열은 텍스트의 모든 문자(또는 모든 단어)에 대한 포인터의 배열을 정렬한 것이다. 이렇게 하면 접미사 배열을 스캔하여 근접한 문자열을 찾거나, 이진 탐색을 사용하여 단어나 어구를 검색할 수 있다.

13.8절에서는 사전 내의 단어를 표현하기 위해 몇몇 부가적인 구조를 사용했다.

라이브러리 vs 사용자 정의 컴포넌트

C++ STL의 set, map, string 등은 사용하기에 매우 편리하지만, 이들의 범용성과 강력한 인터페이스는 특수 목적의 해시 함수만큼 효율적이지는 않다는 것을 뜻한다. 다른 라이브러리 컴포넌트는 매우 효율적이다. 해싱에서는 strcmp를 사용했고, 접미사 배열에서는 qsort를 사용했다. 나는 Markov 프로그램에서 사용된 이진 탐색과 wordncmp 함수를 작성할 때 라이브러리에 구현된 bsearch와 strcmp를 살짝 보았다.

15.5 연습문제

1 우리는 이 칼럼에서 단어는 공백으로 분리된다는 단순한 정의를 사용했다. 그러나 HTML이나 RTF와 같은 많은 실제 문서에는 서식 명령(formatting command)이 포함되어 있다. 이런 명령은 어떻게 다루어야 하는가? 처리를 위해 필요한 다른 작업이 있는가?

2 메모리가 넉넉한 머신에서 C++ STL의 set 또는 map을 사용하면, 13.8절의 탐색 문제를 어떻게 풀 수 있겠는가? McIlroy의 구조와 비교했을 때 얼마나 많은 메모리를 소모하는가?

3 9.2절의 특수 목적 malloc 솔루션을 15.1절의 해시 프로그램에 적용하면 얼마나 많은 속도 향상을 얻을 수 있겠는가?

4 해시 테이블이 크고 해시 함수가 데이터를 잘 흩어놓는다면, 테이블 내의 대부분의 리스트는 단지 몇 개의 요소만을 가질 것이다. 그러나 이중 어느 한 조건이라도 만족하지 않으면, 리스트로 찾아 내려가는 시간을 무시할 수 없게 된다. 15.1절에서는 새 문자열이 해시 테이블에 없을 때, 그 문자열을 리스트의 앞부분에 삽입했다. 해싱 문제를 시뮬레이션하기 위해 NHASH를 1로 설정하고, 새로운 요소를 리스트의 끝에 추가하거나 또는 가장 최근에 검색된 요소를 리스트의 앞부분으로 옮기는 방법 등 리스트에 여러 가지 기법을 적용하여 실험해보라.

5 15.1절의 단어 빈도 조사 프로그램의 출력을 봤을 때 가장 흥미로웠던 것은 출현 빈도가 높은 단어부터 내림차순으로 정렬하여 인쇄했다는 것이었다. 이렇게 하기 위해 C나 C++ 프로그램을 어떻게 수정하면 되겠는가? M이 10이나 1000과 같은 상수라 할 때, 어떻게 하면 출현 빈도가 가장 높은 M개의 단어만을 출력할 수 있겠는가?

6 새로운 입력 문자열이 주어졌을 때, 저장된 문자열에서 가장 길게 중복되는 부분을 찾기 위해 접미사 배열을 어떻게 탐색하면 되겠는가? 이런 작업을 위한 GUI는 어떻게 작성하겠는가?

7 우리의 중복된 문자열을 찾는 프로그램은 전형적인 입력에 대해서는 매우 빨랐지만 어떤 입력에 대해서는 매우 느려질 수 있다($O(n^2)$ 이상으로). 이런 입력에 대해 프로그램의 실행시간을 측정하라. 실제로 이런 입력이 들어올 일이 있을까?

8. M번 이상 중복된 문자열 중 가장 긴 문자열을 찾기 위해 프로그램을 어떻게 수정해야 하는가?

9. 두 개의 입력 텍스트가 주어졌을 때, 양쪽 모두에 나타나는 가장 긴 문자열을 찾는 프로그램을 작성하라.

10. 중복된 문자열을 찾는 프로그램에서 포인터가 단어의 경계(word boundary)에서 시작하는 접미사만을 가리키게 하여 포인터의 개수를 줄일 수 있는지 살펴보라. 이 프로그램으로 생성되는 출력에는 어떤 효과가 있겠는가?

11. 문자 수준(letter-level)의 Markov 텍스트를 생성하는 프로그램을 구현하라.

12. (0차 Markov 텍스트 또는 Markov 텍스트가 아닌) 랜덤 텍스트를 생성하기 위해 15.1절의 도구와 기법을 어떻게 이용하겠는가?

13. 단어 수준(word-level)의 Markov 텍스트를 생성하는 프로그램이 이 책의 웹 사이트에 있다. 여러분의 문서 몇 개에 적용해보기 바란다.

14. Markov 프로그램의 속도를 향상시키기 위해 어떻게 해시를 사용할 수 있겠는가?

15. 15.3절에서 설명한 알고리즘은 Shannon이 Markov 텍스트를 생성하는데 사용한 방법이다. 이 알고리즘을 프로그램으로 구현하라. 이것은

Markov 빈도(frequencies)에 대한 좋은 근사이긴 하지만, 정확한 형태는 아니다. 왜 그런지 설명하라. 전체 문자열을 처음부터 살펴 각 단어를 생성하는 프로그램을 구현하라(이렇게 하면 근사가 아닌 진짜 빈도를 이용하는 것이 된다).

16 단어의 리스트를 모아 사전으로 만들기 위해 이 칼럼에서 설명한 기법을 어떻게 사용할 수 있겠는가(13.8절에서 Doug McIlroy가 직면했던 문제)? 어떻게 사전을 사용하지 않고 맞춤법 검사기를 작성할 수 있는가? 어떻게 문법 규칙을 사용하지 않고 문법 검사기를 만들 수 있겠는가?

17 k-그램 분석과 관련된 기술이 어떻게 음성 인식이나 데이터 압축과 같은 애플리케이션에서 사용될 수 있을지 조사해보라.

15.6 더 읽을거리

8.8절에서 언급한 많은 책에 문자열을 표현하고 처리하기 위한 효율적 알고리즘과 데이터 구조에 대한 자료가 있다.

Epilog to the First Edition
1판에 대한 에필로그

그 당시 저자와의 인터뷰는 이 책의 1판에 대한 최상의 결말로 보였다. 그 인터뷰는 여전히 책에 대해 설명하고 있기 때문에 다시 싣는다.

Q: 인터뷰에 응해주셔서 고맙습니다.
A: 천만에요. 전 시간이 아주 많습니다.

Q: 이 책의 칼럼들은 이미 <Communications of the ACM>에 나와 있는데, 굳이 이들을 모아 책으로 낸 이유는 무엇입니까?
A: 몇 가지 사소한 이유가 있습니다. 저는 수십 개의 오류를 수정했고, 수백 개의 사항을 조금씩 개선했고, 여러 개의 새로운 절(section)을 추가했습니다. 이 책에는 연습문제와 해답, 그리고 그림이 50% 정도 많습니다. 또한 이들 칼럼이 10여권의 잡지에 따로 있는 것보다는 한 권의 책으로 있는 것이 편리하구요. 그렇지만 중요한 이유는 이들 칼럼이 모여 있을 때 그 밑에 있는 주제를 보기가 더 쉽기 때문입니다. 이 전체는 각각의 합보다 크기 때문입니다.

Q: 그 주제란 무엇입니까?

A: 가장 중요한 것은 프로그래밍에 대해 곰곰이 생각하는 것은 유용하기도 하고 재미있기도 하다는 것입니다. 거기에는 단지 정형화된 요구사항 문서로부터의 체계적인 프로그램 개발 이상의 것이 있습니다. 이 책이 프로그래밍에 환멸을 느끼는 프로그래머를 한 명이라도 다시 그들의 일을 좋아할 수 있게 도울 수 있다면, 소기의 목적을 달성했다고 할 수 있을 것입니다.

Q: 겸손한 대답이십니다. 칼럼들에 기술적 맥락 같은 게 있습니까?
A: 2부의 주제가 퍼포먼스이고, 퍼포먼스는 모든 칼럼에서 중요하게 다루고 있습니다. 그리고 몇몇 칼럼에서 프로그램 검증이 많이 사용됩니다. 부록 1에 이 책에 있는 알고리즘에 대한 카탈로그가 있습니다.

Q: 대부분의 칼럼에서 디자인 프로세스를 강조하는 것처럼 보이던데요. 이것에 대해 요약해주실 수 있겠습니까?
A: 좋은 질문입니다. 사실 이 인터뷰 전에 우연히 리스트를 준비했습니다. 여기 프로그래머를 위한 10가지 제안이 있습니다.

- 정확한 문제에 대해 작업하라.
- 솔루션의 디자인 공간을 연구하라.
- 데이터를 살펴보라.
- 봉투의 뒷면을 이용하라.
- 대칭(symmetry)을 이용하라.
- 컴포넌트를 이용하여 디자인하라.
- 프로토타입을 작성하라.
- 어쩔 수 없을 때는 트레이드오프를 해라.
- 단순함을 유지하라.
- 우아함을 추구하라.

원래 프로그래밍 컨텍스트에서 논의된 것들이지만, 다른 공학적 시도에도 적용됩니다.

Q: 그 말을 들으니까 궁금해지는 것이 있네요. 이 책에 있는 작은 프로그램을 단순화하는 것은 쉽습니다만, 그런 기법이 실제 소프트웨어에도 적용될까요?
A: "예", "아니오", "아마도" 이렇게 세 가지 답이 가능하겠네요. 예, 실제 소프트웨어에도 적용 가능합니다. 예를 들면, 3.4절(1판에서)은 대형 소프트웨어 프로젝트가 단지 80명이 1년 동안 작업할 수 있을 정도로 단순화된 사례를 설명하고 있습니다. 또, 흔해빠진 대답으로 "아니오"라고도 할 수 있겠네요. 만약 적절히 단순화한다면, 엄청나게 큰 시스템을 만드는 것을 피할 수 있기 때문에 그런 기술을 적용할 필요가 없어지겠죠. 두 관점 모두 장점이 있지만, 진실은 그 둘 사이의 어딘가에 있을 테고, 바로 거기가 "아마도"라는 대답이 들어갈 자리인 것 같습니다. 어떤 소프트웨어는 커질 수밖에 없는데, 이 책의 주제는 때로는 이런 시스템에 적용할 수 있습니다. Unix 시스템이 단순하고 우아한 부품으로 만들어진 강력한 통일체의 좋은 예입니다.

Q: 여기서 다시 Bell 연구소의 시스템을 말씀하시는군요. 이 칼럼들이 좀 편협하다고 생각하지 않습니까?
A: 약간은 그럴 수도 있죠. 저는 실제로 사용되는 것을 본 적이 있는 소재에 충실했는데, 이것이 책을 제 환경 쪽으로 치우치게 했는지도 모르겠습니다. 좀더 긍정적으로 말하자면, 이들 칼럼에 사용된 소재들 중 많은 부분을 제 동료들로부터 도움받았고, 그들은 신뢰(또는 책망)를 받을 만합니다. 저는 Bell 연구소 내의 여러 연구원과 개발자에게 많은 것을 배웠습니다. 거기에는 연구와 개발 사이의 상호작용을 장려하는 좋은 분위기가 있습니다. 따라서 당신이 편협하다고 말한 부분은 대부분 제 고용주에 대한 열정입니다.

Q: 다시 본론으로 돌아와서, 이 책에 빠진 내용이 있다면 어떤 것이 있습니까?
A: 여러 프로그램으로 조합된 대형 시스템에 대한 내용을 포함시키고 싶었는데, 어떤 흥미로운 시스템도 열 페이지 정도의 전형적인 칼럼에 설명할 수는 없었습니다. 좀더 일반적인 수준에서 본다면, 나중에 "프로그래머를 위한 컴퓨터 과학"([칼럼4]의 프로그램 검증, [칼럼8]의 알고리즘 디자인과 같은), "컴퓨팅에서의 공학적 기법"([칼럼7]의 봉투 뒷면에 하는 간단한 계산과 같은) 같은 주제로 칼럼을 쓰고 싶습니다.

Q: 그렇게 "과학"과 "공학"을 좋아하면, 왜 칼럼에서 원리나 법칙에 대해서는 가볍게 다루고, 다른 이야기는 무겁게 다루었습니까?
A: 이것 보세요! 인터뷰를 하는 사람은 문체를 비평하는 것이 아닙니다.

Epilog to the Second Edition
2판에 대한 에필로그

어떤 전통은 그 본질을 위해 계속된다. 다른 전통도 어쨌든 지속된다.

Q: 잘 돌아오셨습니다. 정말 오래간만이군요.
A: 14년 만이네요.

Q: 지난번에 했던 것부터 시작하죠. 왜 이 책의 개정판을 내게 되었습니까?
A: 저는 이 책을 무척 좋아합니다. 집필하는 것도 즐거웠고, 독자들도 수년간 매우 관대했습니다. 이 책에 있는 원리는 시간의 시험을 견뎌냈지만, 1판의 많은 예제가 시대에 뒤진 낡은 것이 되었습니다. 요즘의 독자는 주 메모리가 1/2MB인 것을 "대형" 컴퓨터라 하지는 않을 것입니다.

Q: 그렇다면 이번 판에서는 어떤 내용을 변경했습니까?
A: 많이 바꿨죠. 제가 서문에서 바꿨다고 했던 것들이죠. 인터뷰 하기 전에 확인하지 않으셨습니까?

Q: 아, 죄송합니다. 서문에서 이 책의 코드를 웹 사이트에서 얻을 수 있다고 하

신 것을 봤습니다.

A: 그 코드를 작성하는 것은 이번 판을 작업하면서 가장 즐거웠던 일이었죠. 저는 1판에 있던 대부분의 프로그램을 구현했지만, 그 코드를 본 사람은 저 밖에 없었죠. 이번 판에서는 2,500줄 정도의 C와 C++ 코드를 작성해서, 전세계 사람들이 볼 수 있도록 했습니다.

Q: 그 코드가 다른 사람에게 공개할 준비가 됐다는 겁니까? 코드를 약간 봤는데, 너무 짧은 변수 이름에다, 함수 정의는 이상하고, 파라미터로 됐어야 할 전역변수에 기타 등등... 정말 끔찍한 코딩 스타일이던데요. 실제 소프트웨어 엔지니어들이 그 코드를 보는 것이 거북하지 않나요?

A: 제가 사용한 스타일은 대형 소프트웨어 프로젝트에서는 실제로 치명적일 수도 있습니다. 그러나 이 책은 대규모 소프트웨어 프로젝트가 아닙니다. 두꺼운 책도 아니구요. 연습문제 5.1의 해답에서 간결한 코딩 스타일과 제가 왜 그런 스타일을 사용했는지에 대해 설명했습니다. 제가 수천 쪽의 책을 쓰고 싶었다면, 아마 좀더 긴 코딩 스타일을 사용했을 겁니다.

Q: 긴 코드 이야기가 나와서 말인데요, 당신의 sort.cpp 프로그램은 C 표준 라이브러리의 qsort, C++ STL의 sort, 그리고 다른 사람들이 만든 퀵 정렬 프로그램과 비슷합니다. 프로그래머가 라이브러리 함수를 사용해야 하는지, 아니면 처음부터 코드를 작성해야 하는지 결론을 내려줄 수누 없습니까?

A: 그 질문에 대해서는 Tom Duff가 가장 훌륭한 대답을 했습니다. "언제든 가능하면 코드를 훔쳐라." 라이브러리는 방대하기 때문에, 사용할 수 있을 때는 언제든 사용해야죠. 처음엔 시스템 라이브러리에서 시작해서, 적절한 기능을 위해 다른 라이브러리를 찾을 수도 있습니다. 그러나 어떤 공학적 활동에서도 한 제품이 모든 고객을 만족시키는 것이 될 수는 없습니다. 라이브러리 함수가

상황에 잘 맞지 않으면, 자신의 목적에 맞는 함수를 직접 만들어야 할 것입니다. 저는 이 책에 나오는 가상코드(그리고 웹 사이트에서 볼 수 있는 실제 코드)가 자신의 함수를 직접 작성해야 하는 프로그래머들에게 유용한 시작점이 되기를 바랍니다. 저는 이 책에서 제시한 스캐폴딩과 실험적 접근방법이 이들 프로그래머로 하여금 다양한 알고리즘을 평가하고, 그들의 애플리케이션에 가장 적합한 것을 선택하는 데 도움을 줄 것이라 생각합니다.

Q: 코드를 공개한 것과 몇몇 이야기를 업데이트한 것 외에, 이번 판에서 새로운 내용은 어떤 것이 있습니까?

A: 저는 캐시와 명령어 수준 병렬처리가 사용될 때의 코드 튜닝을 다루어보고 싶었습니다. 좀더 넓은 수준에서 본다면, 세 개의 새로운 칼럼이 추가되었습니다. [칼럼5]는 실제 코드와 스캐폴딩에 대해 기술하고, [칼럼13]은 데이터 구조에 대해 자세히 설명하고, [칼럼15]에서는 고급 알고리즘을 이끌어 냅니다. 이 책에 있는 대부분의 아이디어는 전에 출판된 적이 있는 것들이지만, [부록3]에 있는 메모리에 대한 비용모델과 15.3절에 있는 Markov 텍스트 알고리즘은 이 책에서 처음으로 설명한 것입니다. 이 새로운 Markov 텍스트 알고리즘은 Kernighan과 Pike가 설명한 고전적 알고리즘과 비교할 만합니다.

Q: 계속 Bell 연구소에 계셨습니다. 지난번에 우리가 이야기를 나누었을 때 당신은 Bell 연구소에 대해 열광적이었지만, 그때는 거기서 지낸지 몇 년 안 되었을 때였습니다. 지난 14년 동안 많은 것이 변했을 것 같은데, Bell 연구소와 그 동안 있었던 변화에 대해 어떻게 생각합니까?

A: 제가 이 책의 첫 번째 칼럼을 쓸 때 Bell 연구소는 Bell System에 속해있었습니다. 이 책의 1판이 나왔을 때, 우리는 AT&T에 속했었습니다. 지금은 Lucent Technologies에 속해있습니다. 그 동안 기업과 텔레커뮤니케이션 산업, 그리고

컴퓨팅 분야 모두 엄청나게 변화했습니다. Bell 연구소는 이런 변화에 뒤처지지 않았고 종종 길을 선도하기도 했습니다. 저는 이론과 응용 사이의 균형을 즐기고, 또 제품을 만들고 책을 쓰고 싶었기 때문에 Bell 연구소에 들어갔습니다. 제가 연구소에 있는 동안 많은 변화가 있었지만, 저의 상사는 항상 다양한 분야의 활동을 독려하십니다.

이 책의 1판을 검토했던 한 분이 "Bentley의 일상 작업 환경은 프로그래밍의 천국이다. 그는 New Jersey의 Murray Hill에 있는 Bell 연구소의 기술 고문 중의 한 명이고, 첨단 하드웨어와 소프트웨어에 즉각 접근할 수 있고, 세계에서 가장 뛰어난 소프트웨어 개발자들과 구내식당에서 함께 식사한다."라고 썼습니다. Bell 연구소는 여전히 그런 곳입니다.

Q: 매일 매일이 그렇게 즐겁습니까?

A: 물론입니다. 많은 날이 매우 즐겁습니다. 그리고 다른 날들도 꽤 괜찮습니다.

부록 1
알고리즘 카탈로그

이 책은 대학의 알고리즘 코스에서 배우는 많은 내용을 다루고 있지만, 관점은 다르다. 수학적 분석보다는 응용과 코딩을 강조한다. 이 부록은 이런 내용과 전형적인 개요 사이의 관계를 보인다.

정렬

문제 정의

출력은 입력된 수열을 순서대로 배열한 것이다. 입력이 파일일 경우, 출력은 보통 별도의 파일이 된다. 입력이 배열인 경우, 출력은 보통 같은 배열이다.

응용

다음 리스트는 정렬의 다양한 응용에 대한 맛보기일 뿐이다.

- 출력 요구사항 – 어떤 사용자는 정렬된 출력을 요구한다. 1.1절을 보고 전화번호부나 매달 확인하는 계좌 보고서를 생각해보라. 이진 탐색과 같은 함

수는 정렬된 입력을 요구한다.
- 같은 아이템 모으기 – 배열에서 같은 요소를 모으는 데 정렬을 사용하기도 한다. 2.4절과 2.8절의 전철어구 프로그램에서도 같은 클래스에 속하는 전철어구를 모으는 데 정렬을 사용했다. 15.2절과 15.3절의 접미사 배열에서도 같은 텍스트 어구를 모으는 데 정렬을 사용했다. 연습문제 2.6, 8.10, 15.8을 살펴보라.
- 다른 응용 – 2.4절과 2.8절의 전철어구 프로그램은 단어를 구성하는 문자를 정렬하여 같은 전철어구 클래스의 표시로 사용했다. 연습문제 2.7은 테이프에 저장된 데이터를 재배열하는 데 정렬을 사용한다.

일반 목적 함수

다음 알고리즘은 n개의 요소를 가지는 임의의 배열을 정렬한다.

- 삽입 정렬(insertion sort) – 11.1절에서 설명. 랜덤한 입력과 최악의 경우에 대해 $O(n^2)$의 실행시간이 걸린다. 몇몇 변형에 대한 실행시간이 11.1절의 표에 정리되어 있다. 11.3절에서는 거의 정렬된 배열을 정렬하기 위해 삽입 정렬을 사용하는데, 이때는 $O(n)$의 시간이 걸린다. 삽입 정렬은 이 책에 나오는 유일한 안정적 정렬(stable sort)로, 같은 키 값을 갖는 요소들은 입력될 때의 상대적 위치를 그대로 유지한다.
- 퀵 정렬(quicksort) – 11.2절의 간단한 퀵 정렬은 n개의 다른 요소를 가지는 배열을 예상대로 $O(n \log n)$의 시간에 정렬한다. 퀵 정렬은 재귀적이고, 평균적으로 로그에 비례하는 스택 공간을 사용한다. 최악의 경우에는 $O(n^2)$의 시간과 $O(n)$의 스택 공간이 필요하다. 배열의 요소가 모두 같은 경우에도 $O(n^2)$의 시간이 걸린다. 11.3절의 개선된 버전은 어떤 배열에 대해서도 평균 $O(n \log n)$의 실행시간을 갖는다. 11.3절의 표는 퀵 정렬의 몇

가지 구현에 대한 실행시간의 실험적 데이터를 나타낸다. C 표준 라이브러리의 qsort도 보통 이 알고리즘으로 구현되는데, 이는 2.8, 15.2, 15.3절과 연습문제 1.1의 해답에서 사용되었다. C++ 라이브러리의 sort도 보통 이 알고리즘을 사용한다. 실행시간에 대한 비교자료가 11.3절에 정리되어 있다.

- 힙 정렬(heapsort) - 14.4절의 힙 정렬은 어떤 배열에 대해서도 $O(n \log n)$의 실행시간을 갖는다. 재귀를 사용하지 않으며 일정한 여분의 공간을 사용한다. 연습문제 14.1과 14.2의 해답에서 더 빠른 힙 정렬에 대해 설명한다.
- 기타 정렬 알고리즘 - 1.3절에서 간단히 살펴본 머지 정렬(merge sort) 알고리즘은 파일을 정렬할 때 효과적이다. 병합(merge) 알고리즘은 연습문제 14.4.d에서 다룬다. 연습문제 11.6의 해답에는 선택 정렬(selection sort)과 셸 정렬(shell sort)에 대한 가상코드가 있다.

몇몇 정렬 알고리즘에 대한 실행시간이 연습문제 1.3의 해답에 정리되어 있다.

특수 목적 함수

다음 함수는 특정 입력에 대해 짧고 효율적인 프로그램을 유도한다.

- 기수 정렬(radix sort) - 연습문제 11.5에서 McIlroy의 비트 열(string) 정렬은 좀더 큰 알파벳(가령 바이트와 같은)의 열을 정렬하는 것으로 일반화될 수 있다.
- 비트맵 정렬(bitmap sort) - 1.4절의 비트맵 정렬은 정렬될 정수가 작은 범위 내에 있고, 중복되지 않으며, 부가적인 데이터가 없다는 사실을 이용했다. 세부 구현사항이나 확장은 연습문제 1.2, 1.3, 1.5, 1.6의 해답에 있다.
- 기타 정렬 - 1.3절의 다중 패스(multi-pass) 정렬은 입력을 여러 번 읽어 공

간을 절약하는 대신 시간을 더 소모한다. [칼럼12·13]에서는 랜덤한 정수를 정렬한 집합을 생성한다.

탐색

문제 정의

탐색 함수는 입력이 주어진 집합의 원소인지 아닌지를 결정하고, 때에 따라서 연관된 정보를 검색한다.

응용

연습문제 2.6에 있는 Lesk의 전화번호부에서는 (부호화된) 이름을 전화번호로 변환하기 위해 탐색을 사용한다. 10.8절에 있는 Thompson의 체스 프로그램은 최적의 수를 계산하기 위해 체스보드의 집합을 탐색한다. 13.8절에서 McIlroy의 맞춤법 검사기는 단어의 맞춤법이 맞는지 확인하기 위해 사전을 탐색한다. 그 외의 다른 응용은 함수를 설명하면서 언급한다.

일반 목적 함수

다음 알고리즘은 n개의 요소로 이루어진 집합을 탐색한다.

- 순차 탐색(sequential search) – 배열에 대한 순차 탐색의 단순한 버전과 튜닝된 버전이 9.2절에 나온다. 배열과 연결 리스트에 대한 순차 탐색은 13.2절에 나온다. 단어에 하이픈 삽입(연습문제 3.5), 지리적 데이터의 단순화(9.2절), 희박 행렬의 표현(10.2절), 랜덤한 집합 생성(13.2절), 압축된 사전의 저장(13.8절), 상자 채우기 문제(연습문제 14.5), 동일한 텍스트 어

구 검색(15.3)에서 이 알고리즘이 사용되었다. [칼럼3]의 도입부와 연습문제 3.1에서는 순차 탐색을 어리석은 방법으로 구현한 두 경우를 보이고 있다.

- 이진 탐색(binary search) - 이 알고리즘은 정렬된 배열을 탐색하는 데 약 $\log_2 n$의 비교를 하며, 2.2절에서 설명하고, 2.4절에서 코드로 구현하였다. 9.3절에서는 여러 개의 같은 아이템이 있는 경우 그중 첫 번째 요소를 찾도록 코드를 확장하였고, 퍼포먼스 튜닝도 했다. 예약 시스템에서의 레코드 탐색(2.2절), 잘못된 입력라인 찾기(2.2절), 입력된 단어의 전철어구 찾기(연습문제 2.1), 전화번호(연습문제 2.6), 선분 사이에 있는 점의 위치 결정(연습문제 4.7), 희박 행렬 내 엔트리의 인덱스(연습문제 10.2의 해답), 랜덤한 정수(연습문제 13.3), 단어들의 어구(15.2절, 15.3절) 문제에서 이진 탐색이 응용되었다. 연습문제 2.9와 9.9에서는 이진 탐색과 순차 탐색 사이의 트레이드오프에 대해 논한다.

- 해싱(hashing) - 연습문제 1.10에서는 전화번호에 대한 해시를 사용하고, 연습문제 9.10에서는 정수(의 집합)에 대해 해시를 사용하고, 13.4절에서는 빈(bins)을 통해 정수 집합에 대한 해시를 사용하고, 13.8절에서는 단어에 대한 사전을 만드는 데 해시를 사용한다. 15.1절에서는 문서 내에 포함된 단어의 수를 세는 데 해시를 사용한다.

- 이진 탐색 트리(binary search tree) - 13.3절에서는 (비균형) 이진 탐색 트리를 사용하여 랜덤한 정수의 집합을 표현한다. C++ STL의 set을 구현하는 데는 전형적인 균형 트리가 사용되었는데, STL의 set은 13.1절, 15.1절, 그리고 연습문제 1.1의 해답에서 사용되었다.

특수 목적 함수

다음 함수는 특정 입력에 대해 짧고 효율적인 프로그램을 유도한다.

- 키 인덱싱(key indexing) – 어떤 키는 값의 배열에 대한 인덱스로 사용될 수 있다. 13.4절의 빈(bins)과 비트 벡터는 모두 정수 키를 인덱스로 사용한다. 전화번호(1.4절), 문자들(연습문제 9.6의 해답), 삼각함수의 인수(연습문제 9.11), 희박 행렬의 인덱스(10.2절), 프로그램 카운터 값(연습문제 10.7), 체스보드(10.8절), 랜덤한 정수(13.4절), 문자열의 해시 값(13.8절), 그리고 우선순위 큐의 정수값(연습문제 14.8)에 대해 키가 인덱스로 사용될 수 있다. 연습문제 10.5에서는 키 인덱싱과 수치 함수를 사용하여 공간 사용량을 줄인다.
- 기타 방법 – 8.1절에서는 자주 사용되는 요소에 대한 캐시를 유지하여 탐색 시간을 줄인 방법을 설명한다. 10.1절은 컨텍스트를 이해했을 때 세금 테이블 탐색이 어떻게 단순해졌는지를 설명한다.

기타 집합(Set) 알고리즘

다음 문제는 중복된 요소를 포함할 가능성이 있는 n개의 요소의 컬렉션을 다룬다.

- 우선순위 큐(priority queues) – 우선순위 큐는 임의의 요소를 삽입하고 최소 요소를 제거하는 오퍼레이션을 이용하여 요소의 집합을 유지한다. 14.3절은 이 작업을 위한 두 가지 순차구조를 설명하고 있으며, 힙을 사용하여 우선순위 큐를 효율적으로 구현하는 C++ 클래스를 제시한다. 응용은 연습문제 14.4, 14.5, 14.8에 설명되어 있다.
- 선택 – 연습문제 2.8에서는 집합에서 k번째로 작은 원소를 선택(selection)해야 하는 문제를 설명하고 있다. 연습문제 11.9의 해답에서는 이 작업을 위한 효율적인 알고리즘을 설명한다. 다른 알고리즘은 연습문제 2.8, 11.1,

14.4.c에서 언급되었다.

문자열에 대한 알고리즘

2.4절과 2.8절에서는 주어진 사전에 대한 전철어구 집합을 구한다. 연습문제 9.6의 해답에서는 문자를 분류하는 몇 가지 방법에 대해 설명한다. 15.1절은 파일 내의 서로 다른 단어 리스트와 각 단어의 개수를 구하는데, 처음에는 C++ STL에 있는 컴포넌트를 사용하고, 그 다음에는 직접 만든 해시 테이블을 사용한다. 15.2절에서는 텍스트 파일에서 가장 길게 반복되는 부분문자열을 찾기 위해 접미사 배열을 사용하고, 15.3절에서는 Markov 모델로부터 랜덤 텍스트를 생성하기 위해 접미사 배열의 변형을 사용한다.

벡터와 행렬 알고리즘

벡터의 부분을 교환하는 알고리즘은 2.3절과 연습문제 2.3, 2.4에서 논의했다. 연습문제 2.3의 해답은 이 알고리즘에 대한 코드를 포함하고 있다. 연습문제 2.5는 벡터의 비인접 요소를 교환하는 알고리즘을 설명한다. 연습문제 2.7은 테이프에 표현된 행렬의 전치행렬을 구하기 위해 정렬을 사용한다. 벡터에서 최대값을 구하는 프로그램은 연습문제 4.9, 9.4, 9.8에 설명되어 있다. 메모리를 공유하는 벡터와 행렬 알고리즘은 3.1절, 10.2절, 13.8절에서 논의되었다. 연습문제 1.9는 11.3절에서 사용된 희박 벡터를 초기화하기 위한 방법을 설명한다. [칼럼8]에서는 벡터의 부분벡터에 대한 최대합을 구하는 다섯 가지 알고리즘을 설명하는데, [칼럼8]의 몇몇 문제는 벡터와 행렬을 다룬다.

랜덤 객체

의사랜덤(pseudorandom) 정수를 생성하는 함수는 이 책 전반에 걸쳐 사용되었다. 이 함수는 연습문제 12.1의 해답에 구현되어 있다. 12.3절은 배열의 요소를 뒤섞는 알고리즘을 설명한다. 12.1절부터 12.3절까지는 집합에서 랜덤하게 부분집합을 선택하는 몇 가지 알고리즘을 설명한다(연습문제 12.7, 12.9 참조). 연습문제 1.4는 이 알고리즘의 응용을 제시한다. 연습문제 12.10에서는 객체의 개수가 알려지지 않은 상태에서 하나의 객체를 랜덤하게 선택하는 알고리즘을 제시한다.

수치 알고리즘

연습문제 2.3의 해답은 두 정수의 최대공약수를 구하는 유클리드 알고리즘을 제시한다. 연습문제 3.7에서는 상수 계수를 가지는 선형회귀를 평가하는 알고리즘의 윤곽을 그려본다. 연습문제 4.9는 어떤 수에 대한 양의 거듭제곱수를 효율적으로 구하는 알고리즘을 제시한다. 연습문제 9.11은 테이블 검색을 통해 삼각함수 값을 계산한다. 연습문제 9.12는 다항식을 평가하기 위한 Horner의 방법을 설명한다. 많은 수의 부동소수점 수를 더하는 방법은 연습문제 11.1, 14.4.b에 설명되어 있다.

부록 2
추정 퀴즈

[칼럼7]에서 설명한 "봉투 뒷면에 하는 간단한 계산"은 모두 기본적인 양(quantity)에서 시작한다. 이런 숫자들은 때로는 문제의 명세(요구사항 문서와 같은)에 있을 수도 있지만, 그 외의 경우에는 추정해야 한다.

여기 있는 간단한 퀴즈는 여러분이 숫자를 생각하는 것에 얼마나 숙련되었는지를 추정하는 데 도움을 주도록 설계되었다. 각각의 질문에 대해 여러분이 생각한 값이 실제의 정확한 값을 포함할 확률이 90%가 되도록 상한과 하한을 정하라. 범위가 너무 좁거나 넓으면 안 된다. 여러분이 문제에 대해 생각하는 데는 5분에서 10분 정도면 충분할 것이다. 열심히 생각해보기 바란다(다른 독자를 위해 이 페이지를 복사해서 문제를 푸는 것이 좋을 듯하다).

[_____, _____] 2002년 현재 한국의 인구(백만 단위로)
[_____, _____] 이순신 장군이 태어난 년도
[_____, _____] 한강의 길이
[_____, _____] 보잉747 항공기의 최대 이륙 무게
[_____, _____] 전파가 지구에서 달까지 가는데 걸리는 시간
[_____, _____] 베이징의 위도
[_____, _____] 우주왕복선이 지구 궤도를 한바퀴 도는 데 걸리는 시간
[_____, _____] 63빌딩의 높이
[_____, _____] 우리나라의 국회의원 정수
[_____, _____] 성인 인체에 있는 뼈의 개수

해답과 설명은 다음 페이지에 있다. 페이지를 넘기기 전에 반드시 문제를 풀어보기 바란다.[1]

아직 문제를 다 풀지 않았다면 앞 페이지로 돌아가 문제를 계속 풀기 바란다. 여기 있는 답은 연감(almanac) 또는 그와 비슷한 자료를 참고한 것이다.

> 2002년 현재 한국의 인구는 47.6백만 명이다.
> 이순신 장군은 1545년에 태어났다.
> 한강의 길이는 497.5km이다.[2]
> B747-400 항공기의 최대 이륙 무게는 875,000 파운드이다.
> 전파가 지구로부터 달까지 가는데 걸리는 시간은 1.29초이다.
> 베이징의 위도는 약 40도이다.
> 우주왕복선은 약 91분만에 지구 궤도를 한바퀴 돈다.
> 63빌딩의 높이는 249.48m이다.[3]
> 우리나라 국회의원 정수는 273명이다.(지역구 227, 전국구 46)
> 성인 인체에 있는 뼈의 개수는 206개이다.

여러분이 추정한 범위 중 몇 개나 정답을 포함하고 있는지 세어보기 바란다. 여러분은 90% 확실한 범위를 사용하였으므로, 10문제 중 9개는 맞추었어야

---

[1] 역자 주 : 원서에는 미국, 유럽과 관련된 문제가 포함되어 있었지만, 독자의 편의를 위해서 일부 문제를 수정하였다. 번역서에서 바꾼 문제는 다음과 같다.
- 2000년 1월 1일 미국의 인구(백만 단위로)
- 나폴레옹이 태어난 연도
- 미시시피-미저리 강의 길이
- 런던의 위도
- 금문교(Golden Gate Bridge)의 두 탑 사이 거리
- 미국의 독립선언문에 서명한 사람의 수

[2] 역자 주 : 한강의 길이는 자료에 따라 차이가 있으나 여기서는 국립지리원에서 발행한 축척 1:50,000 및 1:25,000 지형도를 통해 측정한 결과를 인용했다.

[3] 역자 주 : 63빌딩의 높이 역시 자료에 따라 다르나 여기서는 www.63city.co.kr 내의 건축개요에서 확인한 결과를 따랐다.

한다.

　만약 10개 문제를 모두 맞추었다면, 여러분은 추정에 매우 뛰어난 것이다. 아니면 여러분이 제시한 범위가 너무 컸거나. 스스로 어느 쪽에 속하는지 생각할 수 있을 것이다.

　만약 6개 이하의 문제를 맞추었다면, 여러분은 아마 내가 처음에 이와 비슷한 추정 퀴즈를 접했을 때와 마찬가지로 당황했을 것이다. 약간의 연습이 여러분의 추정 기술에 나쁜 영향을 주지는 않는다.

　만약 7, 8개의 문제를 맞추었다면, 여러분은 추정을 잘한 것이다. 다음에는 여러분의 90% 범위를 조금 더 넓혀야 한다는 것을 기억하라.

　만약 정확하게 9개의 문제를 맞추었다면, 여러분은 추정을 매우 잘한 것이다. 아니면 처음 아홉 문제에는 무한대의 범위로 답하고, 마지막 문제에 0인 범위로 답했거나. 만약 그랬다면 부끄러운 일이다.

부록 3
시간과 공간에 대한 비용모델

    7.2절에서는 여러 가지 기본적인 연산에 대한 시간과 공간 비용을 추정하는 두 가지 간단한 프로그램을 설명했다. 여기서는 그 프로그램을 발전시켜 시간/공간 비용을 추정하는 한 쪽 분량의 요약을 생성하는 유용한 프로그램으로 만드는 방법을 설명할 것이다. 프로그램의 완전한 소스코드는 이 책의 웹사이트에서 찾을 수 있다.

    프로그램 spacemod.cpp는 C++의 다양한 데이터 구조가 차지하는 공간 모델을 생성한다. 이 프로그램의 앞부분은 다음과 같은 식으로 되어 있어

```
cout << "sizeof(char)=" << sizeof(char);
cout << "  sizeof(short)=" << sizeof(short);
```

기본 타입에 대한 정확한 측정 결과를 산출한다.

```
sizeof(char)=1  sizeof(short)=2  sizeof(int)=4
sizeof(float)=4  sizeof(struct *)=4  sizeof(long)=4
sizeof(double)=8
```

    또한 이 프로그램에서는 다음 예와 같이 간단한 명명 규칙(naming convension)을 사용하는 10개 이상의 구조체를 정의한다.

```
struct structc { char c; };
struct structic { int i; char c; };
struct structip { int i; structip *p; };
struct structdc { double d; char c; };
struct structc12 { char c[12]; };
```

이 프로그램에서는 매크로를 사용하여 각 구조체의 크기를 출력하고, 다음과 같은 형태로 새로운 할당이 차지하는 바이트 수를 추정한다.

```
structc     1    48 48 48 48 48 48 48 48 48 48
structic    8    48 48 48 48 48 48 48 48 48 48
structip    8    48 48 48 48 48 48 48 48 48 48
structdc    16   64 64 64 64 64 64 64 64 64 64
structcd    16   64 64 64 64 64 64 64 64 64 64
structcdc   24   -3744 4096 64 64 64 64 64 64 64 64
sturctiii   12   48 48 48 48 48 48 48 48 48 48
```

첫 번째 숫자는 sizeof 연산자로 구한 것이고, 그 다음 10개의 숫자는 new 연산자가 리턴한 연속된 포인터들 간의 차를 나타낸다. 위의 출력은 전형적인 것으로 대부분의 숫자가 일정하지만, 할당자가 조금씩 건너뛰는 경우도 여기저기에 보인다.

다음은 보고서의 한 줄을 출력하는 매크로이다.

```
#define MEASURE(T, text) {                \
    cout << text << "\t";                 \
    cout << sizeof(T) << "\t";            \
    int lastp = 0;                        \
    for (int i = 0; i < 11; i++) {        \
        T *p = new T;                     \
        int thisp = (int) p;              \
        if (lastp != 0)                   \
            cout << " " << thisp - lastp; \
```

```
        lastp = thisp;                    \
    }                                     \
    cout << "\n";                         \
}
```

이 매크로는 다음과 같이 구조체 이름과 그 구조체 이름의 문자열을 인수로 하여 호출된다.

```
    MEASURE(structc, "structc");
```

(처음에는 C++ 템플릿을 사용하여 구조체 타입을 파라미터화했지만, C++ 구현의 특성으로 측정 결과가 제대로 나오지 않았다.)

다음 표는 내 머신에서 프로그램을 실행 시킨 결과를 요약한 것이다.

Structure	sizeof	new Size
int	4	48
structc	1	48
structic	8	48
structip	8	48
structdc	16	64
structcd	16	64
structcdc	24	64
structiii	12	48
structiic	12	48
structc12	12	48
structc13	13	64
structc28	28	64
structc29	29	80

숫자를 표시한 열 중, 왼쪽 것은 구조체의 크기를 추정하는 데 도움을 준다. 우리는 각 타입의 크기를 합하는 것으로 시작한다. 따라서 structip의 크기는 8바이트이다. 그리고 배열순서도 고려해야 한다. structcdc는 포함된 타입의 크기를 합하면 10바이트(두 개의 char와 하나의 double)이지만 24바이트를 소모

한다.

오른쪽 열을 보면 new 연산자의 메모리 오버헤드를 이해할 수 있다. 어떤 구조체이든 크기가 12바이트 이하인 것은 48바이트를 소모한다. 13바이트부터 28바이트까지의 크기를 가지는 구조체는 64바이트를 소모한다. 일반적으로, 할당된 블록의 크기는 16의 배수로, 36~47바이트의 오버헤드가 있다. 이는 놀랄 만큼 비용이 많이 드는 것이다. 내가 사용하는 다른 시스템에서는 8바이트의 레코드를 나타내는 데 8바이트의 오버헤드가 있을 뿐이다.

7.2절에서는 또한 하나의 특정 C 연산을 수행하는 데 드는 비용을 추정하는 간단한 프로그램을 설명한다. 우리는 이것을 일반화하여 여러 가지 C 연산에 대해 한 쪽 분량의 비용모델을 생성해내는 timemod.c 프로그램을 만들 수 있다. (나는 1991년에 Brian Kernighan, Chris Van Wyk와 함께 이 프로그램의 첫 버전을 만들었다.) 이 프로그램의 main 함수는 제목을 위한 매크로 T와 각 연산의 비용을 측정하기 위한 매크로 M으로 이루어져있다.

```
T("Integer Arithmetic");
M({});
M(k++);
M(k = i + j);
M(k = i - j);
...
```

위의 코드(비슷한 연산을 몇 가지 더 추가한)는 다음과 같은 출력을 생성한다.

```
Integer Arithmetic  (n=5000)
    {}              250     261     250     250     251     10
    k++             471     460     471     461     460     19
    k = i + j       491     491     500     491     491     20
    k = i - j       440     441     441     440     441     18
    k = i * j       491     490     491     491     490     20
    k = i / j       2414    2433    2424    2423    2414    97
    k = i % j       2423    2414    2423    2414    2423    97
```

```
k = i & j      491    491    480    491    491    20
k = i | j      440    441    441    440    441    18
```

위 출력의 첫 번째 열은 다음 루프 안에서 실행될 연산을 나타낸다.

```
for i = [1, n]
    for j = [1, n]
        op
```

그 다음 다섯 열은 루프를 다섯 번 실행 시킨 각각의 실행시간(ms)을 나타낸다 (실행시간이 보통 일정한데, 차이가 큰 값은 잘못된 실행이라고 생각할 수 있다). 마지막 열은 각 연산에 대한 평균 비용을 ns로 나타낸 것이다. 위의 표 첫 번째 줄은 아무런 연산도 포함하지 않는 빈 연산(null operation)을 포함하는 루프를 실행하는 데 10ns가 걸렸다는 것을 나타낸다. 그 다음 줄은 변수 *k*를 1 증가시키는 연산이 약 19ns가 걸렸다는 것을 나타낸다. 대부분의 산술 연산과 논리 연산은 거의 비슷한 비용이 들지만, 나눗셈과 나머지 연산은 다른 연산에 비해 비용이 몇 배나 더 든다.

이 접근방법으로 머신에 대해 대략적인 추정을 할 수는 있지만, 결과를 지나치게 확대 해석해서는 안 된다. 나는 최적화 옵션을 비활성화시켜놓은 상태에서 모든 실험을 했다. 옵션을 활성화시켰을 때는 옵티마이저(optimizer)가 시간 측정 루프를 제거하여 모든 실행시간이 0으로 나왔다.

매크로 M에 의해 수행되는 작업은 다음과 같은 가상코드로 나타낼 수 있다.

```
#define M(op)
    print op as a string
    timesum = 0
    for trial = [0, trials)
        start = clock()
        for i = [1, n]
            fi = i
```

```
        for j = [1, n]
            op
        t = clock() - start
        print t
        timesum += t
    print 1e9*timesum / (n*n * trials * CLOCKS_PER_SEC)
```

이 비용모델에 대한 완전한 코드는 이 책의 웹사이트에서 찾을 수 있다.

이제 우리는 특정 시스템에서의 프로그램 출력 결과를 검토할 것이다. 여러 번 반복한 실행시간이 모두 비슷하므로 우리는 이를 생략하고 평균 실행시간(ns)만을 살펴볼 것이다.

```
    Floating Point Arithmetic (n=5000)
      fj=j;                  18
      fj=j; fk = fi+fj       26
      fj=j; fk = fi - fj     27
      fj=j; fk = fi * fj     24
      fj=j; fk = fi / fj     78
    Array Operations (n=5000)
      k = i + j              17
      k = x[i] + j           18
      k = i + x[j]           24
      k = x[i] + x[j]        27
```

부동소수점 연산은 원래의 정수 j를 부동소수점 수 fj에 대입한다(약 8ns 소요). 바깥쪽 루프에서는 i를 부동소수점 수 fi에 대입한다. 부동소수점 연산은 정수에 대한 연산과 비슷한 비용이 들고, 배열에 대한 연산도 마찬가지로 비용이 적게 든다.

다음을 보면 제어 흐름과 몇몇 정렬에 사용되는 연산에 대해 이해할 수 있다.

```
    Comparisons (n=5000)
      if (i < j) k++           20
      if (x[i] < x[j]) k++     25
```

```
Array Comparisons and Swaps (n=5000)
  k = (x[i]<x[k]) ? -1:1   34
  k = intcmp(x+i, x+j)     52
  swapmac(i, j)            41
  swapfunc(i, j)           65
```

비교와 교환을 함수 버전으로 했을 때 인라인화하여 사용한 경우보다 각각 약 20ns의 비용이 더 들었다. 9.2절에서는 함수, 매크로, 인라인 코드를 사용하여 두 값 중 최대값을 구하는 비용을 비교한다.

```
Max Function, Macro and Inline (n=5000)
  k = (i > j) ? i : j      26
  k = maxmac(i, j)         26
  k = maxfunc(i, j)        54
```

rand 함수는 상대적으로 비용이 적게 들고(bigrand 함수가 rand를 두 번 호출한다는 것을 상기한다 하더라도), 제곱근 함수는 기본적인 산술 연산보다 10배 정도 비용이 더 들고(나눗셈에 비해서는 단지 두 배 정도일 뿐이지만), 간단한 삼각함수는 제곱근의 두 배가 들고, 복잡한 삼각함수는 실행시간이 ms 단위까지 올라간다.

```
Math Functions (n=1000)
  k = rand()              40
  fk = j + fi             20
  fk = sqrt(j+fi)        188
  fk = sin(j+fi)         344
  fk = sinh(j+fi)       2229
  fk = asin(j+fi)        973
  fk = cos(j+fi)         353
  fk = tan(j+fi)         465
```

이들 연산은 비용이 많이 들기 때문에 n값을 적게 잡았다. 그러나 메모리 할당은 더욱 비용이 많이 들기 때문에 n값을 더 작게 잡았다.

```
Memory Allocation (n=500)
 free(malloc(16))    2484
 free(malloc(100))   3044
 free(malloc(2000))  4959
```

부록 4

코드 튜닝을 위한 규칙[1]

내가 1982년에 출간한 <Writing Efficient Programs>에서는 코드 튜닝을 위한 약 27개의 규칙을 설명했다. 그 책은 이제 절판되었기 때문에 여기서 (약간 변경하여) 다시 반복하는데, 이 책에서 그 규칙들이 어떻게 사용되었는지를 나타내는 예제도 함께 실었다.

시간 단축을 위한 공간 규칙

Data Structure Augmentation

빈번한 연산을 하는 데 필요한 시간은 종종 부가적 정보로 데이터 구조를 늘리거나 또는 데이터 구조 내의 정보를 변경하여 더 쉽게 접근할 수 있도록 함으로써 감소시킬 수 있다.

- 9.2절에서 Wright는 구면체의 표면 위에 위도와 경도로 표현되는 점의 집

---

[1] 역자 주: 코드 튜닝은 코드의 가독성을 떨어뜨려 코드를 이해하기 어렵게 만드는 것이 보통이다. 따라서 코드 튜닝은 프로그램의 퍼포먼스가 정말로 문제가 될 때까지 미루는 것이 좋을 것이다(9.4절 참조).

합 중에서 가장 가까이 이웃한 점(각도를 사용하여)을 찾는 문제를 풀어야 했는데, 이는 비용이 많이 드는 삼각함수의 계산이 필요했다. Appel은 원래의 데이터 구조에 x, y, z 좌표를 추가하여 훨씬 짧은 계산시간에 각 점들 간의 직선거리를 계산할 수 있도록 하였다.

Store Precomputed Results

비용이 많이 드는 함수값을 다시 계산하는 비용은 함수를 한 번만 계산하고 그 결과를 저장하는 방법으로 감소시킬 수 있다. 그 이후에 함수가 호출될 때는 다시 계산하기보다는 테이블을 검색하여 처리한다.

- 8.2절과 연습문제 8.11의 해답에서 누적 배열은 일련의 덧셈을 테이블 검색과 뺄셈으로 대체한다.
- 연습문제 9.7의 해답에서는 비트 수를 셀 때 바이트나 워드 단위로 검색하여 프로그램의 속도를 빠르게 한다.
- 연습문제 10.6은 시프트(shift) 연산과 논리 연산을 테이블 검색으로 대체한다.

Caching

가장 빈번하게 접근하는 데이터는 그 접근 비용이 가장 적어야 한다.

- 9.1절에서는 Van Wyk가 비용이 많이 드는 메모리 할당자 호출을 피하기 위해 가장 많이 사용되는 타입의 노드를 캐시한 방법을 설명한다.
- [컬럼13]에서는 리스트, 빈(bins), 이진 탐색 트리의 노드를 캐시한다.
- 만약 기본적인 데이터 구조에 지역성(locality)이 없다면 캐싱의 의도가 빗나가 프로그램의 실행시간을 더 오래 걸리게 할 수도 있다.

Lazy Evaluation

어떤 아이템이 실제로 필요하기 전까지는 평가(evaluation)를 하지 않음으로써 아이템에 대한 불필요한 평가를 피한다.

공간 절약을 위한 시간 규칙

Packing

촘촘한 데이터 구조를 사용하면 데이터를 저장하고 검색하는 데 필요한 시간은 늘어나지만 메모리 비용을 줄일 수 있다.

- 10.2절의 희박 배열 표현 방법은 데이터에 접근하는 시간을 약간 증가시키지만 메모리 비용은 크게 감소시킨다.
- 13.8절의 맞춤법 검사기를 위한 McIlroy의 사전은 75,000개의 영어단어를 52KB로 압축한다.
- 10.3절의 Kernighan 배열과 14.4절의 힙 정렬은 모두 데이터 공간을 감소시키기 위해 동시에 활성화되지 않는 데이터 아이템을 같은 메모리 공간에 겹쳐 저장한다.
- 패킹은 종종 메모리를 절약하기 위해 시간을 희생하는 것이지만, 때로는 더 작은 데이터 표현으로 인해 처리속도가 더 빨라질 수도 있다.

Interpreters

어떤 프로그램을 표현하기 위한 메모리는 많이 발생하는 일련의 오퍼레이션을 간결하게 표현하는 인터프리터를 사용하여 감소시킬 수 있는 경우가 종종 있다.

- 3.2절에서는 "폼-레터 프로그래밍"을 위한 인터프리터를 사용하고, 10.4절

에서는 간단한 그래픽 프로그램을 위한 인터프리터를 사용한다.

루프 규칙

Code Motion Out of Loops

어떤 계산을 루프가 반복될 때마다 실행하는 것보다는 루프 밖에서 한 번만 실행하는 것이 낫다.

- 11.1절에서는 변수 t에 대한 대입문을 isort2의 메인 루프 밖으로 옮긴다.

Combining Tests

효율적인 내부 루프(inner loop)는 가능한 적은 테스트를 포함하고 있어야 하며, 단지 하나의 테스트만을 포함하고 있는 것이 바람직하다. 따라서 프로그래머는 루프의 몇 가지 종료 조건을 다른 종료 조건을 이용하여 시뮬레이트해 봐야 한다.

- 센티널(sentinel)은 이 규칙의 가장 일반적인 응용이다. 데이터 구조의 경계에 센티널을 위치시켜 탐색이 데이터 구조의 범위 밖으로 벗어났는지를 확인하는 비용을 줄일 수 있다. 9.2절에서는 배열을 순차적으로 탐색하는 데 센티널을 사용한다. [칼럼13]에서는 배열, 연결 리스트, 빈(bins), 이진 탐색 트리에 대한 코드를 깔끔하게 하기 위해(부수적으로 코드가 효율적으로 되기도 함) 센티널을 사용한다. 연습문제 14.1의 해답에서는 힙의 한쪽 끝에 센티널을 위치시킨다.

Loop Unrolling

루프를 펼치는 것은 루프 인덱스 값을 변경해야 하는 비용을 제거하고, 또한 파이프라인 지연(pipeline stall)을 피하도록 도와주며, 분기를 감소시키고, 명령어(instruction) 수준의 병렬처리를 증가시킨다.

- 9.2절에서는 루프를 펼쳐 순차 탐색의 실행시간을 약 50% 정도 단축시켰고, 9.3절의 이진 탐색에서는 실행시간을 35~65% 정도 단축시켰다.

Transfer-Driven Loop Unrolling

만약 내부 루프에서 많은 비용이 단순한 대입문에 소모된다면, 이런 대입문은 코드를 반복하고 변수의 사용을 변경하여 제거할 수 있다. 특히, $i = j$와 같은 대입문을 제거하면, 이와 관련된 코드에서는 j가 i인 것처럼 다루어야 한다.

Unconditional Branch Removal

빠른 루프에는 무조건적 분기를 포함하면 안 된다. 루프의 마지막 부분에 있는 무조건적 분기는 루프를 회전시켜 루프의 마지막에 조건적 분기를 갖도록 하여 제거할 수 있다.

- 이 오퍼레이션은 보통 컴파일러의 옵티마이저에 의해 처리된다.

Loop Fusion

근처에 있는 두 루프가 같은 요소의 집합에 대해 동작하고 있다면, 동작 부분을 묶어 하나의 루프에서 처리하도록 한다.

논리 규칙

Exploit Algebraic Identities

만약 논리식을 평가하는 데 비용이 많이 든다면, 평가하는 데 비용이 덜 드는 대수적으로 동치인 논리식으로 대체한다.

Short-Circuiting Monotone Functions

만약 여러 변수에 대한 어떤 단조 증가 함수가 특정 한계를 초과하는지 검사하려 할 때, 특정 한계를 한 번 넘은 다음에는 다른 변수에 대해서 평가를 할 필요가 없다.

- 이 규칙을 좀더 세련되게 응용한 것은 루프의 목적이 완료되었으면 바로 루프를 벗어나라는 것이다. [칼럼10 · 13 · 15]에서의 탐색 루프는 원하는 요소를 찾은 후에 바로 루프를 종료한다.

Reordering Tests

논리식은 비용이 적게 들고 결과가 참인 경우가 많은 식이 비용이 많이 들고 결과가 참인 경우가 거의 없는 식보다 앞에 와야 한다.

- 연습문제 9.6의 해답에서 재배열되어야 하는 일련의 검사를 스케치하고 있다.

Precompute Logical Functions

작고 유한한 도메인에 대한 논리 함수는 그 도메인을 나타내는 테이블에 대한 검색으로 대체할 수 있다.

- 연습문제 9.6의 해답에서 C 표준 라이브러리가 어떻게 문자를 분류하는 함수를 테이블 검색으로 구현했는지 설명한다.

Boolean Variable Elimination

불리언(Boolean) 변수 v에 대한 대입식을 v가 참일 때와 거짓일 때를 처리하는 if-else문으로 바꾸어 프로그램에서 불리언 변수를 제거할 수 있다.

프로시저 규칙

Collapsing Function Hierarchies

함수가 다른 함수를 호출하는 구조로 되어 있는 경우 호출되는 함수를 인라인화하고 넘겨지는 변수를 묶어서 함수를 재작성하면 종종 실행시간을 단축할 수 있다.

- 9.2절의 max 함수를 매크로로 대체하여 거의 2배 정도 속도를 향상시켰다.
- 11.1절에서는 swap 함수를 인라인화하여 거의 3배의 속도 향상이 있었고, 11.3절에서도 같은 방법으로 약간의 속도 향상을 얻었다.

Exploit Common Cases

함수는 모든 경우를 정확히 처리하고 빈번한 경우에 대해서는 효율적으로 처리해야 한다.

- 9.1절에서 Van Wyk의 메모리 할당자는 모든 크기의 노드에 대해 정확히 처리하고, 가장 많이 사용되는 노드 크기에 대해서는 매우 효율적으로 처리한다.
- 6.1절에서 Appel은 비용이 많이 드는 근접 물체들 사이의 상호작용을 계산하는 특수한 경우에는 작은 시간 간격을 사용하고, 대부분을 차지하는 다른 경우에는 큰 시간 간격을 사용하여 프로그램을 효율적으로 실행 시킬 수 있었다.

Coroutines

다중 패스(multi-pass) 알고리즘은 종종 협동루틴(coroutines)을 사용하여 단일 패스(single-pass) 알고리즘으로 바꿀 수 있다.

- 2.8절에서 전철어구 프로그램은 파이프라인을 사용하는데, 이는 일련의 협동루틴으로 구현될 수도 있다.

Transformations on Recursive Functions

재귀함수는 종종 다음과 같이 변환하여 실행시간을 줄일 수 있다.

- [칼럼13]의 리스트와 이진 탐색 트리에서와 같이 재귀를 반복으로 재작성한다.
- 명시적인 프로그램 스택을 사용하여 재귀를 반복으로 변환한다. (만약 함수가 자신에 대한 하나만의 재귀 호출을 포함하고 있다면 스택에 돌아올 주소를 저장할 필요가 없다.)
- 만약 함수의 마지막 부분에서 자신을 재귀적으로 호출하면, 그 부분을 함수의 첫 번째 부분으로 분기하도록 바꿀 수 있는데, 이것을 Removing Tail Recursion이라고도 한다. 연습문제 11.9의 해답에 있는 코드가 이런 변환의 대상이 될 수 있다. 때로는 분기가 루프 안으로 이동할 수도 있다. 이 최적화는 종종 컴파일러가 수행하기도 한다.
- 작은 부분문제(subproblem)를 풀 때는 재귀를 반복하여 크기가 0 또는 1에 대한 문제를 풀게 하는 것보다는 보조 프로시저를 사용하는 편이 더 효율적일 수 있다. 11.3절의 qsort4 함수는 cutoff의 값을 50 근처로 잡아 사용한다.

Parallelism

하드웨어가 병렬처리를 지원하는 경우, 프로그램은 가능한 많이 병렬처리를 사용할 수 있는 구조로 작성되어야 한다.

수식 규칙

Compile-Time Initialization

가능한 많은 변수가 프로그램이 실행되기 전에 초기화되어 있어야 한다.

Exploit Algebraic Identities

만약 평가하는 데 비용이 많이 드는 수식이 있다면, 평가하는 데 비용이 적게 들면서 대수적으로 동치인 수식으로 바꾼다.

- 9.2절에서 Appel은 비용이 많이 드는 삼각함수 계산을 곱셈과 덧셈으로 바꾸었고, 단조성(monotonicity)을 이용하여 비용이 많이 드는 제곱근 계산을 제거하였다.
- 9.2절에서 내부 루프에 있는 비용이 많이 드는 C의 나머지 연산자 %를 비용이 적게 드는 if 문으로 바꾸었다.
- 우리는 종종 2를 곱하거나 2로 나누는 계산 대신에 왼쪽 또는 오른쪽 시프트 연산을 사용할 수 있다. 연습문제 13.9의 해답에서는 빈(bins)에서 사용되는 임의의 나눗셈을 시프트 연산으로 대체하였다. 연습문제 10.6에서는 10으로 나누는 것을 4만큼 시프트하는 것으로 바꾸었다.
- 6.1절에서 Appel은 데이터 구조의 부가적인 수치적 정확성을 이용하여 64비트 부동소수점 수를 더 빠른 32비트 부동소수점 수로 바꾸었다.
- 배열의 모든 요소에 대해 반복하는 루프에서 곱셈을 계산하는 데 덧셈을 이용하도록 하면 연산 강도를 줄일 수 있다. 많은 컴파일러가 이 최적화를 수행한다. 이 기법은 점증적 알고리즘(incremental algorithms)의 여러 경우로 일반화될 수 있다.

Common Subexpression Elimination

만약 포함된 변수가 변하지 않은 채로 동일한 수식이 두 번 평가된다면, 첫 번째 평가 결과를 저장한 다음 두 번째로 수식을 평가하는 부분에서 사용하여 같은 수식을 두 번 평가하는 것을 피할 수 있다.

- 오늘날의 컴파일러는 함수 호출을 포함하지 않는 공통 수식을 제거해주는 것이 보통이다.

Pairing Computation

만약 비슷한 두 수식이 빈번하게 함께 평가된다면, 그 둘을 하나의 쌍으로 평가하는 새로운 프로시저를 만들어야 한다.

- 13.1절의 첫 번째 가상코드는 항상 member와 insert 함수를 같이 호출한다. C++ 코드에서는 이 두 함수를 인수가 이미 집합에 존재하는 경우 아무 작업도 하지 않는 하나의 insert 함수로 대체하였다.

Exploit Word Parallelism

비용이 많이 드는 수식을 평가할 때는 컴퓨터 하부 구조가 제공하는 기본적인 데이터 경로의 폭을 최대로 사용하라.

- 연습문제 13.8은 비트 벡터가 char나 int 단위로 작업하여 한번에 많은 비트를 처리하는 방법을 보인다.
- 연습문제 9.7의 해답에서는 비트를 평행하게 카운트한다.

부록 5
탐색을 위한 C++ 클래스

다음은 [칼럼13]에서 논의된 정수 집합을 표현하는 C++ 클래스의 완전한 소스 리스트이다. 완전한 코드는 이 책의 웹 사이트에서도 찾을 수 있다.

```cpp
class IntSetSTL {
private:
    set<int> S;
public:
    IntSetSTL(int maxelms, int maxval) { }
    int size() { return S.size(); }
    void insert(int t) { S.insert(t);}
    void report(int *v)
    {   int j = 0;
        set<int>::iterator i;
        for (i = S.begin(); i != S.end(); ++i)
            v[j++] = *i;
    }
};

class IntSetArr {
private:
    int   n, *x;
public:
    IntSetArr(int maxelms, int maxval)
    {   x = new int[1 + maxelms];
```

```
        n=0;
        x[0] = maxval; /* sentinel at x[n] */
    }
    int size() { return n; }
    void insert(int t)
    {   int i, j;
        for (i = 0; x[i] < t; i++)
            ;
        if (x[i] == t)
            return;
        for (j = n; j >= i; j--)
            x[j+1] = x[j];
        x[i] = t;
        n++;
    }
    void report(int *v)
    {   for (int i = 0; i < n; i++)
            v[i] = x[i];
    }
};

class IntSetList {
private:
    int   n;
    struct node {
        int val;
        node *next;
        node(int i, node *p) { val = i; next = p; }
    };
    node *head, *sentinel;
    node *rinsert(node *p, int t)
    {   if (p->val < t) {
            p->next = rinsert(p->next, t);
        } else if (p->val > t) {
            p = new node(t, p);
            n++;
        }
        return p;
    }
public:
    IntSetList(int maxelms, int maxval)
```

```cpp
    { sentinel = head = new node(maxval, 0);
      n = 0;
    }
    int size() { return n; }
    void insert(int t) { head = rinsert(head, t); }
    void report(int *v)
    { int j = 0;
      for (node *p = head; p != sentinel; p = p->next)
         v[j++] = p->val;
    }
};

class IntSetBST {
private:
    int   n, *v, vn;
    struct node {
       int val;
       node *left, *right;
       node(int v) { val = v; left = right = 0; }
    };
    node *root;
    node *rinsert(node *p, int t)
    { if (p == 0) {
         p = new node(t);
         n++;
      } else if (t < p->val) {
         p->left = rinsert(p->left, t);
      } else if (t > p->val) {
         p->right = rinsert(p->right, t);
      } // do nothing if p->val == t
      return p;
    }
    void traverse(node *p)
    { if (p == 0)
         return;
      traverse(p->left);
      v[vn++] = p->val;
      traverse(p->right);
    }
public:
    IntSetBST(int maxelms, int maxval) { root = 0; n = 0; }
```

```
    int size() { return n; }
    void insert(int t) { root = rinsert(root, t); }
    void report(int *x) { v = x; vn = 0; traverse(root); }
};

class IntSetBitVec {
private:
    enum { BITSPERWORD = 32, SHIFT = 5, MASK = 0x1F };
    int   n, hi, *x;
    void set(int i) {       x[i>>SHIFT] |=  (1<<(i & MASK)); }
    void clr(int i) {       x[i>>SHIFT] &= ~(1<<(i & MASK)); }
    int  test(int i) { return x[i>>SHIFT] &   (1<<(i & MASK)); }
public:
    IntSetBitVec(int maxelements, int maxval)
    {   hi = maxval;
        x = new int[1 + hi/BITSPERWORD];
        for (int i = 0; i < hi; i++)
            clr(i);
        n = 0;
    }
    int size() { return n; }
    void insert(int t)
    {   if (test(t))
            return;
        set(t);
        n++;
    }
    void report(int *v)
    {   int j=0;
        for (int i = 0; i < hi; i++)
            if (test(i))
                v[j++] = i;
    }
};

class IntSetBins {
private:
    int   n, bins, maxval;
    struct node {
        int val;
        node *next;
```

```cpp
        node(int v, node *p) { val = v; next = p; }
    };
    node **bin, *sentinel;
    node *rinsert(node *p, int t)
    {   if (p->val < t) {
            p->next = rinsert(p->next, t);
        } else if (p->val > t) {
            p = new node(t, p);
            n++;
        }
        return p;
    }
public:
    IntSetBins(int maxelms, int pmaxval)
    {   bins = maxelms;
        maxval = pmaxval;
        bin = new node*[bins];
        sentinel = new node(maxval, 0);
        for (int i = 0; i < bins; i++)
            bin[i] = sentinel;
        n = 0;
    }
    int size() { return n; }
    void insert(int t)
    {   int i = t / (1 + maxval/bins);   // CHECK !
        bin[i] = rinsert(bin[i], t);
    }
    void report(int *v)
    {   int j = 0;
        for (int i = 0; i < bins; i++)
            for (node *p = bin[i]; p != sentinel; p = p->next)
                v[j++] = p->val;
    }
};
```

Hints for Selected Problems
연습문제 힌트

[칼럼1]

4. [칼럼 12]를 읽어라.

5. 2-패스 알고리즘에 대해 고려해보라.

6, 8, 9. 키 인덱싱(key indexing)을 시도해보라.

10. 해싱을 고려하되, 사고를 전산화된 시스템에 한정하지 말라.

11. 이 문제는 새를 위한 것이다.

12. 펜이 없으면 뭘로 쓰겠는가?

[칼럼2]

1. 정렬과 이진 탐색, 표시(signature)에 대해 생각해보라.

2. 선형적 실행시간을 필요로 하는 알고리즘을 생각해보라.

5. 항등식 $cba = (a^r b^r c^r)^r$을 이용하라.

7. Vyssotsky는 시스템 유틸리티와 이 작업만을 위해 직접 작성한 테이프의 데이터를 재배열하는 두 개의 원샷(one-shot) 프로그램을 사용했다.

8. 집합에서 k개의 가장 작은 원소에 대해 고려해보라.

9. 순차 탐색을 s번 하는 비용은 sn에 비례한다. s번 이진 탐색을 하는 총 비용은 탐색 비용에 테이블을 정렬하는 데 드는 시간을 더해야 한다. 여러 알고리즘의 상수 요소(constant factor)에 지나친 확신을 가지기 전에, 연습문제 9.9를 살펴보라.
10. Archimedes는 어떻게 왕관이 순금이 아니라는 것을 알아냈을까?

[칼럼3]

2. 배열 하나는 회귀(recurrence)의 계수를 나타내도록 하고, 다른 배열은 k개의 이전 값을 나타내도록 하라. 프로그램은 중복된 루프를 포함한다.
4. 하나의 함수만 처음부터 작성하면 된다. 나머지 둘은 작성한 하나를 호출할 수 있다.

[칼럼4]

2. 정확한 불변식으로부터 작업을 시작하라. 불변식을 초기화하는 데 도움이 되도록 배열에 두 개의 더미(dummy) 요소(x[-1]=-∞, x[n]=∞)를 추가하는 것을 고려하라.
5. 만약 이 문제를 풀었다면, 가장 가까운 수학과로 달려가서 박사학위(Ph.D)를 요구하라.
6. 이 과정에서 보존되는 불변식을 찾고, 캔의 초기조건(initial condition)을 종말조건(terminal condition)과 연관시켜라.
7. 2.2절을 다시 읽어보라.
9. while문 바로 직전 테스트에서 참인 다음 루프 불변식을 시도해보라. 벡터의 합을 구하는 것에 대해서는,

$$i \leq n \ \&\& \ \forall_{1 \leq j < i} \ a[j] = b[j] + c[j]$$

그리고 순차 탐색에 대해서는

$$i \leq n \ \&\& \ \forall_{1 \leq j < i} x[j] \neq t$$

11. 11.14절에서 배열에 대한 포인터를 넘기는 재귀적 함수를 참조하라.

[칼럼5]

3. "mutation testing"과 같은 용어로 검색해보라.
5. $O(\log n)$ 또는 $O(1)$의 추가적 비교로 어떤 것을 얻을 수 있겠는가?
6. 이 책의 웹사이트에는 정렬 알고리즘을 연구하기 위한 GUI로 된 Java 프로그램(애플릿)이 있다.
9. 스캐폴딩의 탭으로 분리된 출력 형식은 대부분의 스프레드시트와 호환되도록 설계된 것이다. 나는 보통 일련의 관련된 실험 결과를 퍼포먼스에 대한 그래프, 실험을 한 이유와 각 실험에서 배운 내용 등과 함께 한 페이지의 스프레드시트로 저장한다.

[칼럼6]

1. 8.5절을 살짝 보라.
3. [부록3]에서 설명된 실행시간에 대한 비용모델을 수정하여 배정도 부동소수점 수 연산에 대한 비용을 측정하라.
7. 교통사고는 운전자 교육(훈련), 제한속도 준수, 최소 음주 연령, 음주 운전에 대한 엄격한 규제, 훌륭한 대중 교통 시스템 등의 조치로 줄일 수 있다. 만약 사고가 발생한 경우, 승객의 부상은 객실의 설계, 안전벨트 착용(법으로 강제하는), 에어 백 등으로 감소시킬 수 있다. 부상이 심할 경우에는 구급요원, 헬리콥터 앰블런스를 이용한 응급후송, 외상 센터(trauma

center), 정형외과 수술 등으로 완화할 수 있다.

[칼럼7]

5. 나는 처음에 함수 $(1 + x/100)^{72/x}$로 테스트했고, 그 다음엔 스프레드시트를 사용하여 $(1 + 0.72/x)^x$의 그래프를 그렸다. 72의 법칙의 속성을 증명하려면, $\lim_{n\to\infty}(1+c/n)^n = e^c$이라는 것과, ln 2가 약 0.693, 그리고 점근선(asymptote)이 항상 최적의 근사선(approximation line)은 아니라는 것을 상기하라.

8. 특히 연습문제 2.7, 8.10, 8.12, 8.13, 9.4, 10.10, 11.6, 12.7, 12.9, 12.11, 13.3, 13.6, 13.11, 15.4, 15.5, 15.7, 15.9, 15.15와 1.3절, 2.2, 2.4, 2.8절, 10,2절, 12.3절, 13.2, 13.3, 13.8절, 14.3, 14.4절 15.1, 15.2, 15.3절에 있는 디자인과 프로그램을 고려하라.

[칼럼8]

4. 마구 걷기(random walk)의 누적 합을 그래프로 그려보라.
7. 부동소수점 수의 덧셈에 대해서 결합법칙[1]이 성립하지 않을 수도 있다.
8. 어떤 범위에 대한 최대합을 계산한 것과 더불어, 배열의 양쪽 끝에서 끝나는 최대합 벡터들에 대한 정보를 리턴하라.
10, 11, 12. 누적 배열을 사용하라.
13. 단순한 알고리즘은 $O(n^4)$의 실행시간을 갖는다. 세제곱에 비례하는 알고리즘이 되도록 해보라.

---

[1] 역자 주 : 결합법칙 $-(a + b) + c = a + (b + c)$

[칼럼9]

3. 덧셈을 하면 k가 최대 $n-1$ 만큼 증가하므로, k가 $2n$보다 작음을 알 수 있다.

9. n값이 작을 때도 이진 탐색이 순차 탐색보다 경쟁력있게 하려면 비교 연산을 매우 비용이 많이 들게 하면 된다(예를 들면, 연습문제 4.7을 보라).

[칼럼10]

1. 압축된 필드에 접근하기 위해 컴파일러가 어떤 코드를 생성했을까?

5. 함수와 테이블을 섞어서 대응시켜라.

7. 특정 범위의 메모리가 동등하다고 생각하여 데이터를 줄여라. 이 범위는 고정된 길이의 블록(가령 64바이트)이거나 또는 경계가 움직일 수 있다.

[칼럼11]

2. 루프 인덱스 i가 높은 쪽에서 낮은 쪽으로 이동하도록 하여, $x[l]$에 있는 알려진 값 t에 접근하도록 한다.

4. 만약 부분문제(subproblem) 두 개를 풀어야 할 때, 어떤 것을 먼저 풀고 어떤 것을 나중에 리턴하기 위해 스택에 남겨두어야 할까? 큰 문제일까, 작은 문제일까?

9. 퀵 정렬을 수정하여 k를 포함하는 부분범위에서만 재귀를 사용하도록 하라.

[칼럼12]

4. 통계학자를 찾아가 "쿠폰 수집가 문제"와 "생일 패러독스"에 대해 물어보라.

11. 문제에서 여러분이 컴퓨터를 사용할 수 있다고 했지, 사용해야만 한다고 하지는 않았다.

[칼럼13]

2. 에러 확인은 삽입될 정수가 적절한 범위에 있는지, 그리고 데이터 구조가 이미 꽉 차있지 않은지 검사해야 한다. 소멸자(destructor)는 할당된 메모리를 반환해야 한다.

3. 요소가 정렬된 배열 내에 있는지를 검사하기 위해 이진 탐색을 사용하라.

[칼럼14]

2. 힙 정렬을 수정하여 다음과 같은 구조를 이용하도록 하라.

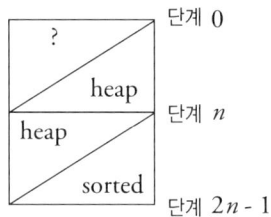

3. 연습문제 14.2를 보고, 코드를 루프 밖으로 옮기는 것에 대해 고려하라.

6. 힙은 노드 i로부터 노드 $2i$로의 묵시적 포인터를 가지고 있다. 디스크 파일에서 같은 것을 시도해보라.

7. $x[0..6]$에서의 이진 탐색은 그 루트가 $x[3]$인 묵시적 트리를 사용한다. 어떻게 14.1절의 묵시적 트리가 대신 사용될 수 있겠는가?

9. 정렬에서 $O(n \log n)$ 하한을 이용하라. 만약 insert와 extractmin이 모두 $O(\log n)$보다 적은 시간에 실행된다면, $O(n \log n)$보다 적은 시간에 정렬할 수 있다. 어떻게 이 연산을 사용하여 빠르게 정렬할 수 있는지 보여라.

[칼럼15]

15. 100만개의 단어를 포함한 문서에서 어구 "$x\,y\,x\,z$"에만 단어 x, y, z가 들어있을 때, 이 문서를 이용하여 1차 Markov 텍스트를 만든다고 가정하자. x뒤에 반은 y가 와야 하고, 나머지 반은 z가 와야 한다. Shannon의 알고리즘은 어떤 확률을 보일까?

16. 문자나 단어의 k-그램의 카운트를 어떻게 이용할 수 있겠는가?

17. 몇몇 상용 음성 인식기는 트라이그램(trigram) 통계에 기초를 두고 있다.

Solutions to Selected Problems
연습문제 해답

[칼럼1]

1 다음 C 프로그램은 표준 라이브러리 qsort를 사용하여 파일 내의 정수를 정렬한다.

```
int intcomp(int *x, int *y)
{   return *x - *y; }

int a[1000000];
int main(void)
{   int i, n=0;
    while (scanf("%d", &a[n]) != EOF)
        n++;
    qsort(a, n, sizeof(int), intcomp);
    for (i = 0; i < n; i++)
        printf("%d\n", a[i]);
    return 0;
}
```

다음은 STL의 set을 사용하여 같은 작업을 처리하는 C++ 프로그램이다.

```
int main(void)
{   set<int> S;
```

```
        int i;
        set<int>::iterator j;
        while (cin >> i)
            S.insert(i);
        for (j = S.begin(); j != S.end(); ++j)
            cout << *j << "\n";
        return 0;
    }
```

해답 3에서 이 두 프로그램의 퍼포먼스를 살펴본다.

2. 다음은 상수를 이용하여 비트 하나의 값을 1로 설정하고(set), 0으로 클리어하고(clr), 비트의 값을 알아내는(test) 함수이다.

```
#define BITSPERWORD 32
#define SHIFT 5
#define MASK 0x1F
#define N 10000000
int a[1 + N/BITSPERWORD];

void set(int i) {      a[i>>SHIFT] |=  (1<<(i & MASK)); }
void clr(int i) {      a[i>>SHIFT] &= ~(1<<(i & MASK)); }
int  test(int i){ return a[i>>SHIFT] &   (1<<(i & MASK)); }
```

3. 다음은 해답 2에서 정의한 함수를 이용하여 정렬 알고리즘을 구현한 C 코드이다.

```
int main(void)
{   int i;
    for (i = 0; i < N; i++)
        clr(i);
    while (scanf("%d", &i) != EOF)
        set(i);
    for (i = 0; i < N; i++)
        if (test(i))
            printf("%d\n", i);
    return 0;
}
```

나는 해답 4에 나오는 프로그램을 사용하여 1백만 개의 서로 다른 양의 정수(1천만보다 작은)를 담은 파일을 생성했다. 그리고 생성된 정수들을 시스템의 명령행 정렬과 해답 1의 C++ 및 C 프로그램, 비트맵 코드로 각각 정렬하여 이에 대한 비용을 다음과 같은 표로 정리했다.

	시스템 정렬	C++/STL	C/qsort	C/비트맵
총 시간(초)	89	38	12.6	10.7
계산 시간(초)	79	28	2.4	0.5
MB	0.8	70	4.0	1.25

첫 번째 행은 총 소요시간이고, 두 번째 행은 총 시간에서 파일 I/O에 드는 10.2초를 제외한 결과이다. 이 일반적인 C++ 프로그램은 특화된 C 프로그램보다 CPU 시간이나 메모리를 50배나 더 차지하지만, 코드 길이가 절반 밖에 안 되고 다른 문제를 위한 확장이 더 쉽다는 장점이 있다.

4. [칼럼12](특히, 연습문제 12.8)를 참고하라. 다음 코드에서 randint(l, u)는 $l..u$의 정수 하나를 랜덤하게 리턴한다고 가정한다.

```
for i = [0, n)
    x[i] = i
for i = [0, k)
    swap(i, randint(i, n-1))
    print x[i]
```

swap 함수는 x의 두 요소를 교환한다. randint 함수에 대해서는 12.1절에서 자세히 설명한다.

5. 1천만 개의 수를 비트맵으로 모두 표현하려면 많은 비트가 필요하다 (1.25백만 바이트). 숫자 0이나 1로 시작하는 전화번호가 없다는 사실을 이용하면, 정확히 1백만 바이트로 메모리 사용량을 줄일 수 있다. 또 다른 방법은 2-패스 알고리즘으로, 처음에는 5,000,000/8=625,000개 워

드의 메모리를 사용하여 0부터 4,999,999까지의 정수를 정렬하고, 두 번째 패스에서 5,000,000부터 9,999,999까지를 정렬한다. k-패스 알고리즘은 n보다 작은 최대 n개의 중복되지 않는 양의 정수들을 정렬하는 데 kn의 시간과 n/k의 메모리를 필요로 한다.

6 각 정수가 최대 10번까지 나올 수 있다면, 발생 횟수를 4비트 즉, 1니블(nybble)의 공간에 저장할 수 있다. 연습문제 5의 해답을 이용하여, 전체 파일을 정렬할 때 단일패스 알고리즘으로는 10,000,000/2바이트가, k-패스 알고리즘으로는 10,000,000/2k바이트가 필요하다.

9 n개의 요소를 가지는 벡터 두 개($from$과 to)를 추가하여 그 벡터들에 어떤 표시를 유지하고, 이와 함께 정수 top을 이용하면, 벡터 $data[0..n-1]$을 초기화하는 효과를 얻을 수 있다. 요소 $data[i]$가 초기화되어 있다면, $from[i]<top$과 $to[from[i]]=i$가 성립한다. 즉, $from$은 간단한 표시이고, to와 top은 메모리의 랜덤한 내용에 의해 우연히 $from$에 표시가 되지 않도록 한다. 다음 그림에서 $data$의 빈 항목은 초기화되지 않은 곳이다.

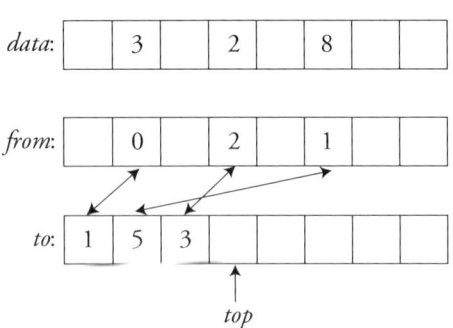

변수 top은 처음에 0이다. 배열의 요소 i가 처음 접근될 때에는 다음의 코드가 먼저 실행된다.

```
from[i] = top
to[top] = i
data[i] = 0
top++
```

이 문제와 해답은 Aho, Hopcroft, Ullman의 <Design and Analysis of Computer Algorithms(Addison-Wesley, 1974년)>의 연습문제 2.12에 나온 것이다. 이 방법은 키 인덱싱(key indexing)과 표시를 매우 현명하게 조합한 것으로, 벡터뿐만 아니라 행렬에도 사용할 수 있다.

10 그 가게에서는 고객 전화번호의 마지막 두 자릿수를 해시 인덱스로 사용하여 10×10으로 배열된 상자에 주문내역서를 분류하도록 했다. 고객이 전화로 주문을 하면, 그 내역을 적은 종이를 적당한 상자에 넣는 것이다. 고객이 물건을 받은 후에는 판매원이 해당 상자에 있는 주문내역서들을 순차적으로 찾아본다(이는 고전적인 "순차 탐색으로 충돌 문제를 해결하는 개방적 해싱(open hashing)[1]"이다). 전화번호의 마지막 두 자리는 꽤 랜덤하기 때문에 훌륭한 해시 함수가 된다. 반면에 처음 두 자리는 해시 함수로 사용하기에는 매우 형편없다(왜 그럴까?). 일부 지방자치단체에서는 문서를 작성하여 보관할 때 이와 비슷한 방법을 사용한다.

11 그 두 곳의 컴퓨터들은 통신망으로 연결되어 있었지만, 테스트 스테이션에서 도면을 출력하려면 당시에는 매우 비싼 프린터가 필요했다. 그래서 그 팀은 주 작업장에서 그린 도면을 사진으로 찍어 이를 광학적으로 확대한 후, 출력한 35mm 필름을 통신용 비둘기를 통해 테스트 스테이션으로 전달했다. 비둘기는 45분을 비행하여 목적지에 도착할 수 있었는데, 이는

---

1) 역자 주
- 개방적 해싱(open hashing) : 충돌 문제를 해결하기 위해 별도의 메모리를 사용함.
- 폐쇄적 해싱(closed hashing) : 테이블 내의 메모리만을 사용하여 충돌 문제를 해결함.

차량을 이용하는 것의 반 밖에 안 되는 시간이었고, 비용도 하루에 5달러 정도에 불과했다. 프로젝트가 진행된 16개월 동안 비둘기가 나른 필름은 수백 통에 달했는데, 그중 두 개만 유실되었다(그 지역에는 매가 서식하고 있었기 때문에 중요한 데이터는 보내지 않았다). 요즘에는 프린터의 가격이 싸기 때문에, 이 문제에 대한 해답도 통신망을 이용하는 것으로 바뀔 것이다.

12 러시아는 연필을 이용했다고 한다. 이 이야기에 대한 배경이 궁금하다면 www.spacepen.com을 참조하라. 1948년에 Fisher Space Pen이라는 회사가 설립되었는데, Russian Space Agency와 해저 탐색가, 히말라야 등반대가 그 회사에서 만든 필기구를 사용했다.

[칼럼2]

A 이 문제는 각 정수를 표현하는 32개의 비트에 대한 이진 탐색으로 보는 것이 도움이 된다. 알고리즘의 첫 단계에서는 (최대) 40억 개의 입력 정수를 읽어들여 첫 비트가 0인 수와 그렇지 않은 수를 각각 두 개의 순차 파일에 나누어 쓴다.

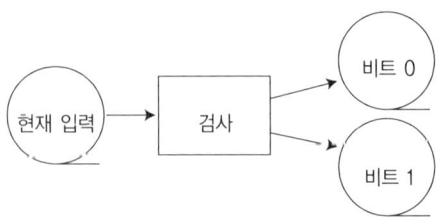

이렇게 생성한 두 파일 중의 하나는 최대 20억 개의 정수를 포함하고 있으므로, 다음 단계에서는 그 파일을 입력으로 하여 위의 과정을 반복하

는데, 이번에는 두 번째 비트를 검사한다. 원래 입력 파일에 n개의 요소가 있었다고 하면, 첫 단계에서는 n개의 정수를 읽을 것이고, 두 번째 단계에서는 많아봐야 $n/2$개, 세 번째에는 많아봐야 $n/4$개의 정수를 읽는 식이 되므로, 전체 실행시간은 n에 비례한다. 원래의 입력 파일을 정렬한 후 훑어보면서 어떤 정수가 빠져있는지를 알아낼 수도 있지만, 그렇게 하면 $n \log n$에 비례하는 시간이 필요할 것이다. 이 문제는 University of Illinois에서 Ed Reingold가 시험문제로 출제했었다.

B 2.3절 참조.

C 2.4절 참조.

1 주어진 어떤 단어에 대한 모든 전철어구를 찾기 위해, 우선 그 단어에 대한 표시를 계산한다. 전처리를 할 수 없다면, 전체의 사전을 순차적으로 읽어들여 각 단어의 표시를 계산한 후, 두 표시를 비교해야 한다. 전처리를 할 수 있는 경우에는 표시에 따라 정렬된 (표시와 단어의) 쌍을 포함하고 있는 미리 계산된 구조에서 이진 탐색을 할 수 있다. Musser, Saini 의 <STL Tutorial and Reference Guide(Addison-Wesley, 1996년)> 12~15장에 몇 개의 전철어구 프로그램이 있다.

2 이진 탐색을 사용하여 정수들의 반 이상을 포함하는 부분구간을 재귀적으로 탐색하면 두 번 이상 나타나는 요소를 찾을 수 있다. 원래 솔루션은 각 반복에서 정수들의 개수가 절반이 됨을 보장하지 않았으므로, $\log_2 n$ 번의 패스에 대한 실행시간은 최악의 경우 $n \log n$에 비례했다. Jim Saxe는 탐색을 할 때 중복된 숫자들이 너무 많이 옮겨지는 것을 피하도록 하여 실행시간을 n에 비례하게 만들었다. 그의 알고리즘에서는 탐색 중에 어떤 중복된 숫자가 m개의 정수로 이루어진 현재의 범위에 있음이 확실할 때, 현재의 작업 테이프에 $m+1$개의 정수만을 저장하도록 한다. 더 많

은 정수가 테이프에 나타날 때에는 이들을 버린다. 이 방법은 입력 변수를 자주 무시하지만, 충분히 조심스럽기 때문에 적어도 하나의 중복된 숫자를 찾을 수 있다는 것을 보장한다.

3 다음은 x[n]을 왼쪽으로 *rotdist*만큼 회전시키는 "저글링" 코드이다.

```
for i = [0, gcd(rotdist, n))
    /* move i-th values of blocks */
    t = x[i]
    j = i
    loop
        k = j + rotdist
        if k >= n
            k -= n
        if k == i
            break
        x[j] = x[k]
        j = k
    x[j] = t
```

*rotdist*와 n의 최대공약수가 루프의 반복 횟수가 된다(현대 대수학에 의하면, 이것은 회전으로 유도된 치환 그룹 내의 코세트(coset) 개수이다). 다음은 Gries의 <Science of Programming> 18.1절에 나오는 프로그램으로, 함수 swap(a, b, m)이 $x[a..a+m-1]$과 $x[b..b+m-1]$을 교환한다고 가정한다.

```
if rotdist == 0 || rotdist == n
    return
i = p = rotdist
j = n - p
while i != j
    /* invariant:
        x[0   ..p-i  ] in final position
        x[p-i..p-1   ] = a (to be swapped with b)
        x[p   ..p+j-1] = b (to be swapped with a)
```

```
                    x[p+j..n-1  ] in final position
            */
            if i > j
                swap(p-i, p, j)
                i -= j
            else
                swap(p-i, p+j-i, i)
                j -= i
        swap(p-i, p, i)
```

루프 불변식에 대해서는 [칼럼4]에 설명되어 있다.

위의 코드는 i와 j의 최대공약수를 계산하는 (느리지만 정확한) 유클리드 알고리즘과 비슷하다. 다음 프로그램에서는 i 또는 j가 0이 아니라고 가정한다.

```
        int gcd(int i, int j)
            while i != j
                if i > j
                    i -= j
                else
                    j -= i
            return i
```

4. Gries와 Mills는 Cornell University Computer Science Technical Report 81-452의 "Swapping Sections"에서 세 개의 회전 알고리즘을 모두 다룬다. 나는 400MHz 펜티엄 Ⅱ에서 세 가지 알고리즘을 모두 돌려보았는데, n은 1,000,000으로 고정하고 회전 거리는 1부터 50까지 변화시켰다. 다음 그래프는 각 데이터 집합에 대해 50번 실행 시킨 평균 시간을 나타낸 것이다.

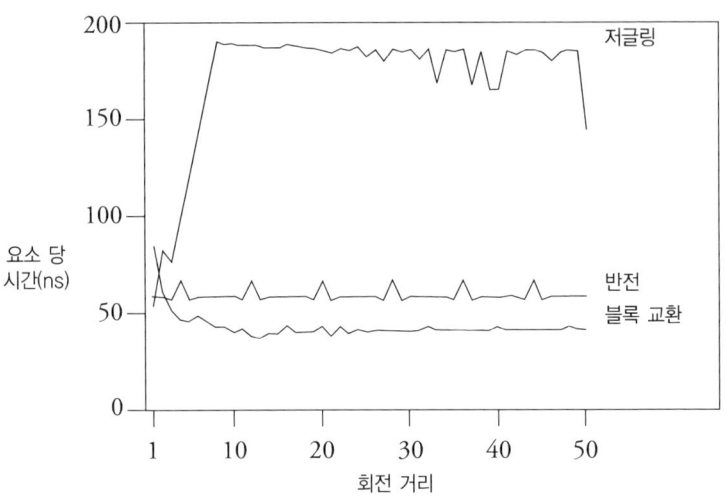

반전 코드의 실행시간은 요소 당 약 58ns로 일정했는데, 예외적으로 회전 거리가 4, 12, 20 등 8로 나누어 4가 남는 정수일 때는 66ns로 실행시간이 늘어났다(이는 아마도 캐시의 크기가 32바이트인 것과 관련이 있는 듯하다). 블록 교환 알고리즘은 처음에는 제일 느리지만(요소가 하나인 블록들을 교환하기 위해 함수를 부르기 때문일 것이다), 충분한 캐시 동작을 하기 때문에 회전 거리가 2보다 클 때에는 가장 빠르게 된다. 저글링 알고리즘은 처음에는 가장 빠르지만, 캐시 동작을 거의 하지 않기 때문에 (캐시되는 32바이트에서 한 요소에만 접근한다) 회전 거리가 8일 때에는 실행시간이 거의 200ns가 된다. 이 알고리즘의 실행시간은 190ns 근처를 계속 유지하다가 가끔씩 조금 떨어지기도 한다(회전 거리가 1,000일 때에는 105ns로 떨어졌다가 바로 다시 190ns로 튀어 오른다). 1980년대 중반에는, 회전 거리가 페이지 크기로 될 때 이와 같은 코드 페이징(paging)이 발생하곤 했다.

6 이름에 대한 표시는 버튼의 누름을 부호화한 것(버튼 부호)이다. 즉,

"LESK*M*"에 대한 표시는 "5375*6*"이다. 전화번호부에서 잘못 연결될 것을 찾으려면, 각 이름을 버튼 부호로 표시하고, 표시에 따라(그리고 같은 표시 내에서는 이름에 따라) 정렬한 후, 정렬된 파일을 순차적으로 읽어들여 이름은 다르지만 표시는 같은 것이 있는지를 보면 된다. 주어진 버튼 부호에 대한 이름을 얻기 위해서는 표시 및 그 외의 데이터를 포함하는 구조를 사용한다. 그 구조를 정렬하고 이진 탐색을 사용하여 특정 버튼 부호를 찾을 수 있지만, 실제 시스템에서는 해싱이나 데이터베이스 시스템을 사용하게 될 것이다.

7 행렬을 전치하기 위해 Vyssotsky는 각 레코드의 앞에 행번호와 열번호를 붙였다. 그리고, 시스템의 테이프 정렬 명령을 이용하여 열에 따라 정렬한 후 행에 따라 정렬하고, 제 3의 프로그램으로 열과 행 번호를 제거했다.

8 이 문제의 핵심은 k개의 요소를 가지는 어떤 부분집합의 합이 t 이하이려면 제일 작은 k개의 원소로 이루어져야 한다는 것이다. 그런 부분집합은 원래 집합을 정렬하여 $n \log n$에 비례하는 시간에 찾거나, 선택 알고리즘(연습문제 11.9의 해답 참조)을 이용하여 n에 비례하는 시간에 찾을 수 있다. Ullman이 이 문제를 수업 시간에 출제했을 때, 학생들은 위와 같은 알고리즘과 함께 실행시간이 $O(n \log k)$, $O(nk)$, $O(n^2)$, $O(n^k)$인 알고리즘도 만들어냈다. 이와 같은 실행시간을 가지는 자연스러운 알고리즘을 찾을 수 있겠는가?

10 Edison은 전구 안에 물을 채웠다가, 그 물을 눈금이 그려진 실린더에 부었다. (힌트에서 언급했듯이, Archimedes도 부피를 계산하기 위해 물을 이용했다. 그의 시대에는 '아하!' 라는 영감을 얻었을 때 "유레카(eureka)!"라며 기쁨의 소리를 질렀다.)

[칼럼3]

1 세금표의 각 항목에는 세 가지 값이 있다. 항목의 하한과 기본 세금, 하한 초과금액에 대한 추가 세율이다. 테이블의 마지막에 센티널값으로 "무한대"의 하한을 두면, 순차 탐색을 쉽게 할 수 있고 부수적으로 더 빨라지는 효과까지 생긴다(9.2절 참조). 물론 이진 탐색을 사용할 수도 있다. 이런 기법은 조각조각으로 이루어진 선형 함수라면 모두 적용할 수 있다.

3 다음은 "I"를 나타내는 그림이다.

이는 다음과 같이 부호화할 수 있다.

```
3 lines 9 x
6 lines 3 blank 3 x 3 blank
3 lines 9 x
```

더 간결하게 나타내면 다음과 같다.

```
3 9 x
6 3 b 3 x 3 b
3 9 x
```

4 두 날짜 사이에 며칠이 포함되어 있는지 찾아내려면, 각 날짜가 해당 연

도의 몇 번째 날인지를 계산하여 뒤에서 앞을 빼고(연도의 차이를 하나 빌리게 될 수도 있다), 연도의 차이에 365를 곱한 후 윤년에 따라 1씩을 더한다. 주어진 날짜가 무슨 요일인지를 찾으려면, 그 날짜와 이미 알고 있는 일요일의 날짜 사이의 일 수를 계산하여 나머지 연산을 한 후 요일로 변환한다. 주어진 연도의 어떤 달에 대한 달력을 준비하려면, 그 달에 며칠이 있는지, 그 달의 1일이 무슨 요일인지가 필요하다. Dershowitz와 Reingold는 이 주제를 가지고 책 한 권을 썼다(<Calendrical Calculation>, Cambridge University Press, 1997).

5. 오른쪽에서 왼쪽으로 비교하기 때문에, 단어들을 역순(오른쪽에서 왼쪽)으로 저장하기 위한 비용이 들어갈 수도 있다. 접미사의 열을 표현하기 위해 문자들에 대한 2차원 배열(일반적으로 낭비적인 방법이다), 구분자로 접미사를 분리하는 하나의 문자 배열, 또는 각 단어에 대한 포인터를 추가한 문자 배열을 사용할 수 있다.

6. Aho, Kernighan, Weinberger의 <Awk Programming Language(Addison Wesley, 1988)> 101쪽에 폼-레터를 생성하는 9줄짜리 프로그램이 있다.

[칼럼4]

1. 오버플로가 발생하지 않는다는 것을 보이기 위해서는, 불변식에 $0 \leq l \leq n$과 $-1 \leq u < n$ 조건을 추가한다. 이렇게 하면 $l+u$의 범위를 제한할 수 있다. 배열 밖의 요소에 접근하지 않음을 증명하기 위해서도 같은 조건을 사용할 수 있다. 9.3절에서와 같이 속임수로 경계 요소 $x[-1]$과 $x[n]$을 정의하면, mustbe(l, u)를 $x[l-1] < t$와 $x[u+1] > t$로 정형적으로 정의할 수 있다.

2. 9.3절 참조.

5 이 유명한 풀리지 않은 수학 문제에 대한 소개를 보려면, <Scientific American> 1984년 1월호의 컴퓨터 레크리에이션 칼럼에 실린 B. Hayes의 "On the ups and downs of hailstone numbers"를 참조하라. 좀더 기술적인 설명을 원한다면, <American Mathematical Monthly> 1985년 1월호에 실린 J. C. Lagarias의 "The 3x+1 problem and its generalization"을 보라. 이 책이 출판될 쯤에는, Lagarias가 이 문제에 대한 약 100개의 참고 문헌을 30쪽 분량으로 정리하여 www.research.att.com/~jcl/3x+1.html에 올릴 것이다.

6 이 과정은 캔에 들어있는 콩의 개수를 하나씩 줄여가기 때문에 반드시 종료된다. 그리고 커피 캔에서 하얀 콩을 0개 또는 2개 제거하기 때문에, 하얀 콩의 개수에 대한 패리티(홀수냐 짝수냐) 불변식이 계속 유지된다. 따라서 마지막에 남은 콩이 하얀 콩인 경우는 처음에 캔에 들어있던 하얀 콩의 개수가 홀수인 경우뿐이다.

7 사다리 모양을 이루는 선분들이 y 방향으로 증가하기 때문에, 주어진 점을 둘러싸는 직선은 이진 탐색으로 찾을 수 있다. 탐색에서 기초적인 비교를 해보면, 주어진 점이 어떤 직선에 속하는지 위에 있는지 아래에 있는지를 알 수 있다. 이 기능을 위한 코드를 어떻게 작성하겠는가?

8 9.3절 참조.

[칼럼5]

1 나는 큰 프로그램을 작성할 때, 전역 변수에 대해 (10~20자 정도의) 긴 이름을 사용한다. 이 칼럼에서는 x, n, t와 같은 짧은 변수 이름을 썼다. 대부분의 소프트웨어 프로젝트에서 가장 짧은 그럴듯한 이름은 *elem*, *nelems*, *target* 등과 같은 것이다. 이름을 짧게 짓는 것이 스캐폴딩을 만드

는 데 편리하고, 4.3절에서와 같이 수학적 증명을 할 때도 중요하다. 비슷한 규칙이 수학에도 적용될 수 있다. 사람들은 "직각 삼각형의 빗변의 제곱은 나머지 두 변의 제곱의 합과 같다"라고 말하기보다는 보통 "$a^2 + b^2 = c^2$"이라고들 한다.

나는 Kernighan과 Ritchie의 C 코드 스타일에 가깝게 작성하려고 했지만, 함수의 첫 번째 줄에 열린 중괄호와 함께 코드를 쓰고, 공간 절약을 위해 다른 빈 줄은 지웠다(이 책에 수록된 작은 함수들에 대해 상당한 비율을 차지하는).

5.1절의 이진 탐색은 값이 존재하지 않을 때는 -1을, 존재할 때는 그 위치를 리턴한다. Steve McConnell은 2개의 값을 리턴하는 것이 더 바람직하다고 했다. 어떤 값이 존재하는지의 여부를 boolean으로 리턴하고, 그 boolean이 true인 경우에만 인덱스를 사용하는 것이다.

```
boolean BinarySearch(DataType TargetValue, int *TargetIndex)
/* precondition : Element[0] <= Element[1] <=
        ... <= Element[NumElements-1]
   post condition:
        result == false =>
            TargetValue not in Element[0..NumElements-1]
        result == true  =>
            Element[*TargetIndex] == TargetValue
*/
```

McConnell의 <Code Complete> 402쪽에 있는 코드 18.3은 Pascal로 작성된 삽입 정렬 프로그램으로, 한 (큰) 페이지를 차지한다. 코드와 주석을 합하여 41줄이나 된다. 그와 같은 스타일은 대형 소프트웨어 프로젝트에 적합하다. 이 책의 11.1절에는 같은 알고리즘을 단 5줄로 작성한 프로그램이 나온다.

이 책의 프로그램에서 에러 검사는 거의 사용되지 않는다. 어떤 함수는 파일로부터 데이터를 읽어 크기가 MAX인 배열에 쓰는데, scanf를 호출하는 것이 버퍼에 대해 오버플로를 발생시키기 쉽다. 배열 인자는 파라미터가 되어야 하지만, 여기서는 전역 변수를 쓴다.

이 책 전체에서, 나는 교과서나 스캐폴딩에는 적합하지만 대형 소프트웨어 프로젝트에는 적합하지 않는 짧은 이름을 사용했다. <Practice of Programming>의 1.1절에서 Kernighan과 Pike가 말했듯이, "명확성은 종종 간결함을 통해 얻을 수 있다." 따라서 이 책에 있는 대부분의 코드에서는 14.3절의 C++ 코드와 같은 너무 촘촘한 스타일은 피했다.

7 $n=1,000$일 때, 배열을 정렬된 순서로 탐색하는 것은 각 탐색 당 351ns가 드는 반면, 랜덤한 순서로 탐색하면 평균 시간이 418ns로 올라간다(약 20% 느려진다). $n=10^6$일 때에는, L2 캐시에서 오버플로가 발생하고 2.7배나 느려진다. 반면에 8.3절에 나오는 튜닝이 잘 된 이진 탐색에서는 $n=1,000$개의 요소를 가지는 테이블을 정렬된 순서로 탐색하는데 125ns가 들고, 랜덤하게 탐색할 때에는 266ns가 필요하다(2배 이상 느려진다).

[칼럼6]

4 여러분의 시스템을 신뢰할 만하게 만들기를 원하는가? 초기 디자인에서부터 신뢰성을 부여하는 것으로 시작하라. 나중에 신뢰성을 덧붙이는 것은 불가능하다. 데이터 구조의 일부가 손상되었을 때 정보를 복원할 수 있도록 설계하라. 재검토와 시연을 통해 코드를 면밀히 살피고, 광범위하게 테스트하라. 믿을 만한 운영체제와 에러 복구 메모리를 사용하는 중복된(redundant) 하드웨어 시스템상에서 여러분의 소프트웨어를 실행하라. 여러분의 시스템이 실패할 때(또는 실패할 것이 확실시 될 때) 이를 빠르게 복구할 계획을 준비하라. 모든 실패를 신중하게 기록해두어, 각 실패로부터 뭔가 배울 수 있도록 하라.

6. 보통은 "빠르게 동작하도록 만들기 전에, 우선 동작하도록 만들어라"는 충고가 맞다. 그러나, Bill Wulf와 단 몇 분의 대화를 나눈 후에, 이 진부한 말이 내가 생각했던 것 만큼의 진리가 아닐지도 모른다는 생각이 들었다. 그는 한 권의 책을 준비하는 데 여러 시간이 걸리는 문서 생성 시스템을 예로 들었다. 그가 한 말 중 결정적인 것은 다음과 같은 식이었다. "다른 대형 시스템에서와 같이 그 프로그램도 현재 알려진 버그가 10개 있다(사소한 버그이지만). 다음 달에는 또 다른 10개의 버그가 발견될 것이다. 현재 알고 있는 10개의 버그를 고칠지, 아니면 프로그램을 10배 더 빠르게 만들지에 대한 선택을 할 수 있다면, 어느 쪽을 택하겠는가?"

[칼럼7]

다음 해답에서는 여러 상수의 값을 추측했는데, 이 책이 출판될 즈음의 정확한 값과는 두 배 정도까지 오차가 날 수도 있다(더 큰 차이는 나지 않을 것이다).

1. New Jersey주 Paterson의 Great Falls에 80피트의 비가 내린다해도 Passaic 강이 한 시간에 200마일을 흘러가지는 않는다. 나는 그 엔지니어가 실제로는 불어난 그 강이 하루에 200마일을 흐른다고 말하려 했던 것이 아닌가 의심스럽다. 이는 평상시의 속도인 하루에 50마일 즉, 시간 당 2마일보다 5배 빠른 것이다.

2. 예전의 이동성 디스크에는 100MB를 저장할 수 있었다. ISDN망은 초당 112킬로비트(시간당 50MB)를 전송할 수 있다. 이는 디스크 한 장을 주머니에 넣고 자전거로 약 두 시간을 달릴 여유가 생기는 것이다. 좀더 흥미로운 경주를 위해, 자전거를 탈 때 DVD 백 장을 가방에 넣으면 대역폭이 17,000배 늘어난 것이 된다. 이에 비해 통신망을 ATM으로 업그레

이드하면, 초당 155메가 비트로 1,400배 늘어난다. 대역폭의 상승 비율이 약 12배 차이 나므로, 자전거를 타고 하루를 달릴 수 있는 시간을 벌게 된다. (이 글을 쓴 다음날, 나는 한 동료의 사무실에 갔다가 그의 책상에 무더기로 있는 5GB 플래터(한 번만 기록할 수 있는) 200개를 보았다. 1999년 시절에 테라바이트의 아직 기록되지 않은 미디어를 보는 것은 놀랄 만한 일이었다.)

3 플로피 디스크의 용량은 1.44MB이다. 평균적으로 나는 1분에 약 50단어(300바이트)를 타이핑한다. 따라서 플로피 한 장을 채우는 데 4,800분 즉, 80시간이 걸린다. (이 책의 입력 텍스트는 0.5MB밖에 안 되지만, 이를 타이핑하는 데 3일 이상이 걸렸다.)

4 내가 기대한 답은 10ns가 걸리던 명령어는 100분의 1초 걸리고, 11ms 걸리던 디스크 회전은(5400rpm에서) 3시간, 20ms 걸리던 탐색은 6시간, 내 이름을 2초에 타이핑할 수 있었다면 한 달이 걸린다는 것이었다. 그런데 어떤 영리한 독자가 다음과 같은 내용을 보내왔다. "어떻게 그렇게 오래 걸릴 수 있습니까? 시계도 같이 느려진다면, 소요되는 시간도 변함없을 것입니다."

5 5~10%의 비율에 대하여, 72의 법칙은 오차 범위 1%내에서 정확하다.

6 72/1.33은 약 54이므로, 2052년에 인구가 약 2배가 될 것이라고 생각할 수 있다(다행스럽게도 UN에서 조사한 바에 따르면, 인구 증가율이 둔화될 것이라 한다).

9 큐잉(queueing)에 의한 속도 저하를 무시하고, 디스크에 한 번 접근하는 데 20ms가 소요된다고 하면, 트랜잭션당 2초 즉, 한 시간에 1,800개의 트랜잭션을 처리하는 것이 된다.

10 자신이 사는 지역에 대해서는 신문을 통해 전해지는 사망 소식을 세고 그 지역의 인구 수를 측정하여 그 지역의 사망률을 추정할 수 있다. 좀더

쉬운 접근법은 Little의 법칙과 수명에 대한 기대값의 추정치를 사용하는 것이다. 예를 들어, 만약 수명에 대한 기대값이 70년이라면, 인구의 1/70(1.4%)이 매년 사망하는 것이다.

11 Peter Denning은 Little의 법칙을 두 부분으로 나누어 증명하였다. "우선, 길이 T의 관찰 기간 동안 도착하는 개체의 수를 A라 할 때, 도착비율을 $\lambda=A/T$로 정의한다. T동안 완료된 수를 C라 할 때, 출력비율을 $X=C/T$로 정의한다. $n(t)$를 [0,T]사이의 임의의 시각 t에 대하여 시스템에 들어 있는 개체의 수라고 하자. W는 $n(t)$에 대한 면적 즉, 관찰 기간 동안 시스템 내의 모든 개체에 대한 대기 시간의 총합을 나타낸다고 하고, 단위는 (개체*초)이다. 개체 당 평균 지연 시간은 $R=W/C$로 정의하고, 단위는 (개체*초)/(개체)이다. 시스템 내 개체의 평균 개수는 $n(t)$의 평균 높이 즉, $L=W/T$가 되고, 단위는 (개체*초)/(초)이다. 이제 L=RX가 성립함이 분명하다. 이 공식은 출력비율에만 관련된 것이다. '흐름의 균형' 즉, 들어오는 흐름과 나가는 흐름이 같다는(수식으로는 $\lambda=X$) 조건이 없다. 그러한 가정을 추가하면, 공식은 $L = \lambda \times R$이 되는데, 이 형식이 큐잉과 시스템 이론에 나오는 형태이다.

12 25센트 동전의 평균 수명이 30년이라는 것은 내가 보기에 너무 높았다. 오래된 25센트 동전을 그렇게 많이 본 기억이 없었던 것이다. 그래서 내 주머니를 뒤져 10개의 25센트 동전을 찾아냈다. 그 동전들의 나이는 다음과 같았다.

3 4 5 7 9 9 12 17 17 19 20 34

평균 나이가 13년이고, 위와 같이 나이들이 어느 정도 규칙적으로 분포되어 있으므로, 그 2배 정도의 기간이 평균 수명이 된다는 것은 그럴듯하다고 볼 수 있다. 내 주머니에 있던 동전들의 나이가 모두 5년 미만이었다면, 나는 이 문제에 대해 좀더 깊게 파고들었을 것이다. 그러나, 이번에는 신문에 실린 내용이 옳다고 추측했다. 그 기사에는 New Jersey 주에 최소 7억 5천만 개의 25센트 동전이 있을 것이고, 매 10주마다 한 번씩 새로운 25센트 동전이 발행될 것이라는 내용도 있었다. 이를 곱하면 1년에 약 40억개 즉, 미국 거주자 개개인에게 12개 정도의 새로운 25센트 동전이 돌아간다는 이야기가 된다. 이때 동전의 수명이 30년이라는 것은 각 개인이 360개의 25센트 동전을 갖고 있다는 뜻이다. 이는 주머니 하나에 넣기에는 너무 많지만, 집이나 차에 모아둔 잔돈이나 현금 인출기, 자판기, 은행 등에 있는 대량의 동전을 생각하면 그럴듯하다.

[칼럼8]

1 <Science of Computer Programming 2>의 207~214쪽에 있는 "A Note on the Standard Strategy for Developing Loop Invariants and Loops"에 David Gries가 알고리즘 4를 체계적으로 유도하고 증명한 내용이 있다.

3 알고리즘 1이 함수 max를 부르는 횟수는 약 $n^3/6$번이고, 알고리즘 2는 약 $n^2/2$번, 알고리즘 4는 약 $2n$번이다. 알고리즘 2b에서 추가로 사용되는 메모리의 크기는 누적 배열에 선형적으로 비례하고, 알고리즘 3의 경우에는 스택에 로그적으로 비례한다. 이외의 알고리즘들은 일정한 크기의 메모리를 추가로 사용한다. 알고리즘 4는 입력을 한 번만 스캔하면서 답을 계산하는데, 이는 특히 디스크상의 파일을 처리하는 데 유용하다.

5 *cumarr*을 다음과 같이 선언하고,

```
float *cumarr;
```

다음과 같이 대입하면,

```
cumarr = realarray+1
```

cumarr[-1]이 *realarray*[0]을 가리키게 된다.

9 *maxsofar*=0 대신에 *maxsofar*=-∞로 대입하라. -∞을 사용하기가 거북하다면, *maxsofar*=x[0]으로 해도 된다. 왜 그럴까?

10 *cum*[*i*]=x[0]+...+x[*i*]가 성립하도록 누적 배열 *cum*을 초기화하라. *cum*[*l*-1]=*cum*[*u*]라면, 부분벡터 x[*l*..*u*]의 합이 0이다. 따라서 *cum*에서 값이 가장 가까운 요소 두 개의 위치를 알면 합이 0에 가장 가까운 부분벡터를 찾을 수 있고, 이는 배열을 정렬함으로써 $O(n \log n)$ 시간 내에 할 수 있는 일이다. 이 문제에 대한 모든 알고리즘이 어떤 배열에 중복된 요소가 있는지를 결정하는 "요소 유일성(Element Uniqueness)" 문제를 푸는데 사용될 수 있기 때문에, $O(n \log n)$의 실행시간은 최적의 경우에 대해 상수배 이내이다(Dobkin과 Lipton은 계산의 결정-트리 모델에 대해 최악의 경우 이 정도의 시간이 필요함을 증명했다).

11 위에서와 마찬가지로 *cum*이 누적 배열일 때, 유료 고속도로의 요금소 *i*와 *j* 사이의 총 비용은 *cum*[*j*]-*cum*[*i*-1]이다.

12 이 방법에서는 또 다른 누적 배열을 사용한다.

```
for i = [l, u]
    x[i] += v
```

이 루프는 다음과 같이 x[0..*u*]에 *v*를 더하고 x[0..*l*-1]에서 *v*를 빼는 것으로 시뮬레이션 된다.

```
cum[u] += v
cum[l-1] -= v
```

이와 같은 합을 모두 구한 후에는, 다음의 구문으로 배열 x를 계산할 수 있다.

```
for (i = n-1; i >= 0; i--)
    x[i] = x[i+1] + cum[i]
```

이렇게 하면 n개의 합을 계산하는 최악의 경우에 소요되는 시간이 $O(n^2)$에서 $O(n)$으로 줄어든다. 이 문제는 6.1절에서 설명한 Appel의 n체 운동 프로그램의 통계를 모으는 과정에서 발생했다. 이 방법을 사용함으로써 통계 함수의 실행시간이 4시간에서 20분으로 줄었는데, 프로그램 전체의 실행시간이 1년이라면 이 정도의 속도 개선은 사소한 것이었을테지만, 실행시간이 1일인 경우였다면 중요한 것이었다.

13 $m \times n$ 배열의 최대합 부분 배열은 길이가 m인 방향으로는 알고리즘 2의 기법을 사용하고 길이가 n인 방향으로는 알고리즘 4의 기법을 사용하여 $O(m^2 n)$ 시간에 찾을 수 있다. 따라서 $n \times n$ 문제는 $O(n^3)$ 시간에 풀 수 있고, 이 결과가 20년 동안 최고의 해법이었다. Tamaki와 Tokuyama는 1998 Symposium on Discrete Algorithms(446-452쪽)에서 $O(n^3[(\log \log n)/(\log n)]^{1/2})$ 시간에 동작하는 좀더 빠른 알고리즘을 발표했다. 또 그들은 합이 적어도 최대값의 절반이 되는 부분 배열을 찾는 $O(n^2 \log n)$ 근사 알고리즘도 제시하고, 데이터베이스 마이닝(mining)에의 응용을 설명했다. 최상의 하한은 n^2에 비례하는 것으로 남아있다.

[칼럼9]

2 다음의 변수들이 Van Wyk의 기법을 약간 변형하여 구현하는 데 도움이 된다. 이 방법에서는 *freenode*가 가리키는 (크기가 NODESIZE인) 노드의 개수를 추적하기 위해 *nodesleft*를 이용한다. 우물의 바닥이 드러날 쯤

에는, 크기가 NODEGROUP인 또 다른 그룹을 할당한다.

```
#define NODESIZE 8
#define NODEGROUP 1000
int nodesleft = 0;
char *freenode;
```

malloc을 호출하는 부분은 다음과 같이 수정한 버전을 호출하는 것으로 대체한다.

```
void *pmalloc(int size)
{   void *p;
    if (size != NODESIZE)
        return malloc(size);
    if (nodesleft == 0) {
        freenode = malloc(NODEGROUP*NODESIZE);
        nodesleft = NODEGROUP;
    }
    nodesleft--;
    p = (void *) freenode;
    freenode += NODESIZE;
    return p;
}
```

이 함수는 요청이 특정 크기에 대한 것이 아니면 곧장 시스템의 malloc을 호출한다. *nodesleft*가 0으로 떨어지면, 또 다른 그룹을 할당한다. 9.1절에서 프로파일링했던 것과 동일한 입력에 대하여, 전체 시간이 2.67초에서 1.55초로 줄었고, malloc에서 소모되는 시간이 1.41초에서 0.31초로 줄었다(전체 실행시간의 19.7%).

프로그램이 노드를 해제하는 일까지 한다면, 새 변수가 자유 노드에 대한 단방향 연결 리스트를 가리키게 될 것이다. 어떤 노드가 해제되면, 리스트의 앞쪽으로 옮겨진다. 리스트에 남은 자유 노드가 없으면, 알고리즘

4\. 은 한 그룹의 노드를 할당하고, 이들을 리스트로 연결한다.

4\. 요소가 내림차순으로 정렬되어 있는 배열에 대해서 이 알고리즘은 대략 2^n번의 오퍼레이션을 사용하게 된다.

5\. 이진 탐색 알고리즘이 값 t를 찾았다고 보고하면, 그 값은 실제로 테이블에 존재하는 것이다. 그러나 테이블이 정렬되어 있지 않은 경우에는, 테이블에 실제로 그 값이 존재함에도 불구하고 찾지 못하는 경우가 있을 수 있다. 이 경우에 알고리즘은 정렬된 테이블이였다면 t가 존재하지 않음을 의미하는 두 인접 요소를 찾은 것이다.

6\. 예를 들어 어떤 문자가 숫자인지를 검사하는 것은 다음과 같이 할 수 있다.

```
if c >= '0' && c <= '9'
```

어떤 문자가 알파벳 또는 숫자인지를 검사하려면 비교를 여러 번 복잡하게 해야 한다. 퍼포먼스가 중요하다면, 결과가 참이 될 확률이 높은 검사일수록 앞에 배치해야 한다. 256개의 요소를 가지는 테이블을 이용하는 것이 보통 더 간단하고 빠르다.

```
#define isupper(c) (uppertable[c])
```

대부분의 시스템에서는 테이블의 각 항목에 여러 비트를 저장하고, 다음과 같은 논리곱으로 그 정보들을 추출한다.

```
#define isupper(c) (bigtable[c] & UPPER)
#define isalnum(c) (bigtable[c] & (DIGIT|LOWER|UPPER))
```

C, C++ 프로그래머라면 자신의 시스템에서 이 문제를 해결하기 위해 ctype.h 파일을 즐겨 살필 것이다.

7 첫 번째 접근방법은 각 입력 단위에서(8비트 문자이거나 32비트 정수) 1인 비트의 개수를 세고 그를 합하는 것이다. 16비트 정수에서 1인 비트의 개수는 각 비트를 순서대로 보거나, 1인 비트에 대해 반복하거나 (b &= ($b-1$)과 같은 구문으로), 또는 2^{16}=65,356개의 요소로 이루어진 테이블을 검색하여 찾을 수 있다. 캐시의 크기가 여러분의 단위 선택에 어떤 영향을 끼치겠는가?

두 번째 방법은 입력에서 입력 단위에 대한 비트 패턴의 개수를 세고, 각 비트 패턴의 1의 개수와 그 패턴의 개수를 곱하여 이들을 모두 더하는 것이다.

8 R. G. Dromey는 $x[n]$을 센티널로 사용하여 $x[0..n-1]$의 최대값 요소를 계산하는 다음과 같은 코드를 작성했다.

```
i = 0
while i < n
    max = x[i]
    x[n] = max
    i++
    while x[i] < max
        i++
```

11 함수 계산을 72개의 요소를 가지는 몇 개의 테이블로 대체하였더니 IBM 7090에서의 실행시간이 30분에서 1분으로 줄었다. 헬리콥터 프로펠러의 운동을 계산하려면 그 프로그램을 약 300번 실행해야 했기 때문에, 이렇게 수백 워드의 메모리를 추가적으로 사용하여 CPU 시간을 1주일에서 수 시간으로 줄인 것이다.

12 Honer의 방법은 다음과 같이 다항식을 계산한다.

```
y = a[n]
```

```
for (i = n-1; i >= 0; i--)
    y = x*y + a[i]
```

n번의 곱셈을 수행하고, 보통 앞의 코드보다 2배 빠르다.

[칼럼10]

1 팩된 필드에 접근하는 모든 고수준 언어의 명령어는 많은 기계어 명령어로 컴파일되지만, 팩되지 않은 필드에 접근하는 것은 훨씬 더 적은 명령어만을 필요로 한다. Feldman은 레코드를 언팩(unpack)하여 데이터 공간은 조금 늘어났지만 코드 공간과 실행시간을 크게 줄였다.

2 몇몇 독자는 $(x, y, pointnum)$을 x,y로 정렬하여(먼저 x로 정렬하고, 같은 x에 대해 y로 정렬) 저장할 것을 제안했다(이렇게 하면 주어진 (x, y) 쌍을 찾는 데 이진 탐색을 이용할 수 있다). 본문에서 설명한 데이터 구조는 입력이 x로 (그리고 같은 x에 대해서는 y로) 정렬되어 있을 때 만들기가 가장 쉽다. 그 구조는 배열 row에서 $firstincol[i]$와 $firstincol[i+1]-1$ 사이의 값들을 이진 탐색으로 빠르게 탐색할 수 있다. 그 y 값들이 오름차순으로 나타난다는 것과 이진 탐색이 빈 부분배열을 탐색하는 경우도 정확하게 처리해야 한다는 것에 주의하라.

4 연감에서는 도시들 간의 거리를 삼각형 모양으로 배열하여, 공간을 반으로 줄일 수 있다. 수학적인 표에서는 앞자리 수를 행별로 한 번만 표시하고 나머지만 저장하는 경우가 있다. TV 프로그램 편성시간표는 각 프로그램이 시작하는 시간만 기재함으로써 공간을 줄인다(30분 간격마다 방송할 모든 프로그램을 나열하는 것과는 대조적으로).

5 Brooks는 테이블에 대한 두 가지 표현을 결합했다. 실제 답에 대한 근사값을 내는 함수와 함께 배열에 십진수를 저장하여 오차표로 사용한 것이다. 이 문제와 해답을 읽은 후에, 이 책의 검토자 두 명은 최근에 근사 함

6 원래의 파일은 300KB의 디스크 공간을 차지했다. 두 개의 숫자를 1바이트로 압축하면 150KB로 줄어들지만, 파일을 읽는 데 더 많은 시간이 걸린다("단면 배밀도(single-sided, double-density)" 5.25인치 플로피 디스크의 용량이 184KB이던 시절이다). 비용이 많이 드는 /와 % 연산을 테이블 검색으로 대체하면 200바이트의 메모리가 소요되지만, 읽는 데 드는 시간이 거의 원래의 비용까지 줄어든다. 따라서 200바이트의 메모리를 더 사용하여 150KB의 디스크 용량을 줄인 것이다. 몇몇 독자는 $c = (a \ll 4) | b$로 부호화할 것을 제안했다. 이렇게 부호화한 값은 $a = c \gg 4$와 $b = c \& 0xF$로 복호화할 수 있다. John Linderman은 "시프팅(shifting)과 마스킹(masking)이 곱셈이나 나눗셈보다 일반적으로 빠를 뿐만 아니라, 16진수 덤프(hex dump)와 같은 일반 유틸리티를 사용하면 부호화된 데이터를 사람이 읽을 수 있는 형태로 나타낼 수도 있다"고 한다.

[칼럼11]

1 n개의 부동소수점 수에서 최소값 또는 최대값을 찾기 위해 정렬을 하는 것은 보통 지나친 일이다. 연습문제 11.9의 해답에서는 정렬을 하지 않고도 중간값을 빠르게 찾을 수 있는 방법이 나오는데, 일부 시스템에서는 정렬하는 것이 더 쉬울 수도 있다. 최빈값을 찾을 때에는 정렬이 적합하지만, 해싱이 더 빠를 수도 있다. 중간값을 찾는 간단한 코드는 n에 비례하는 시간을 소모하는 반면에, 그에 앞서 먼저 정렬을 수행하는 접근방법을 이용하면 수치적으로 더 정확한 결과를 얻을 수 있다(연습문제 14.4.b 참고)

2 Bob Sedgewick은 Lomuto의 분할 기법을 다음 불변식을 사용하여 오른쪽에서 왼쪽으로 동작하도록 변형했다.

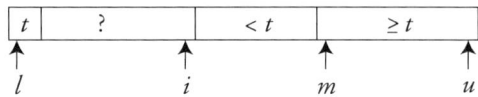

이에 대한 분할 코드는 다음과 같다.

```
m = u+1
for (i = u; i >= l; i--)
    if x[i] >= t
        swap(--m, i)
```

종료 시에 x[m]=t임을 알기 때문에, (l, m-1)과 (m+1, u)를 파라미터로 하여 재귀할 수 있다(더 이상의 swap은 필요하지 않다). Sedgewick은 또, x[l]을 센티널로 사용하여 안쪽 루프에서 검사를 하나 제거했다.

```
m = i = u+1
do
    while x[--i] < t
        ;
    swap(--m, i)
while i != l
```

3. cutoff의 최적값을 결정하기 위해, 나는 1,000,000으로 n을 고정한 상태에서 cutoff의 값을 1부터 100까지로 바꿔가며 프로그램을 돌려보았다. 그 결과를 다음의 그래프에 표시했다.

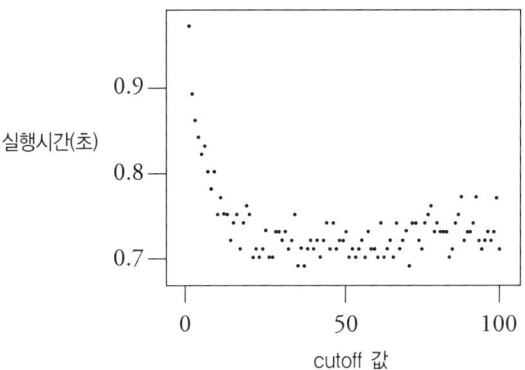

cutoff가 50일 때의 결과가 좋았는데, 30에서 70까지일 때에는 50일 때와 비교하여 수 %의 범위에서 절약되었다.

4. 11.6절에 나오는 참고 서적을 보라.

5. McIlroy의 프로그램은 정렬될 데이터의 양에 비례하는 시간이 소요되는데, 이는 최악의 경우에 대해서 최적의 결과이다. 그 프로그램에서는 $x[0..n-1]$의 각 레코드에 정수 *length*와 배열 *bit*$[0..length-1]$에 대한 포인터가 있다고 가정한다.

```
void bsort(l, u, depth)
    if l >= u
        return
    for i = [l, u]
        if x[i].length < depth
            swap(i, l++)
    m = l
    for i = [l, u]
        if x[i].bit[depth] == 0
            swap(i, m++)
    bsort(l, m-1, depth+1)
    bsort(m, u, depth+1)
```

이 함수는 처음에 bsort(0, *n*-1, 0)으로 호출된다. 이 프로그램이 파라미터와 for 루프를 정의하는 변수에 값을 대입함에 주의하라. 실행시간이 선형적인 것은 swap 오퍼레이션이 비트열 자체가 아닌 비트열에 대한 포인터를 이동시키기 때문이다.

6 다음은 선택 정렬을 구현한 코드이다.

```
void selsort()
    for i = [0, n-1)
        for j = [i, n)
            if x[j] < x[i]
                swap(i, j)
```

다음은 셸 정렬을 구현한 코드이다.

```
void shellsort()
    for (h = 1; h < n; h = 3*h + 1 )
        ;
    loop
        h /= 3
        if (h < 1)
            break;
        for i = [h, n)
            for (j = i; j >= h; j -= h)
                if (x[j-h] < x[j])
                    break
                swap(j-h, j)
```

9 다음 선택 알고리즘은 C. A. R. Hoare가 만든 것인데, qsort4를 약간 수정한 것이다.

```
void select1(l, u, k)
    pre l <= k <= u
    post x[l..k-1] <= x[k] <= x[k+1..u]
    if l >= u
```

404 생각하는 프로그래밍

```
            return
        swap(l, randint(l, u))
        t = x[l]; i = l; j = u+1
        loop
            do i++; while i <= u && x[i] < t
            do j--; while x[j] > t
            if i > j
                break
            temp = x[i]; x[i] = x[j]; x[j] = temp
        swap(l, j)
        if j < k
            select1(j+1, u, k)
        else if j > k
            select1(l, j-1, k)
```

함수의 마지막 동작이 재귀이기 때문에, 이를 while 루프로 변환할 수 있다. <Sorting and Searching(Knuth)>의 문제 5.2.2-32에서, Knuth는 이 프로그램이 n개의 요소에 대한 중간값을 찾기 위해 평균적으로 $3.4n$번의 비교를 수행함을 증명했는데, 그러한 확률적 논증은 해답 2.A에서 최악의 경우를 고려한 것과 일맥상통한다.

14 이 버전의 퀵 정렬은 배열 내부에 대한 포인터를 사용한다. 파라미터로 x와 n만을 사용하기 때문에, qsort1보다 훨씬 간단하다(독자들이 $x+j+1$이라는 표현이 $x[j+1]$에서 시작하는 배열을 의미함을 이해한다면).

```
    void qsort5(int x[], int n)
    {   int i, j;
        if (n <= 1)
            return;
        for (i = 1, j = 0; i < n; i++ )
            if (x[i] < x[0])
                swap(++j, i, x);
        swap(0, j, x);
        qsort5(x, j);
        qsort5(x+j+1, n-j-1);
    }
```

배열 내부에 대한 포인터를 사용하기 때문에, C나 C++로는 이 함수를 구현할 수 있지만, Java로는 구현할 수 없다. 이제 swap 함수에 배열 이름 (즉, 배열에 대한 포인터)도 파라미터로 넘겨야 한다.

[칼럼12]

1 다음 함수는 각각, 큰(보통 30비트) 난수와 입력이 정한 범위에 속하는 난수를 리턴한다.

```
int bigrand()
{   return RAND_MAX*rand() + rand(); }

int randint(int l, int u)
{   return l + bigrand() % (u-l+1); }
```

2 범위 0..n-1에서 m개의 정수를 선택하려면, 범위에서 i를 랜덤하게 고르고 $i, i+1, ..., i+m-1$을 선택하면 된다(범위를 넘으면, 남은 부분에 대해서는 0부터 다시 시작한다). 이 방법에서는 각 정수가 모두 m/n의 확률로 선택되지만, 특정 부분집합이 다른 부분집합에 비해 선택될 확률이 더 크다.

3 지금까지 선택된 정수의 개수가 $n/2$보다 적을 때, 랜덤하게 고른 정수가 아직 선택되지 않았을 확률은 1/2보다 크다. 따라서 동전을 던져 특정 면이 나오면 한 걸음 나아가는 게임에서 평균적으로 동전을 두 번 던지면 한 번은 앞으로 갈 수 있다는 논리와 마찬가지로, 이 경우에 아직 선택되지 않은 정수를 얻기 위해 시도하는 평균 횟수는 2보다 작다.

4 집합 S를 n개의 (처음에는 비어있는) 단지를 모아놓은 것 이라고 생각하자. randint를 이용하여 공을 던져 넣을 단지를 선택한다(그 단지가 이미 채워져있다면 멤버 검사의 결과가 참이 되는 것이다). 각 단지에 적어도

하나씩의 공이 들어있음을 보장하려면 몇 개의 공이 필요한가라는 문제를 통계학자들은 "쿠폰 수집가 문제(Coupon Collector's Problem)"라 부른다(n가지 종류의 야구 카드를 모두 가지고 있으려면, 얼마나 많은 야구 카드를 수집해야 할까?). 답은 약 $n \ln n$이다. 모든 공이 각기 다른 단지에 들어가게 될 때 알고리즘에서 수행하는 비교 횟수는 m이 된다. 한 단지에 공 두 개가 들어갈 확률을 구하는 문제는 "생일 패러독스(Birthday Paradox)"라 한다(23명 이상의 사람들로 구성된 모임에서, 생일이 같은 두 명이 있을 가능성이 크다). 일반적으로, $O(\sqrt{n})$개의 공이 있다면 n개의 단지 중 하나를 공 두 개가 공유할 가능성이 크다.

7. 값들을 오름차순으로 출력하려면, 재귀 호출 다음에 print문을 두면 된다.

8. 서로 다른 정수들을 랜덤한 순서로 출력하려면, 각각이 처음 생성될 때 출력하라(1.4절 참조). 중복되는 정수들을 정렬된 순서로 출력하려면, 각 정수가 집합에 이미 존재하는지에 대한 검사를 제거하라. 중복되는 정수들을 랜덤한 순서로 출력하려면, 다음과 같이 간단한 프로그램을 사용하면 된다.

```
for i = [0, m)
    print bigrand() % n
```

9. Bob Floyd는 집합 기반의 알고리즘을 연구하면서, 생성한 난수들 중 일부를 버린다는 사실이 맘에 들지 않았다. 그래서 또 다른 집합 기반의 알고리즘을 만들었는데, 다음이 이를 C++로 구현한 것이다.

```
void genfloyd(int m, int n)
{   set<int> S;
    set<int>::iterator i;
```

```
        for (int j = n-m; j < n; j++) {
            int t = bigrand() % (j+1);
            if (S.find(t) == S.end())
                S.insert(t); // t not in S
            else
                S.insert(j); // t in S
        }
        for (i = S.begin(); i != S.end(); ++i)
            cout << *i << "\n";
    }
```

연습문제 13.1의 해답에서는 같은 알고리즘을 또 다른 집합 인터페이스를 사용하여 구현한다. Floyd의 알고리즘은 <Communications of the ACM> 1986년 8월호의 "Programming Pearls"에 처음 실렸고, 내가 1988년에 지은 <More Programming Pearls>의 [칼럼13]에 다시 실렸다. 이들 참고자료에는 그 정확성에 대한 간단한 증명이 포함되어 있다.

10 첫 번째 줄은 항상 선택하고, 두 번째 줄은 1/2의 확률로, 세 번째 줄은 1/3의 확률로 선택하고, 그 다음도 계속 같은 식으로 한다. 이런 과정을 끝마치면, 각 줄이 선택될 확률은 모두 동일한 것이 된다(1/n, n은 파일 내에 있는 줄의 총 수).

```
    i = 0
    whlie more input lines
        with probability 1.0/++i
            choice = this input line
    print choice
```

11 나는 이 문제 그대로를 "응용 알고리즘 디자인" 강좌에서 숙제로 냈다. 결과를 겨우 몇 분의 CPU 시간 만에 계산할 수 있는 방법을 답으로 낸 학생들은 0점을 받았다. "통계학 교수와 얘기해 보겠다"라는 답에는 반 점을 주었다. 완벽한 답은 다음과 같다.

숫자 4..16은 게임에 아무런 영향을 미치지 못하므로 무시할 수 있다. 3이 나오기 전에 1과 2가 나오면(순서에는 상관없이) 게임에 이긴 것이다. 이는 3이 마지막에 나오는 경우로서 3번 중 1번 일어나는 일이다. 따라서 무작위로 긁었을 때 이길 확률은 정확히 1/3이다.

문제에 대한 설명 때문에 오해하지는 말기 바란다. CPU 시간을 소모하지 않고도 문제를 풀 수 있다면 CPU 시간을 사용할 필요가 없다.

12 5.9절에서 Kernighan과 Pike의 <Practice of Programming>을 언급했는데, 이 책의 6.8절에 확률적인 프로그램을 테스트하는 방법이 나온다 (15.3절에서는 같은 작업을 하는 다른 프로그램을 볼 것이다).

[칼럼13]

1 12.9절에 나오는 Floyd의 알고리즘은 다음과 같은 식으로 IntSet 클래스를 사용하여 구현할 수도 있다.

```
void genfloyd(int m, int maxval)
{   int *v = new int[m];
    IntSetSTL S(m, maxval);
    for (int j = maxval-m; j < maxval; j++) {
        int t = bigrand() % (j+1);
        int oldsize = S.size();
        S.insert(t);
        if (S.size() == oldsize) // t already in S
            S.insert(j);
    }
    S.report(v);
    for (int i = 0; i < m; i++)
        cout << v[i] << "\n";
}
```

m과 $maxval$이 같을 때, 원소들을 오름차순으로 삽입하는데, 이는 이진 탐색 트리에서 최악의 경우에 해당한다.

4. 다음과 같이 반복을 사용하는 연결 리스트에 대한 삽입 알고리즘은 경우 분석이 노드를 $head$ 다음에 삽입할 때와 리스트의 중간 부분에 삽입할 때에 중복되기 때문에, 같은 작업을 하는 재귀적 알고리즘보다 길다.

```
void insert(t)
    if head->val == t
        return
    if head->val > t
        head = new node(t, head)
        n++
        return
    for (p = head; p->next->val < t; p = p->next)
        ;
    if p->next->val == t
        return
    p->next = new node(t, p->next)
    n++
```

포인터에 대한 포인터를 사용하여 이런 중복을 제거하면, 다음과 같이 더 간단한 코드가 된다.

```
void insert(t)
    for (p = &head; (*p)->val < t; p = &((*p)->next))
        ;
    if (*p)->val == t
        return
    *p = new node(t, *p)
    n++
```

이 코드는 앞 버전 만큼이나 빠르고, 조금만 수정하면 빈(bins)에 대해서도 동작한다. 그리고 해답 7에서는 이진 탐색 트리에 대해 이 접근방법을 사용한다.

5 여러 번의 할당을 한 번으로 대체하기 위해서는, 다음 사용 가능한 노드에 대한 포인터가 필요하다.

```
node *freenode;
```

클래스가 생성될 때 필요한 만큼의 전부를 할당한다.

```
freenode = new node[maxelms]
```

그리고 삽입 함수 내에서 필요할 때 노드를 빼낸다.

```
if (p == 0)
    p = freenode++
    p->val = t
    p->left = p->right = 0
    n++
else if ...
```

빈에도 같은 기법이 적용되고, 해답 7에서는 이진 탐색 트리에도 사용된다.

6 오름차순의 노드들을 차례대로 삽입하면, 배열이나 리스트를 탐색하는 비용을 알 수 있는데, 이때 삽입 자체에 들어가는 오버헤드는 거의 없다. 이런 식의 삽입은 빈이나 이진 탐색 트리에 대하여 최악의 동작을 유발할 것이다.

7 이전 버전에서는 NULL이었던 포인터들이 모두 센티넬 노드를 가리키도록 한다. 이는 생성자 내에서 초기화한다.

```
root = sentinel = new node
```

삽입 코드에서는 처음에 목표값 *t*를 센티널 노드에 넣은 후, *t*를 찾을 때까지 트리를 순회하기 위해(해답 4에서 설명한 것과 같이) 포인터에 대한 포인터를 이용한다. 이때 새로운 노드를 삽입하기 위해서는 해답 5의 기법을 사용한다.

```
void insert(t)
    sentinel->val = t
    p = &root
    while (*p)->val != t
        if t < (*p)->val
            p = &((*p)->left)
        else
            p = &((*p)->right)
    if *p == sentinel
        *p = freenode++
        (*p)->val = t
        (*p)->left = (*p)->right = sentinel
        n++
```

node에 대한 변수 *p*는 다음과 같이 선언하고 초기화한다.

```
node **p = &root;
```

9 나누기 연산을 시프트 연산으로 대체하려면, 다음의 가상코드에서와 같이 변수들을 초기화한다.

```
goal = n/m
binshift = 1
for (i = 2; i < goal; i *= 2)
    binshift++
nbins = 1 + (n >> binshift)
```

삽입 함수는 다음의 노드에서 시작한다.

```
                p = &(bin[t >> binshift])
```

10 랜덤한 집합을 표현하기 위해 여러 가지 데이터 구조를 복합적으로 사용할 수 있다. 예를 들어, 각 빈에 얼마나 많은 항목이 포함될 수 있는가에 대해 충분히 알고있다면(통계적으로), 13.2절에서와 같이 빈에 들어가는 항목들을 하나의 작은 배열로 표현할 수 있다(배열이 모두 찼다면, 그 이후에 추가되는 항목들을 연결 리스트에 보관할 수 있다). Don Knuth는 <Communications of the ACM> 1986년 5월호에 실린 "Programming Pearls"에서 Pascal 프로그램을 문서화하는 웹(Web) 시스템을 묘사하면서 이 문제에 대한 "정렬된 해시 테이블"을 설명했다. 그 논문은 Knuth가 1992년에 쓴 책 <Literate Programming> 5장에도 실려 있다.

[칼럼14]

1 siftdown 함수의 경우, 임시 변수에 값을 넣고 빼는 swap 동작을 루프 밖으로 옮기면 더 빨라진다. siftup 함수는 루프 밖으로 코드를 옮기고 $x[0]$에 센티널 요소를 두어 if $i==1$을 제거하면 더 빠르게 만들 수 있다.

2 본문에 있는 siftdown 함수를 약간만 수정하면 된다. $i=1$을 $i=l$로 바꾸고, n에 대한 비교를 u에 대한 비교로 바꾼다. 이렇게 수정한 함수의 실행시간은 $O(\log u - \log l)$이 된다. 다음 코드는 $O(n)$ 시간에 힙을 구축한다.

```
        for (i = n-1; i >= 1; i--)
            /* invariant: maxheap(i+1, n) */
            siftdown(i, n)
            /* maxheap(i, n) */
```

$n/2$ 보다 큰 모든 정수 l에 대해 maxheap(l,n)이 참이므로, for 루프에 대한 경계 $n-1$을 $n/2$로 바꿀 수 있다.

3. 다음은 해답 1,2의 함수들을 이용하여 힙 정렬을 구현한 코드이다.

```
for (i = n/2; i >= 1; i--)
    siftdown1(i, n)
for (i = n; i >= 2; i--)
    swap(1, i)
    siftdown1(1, i-1)
```

이 프로그램의 실행시간은 $O(n \log n)$이지만, 원래의 힙 정렬보다 상수 요소가 작다. 이 책의 웹 사이트에 있는 정렬 프로그램에서는 여러 버전의 힙 정렬을 구현해 놓았다.

4. 각 문제에 대해 힙을 사용하면 $O(n)$번의 과정을 $O(\log n)$번으로 줄일 수 있다.

a. Huffman 코드를 만들기 위해서는 집합에 있는 가장 작은 두 노드를 찾아 그들을 하나의 새로운 노드로 병합하는 작업을 반복한다. 이는 extractmin을 두 번 호출한 후에 insert를 실행하는 것으로 구현된다. 입력 빈도가 정렬된 순서로 주어지면 선형적 시간 내에 Huffman 코드를 계산할 수 있다. 자세한 사항은 과제로 남긴다.

b. 부동소수점 수를 더하는 단순한 알고리즘은 매우 작은 수를 큰 수에 더할 때 그 정확성을 잃을 수 있다. 우수한 알고리즘은 항상 집합 내의 가장 작은 두 수를 먼저 더한다. 그 다음은 위의 Huffman 코드를 위한 알고리즘과 같은 내용이다.

c. 1백만 개의 요소를 가지는 힙(맨 위에 최소값이 위치하는)은 지금껏 본 중 가장 큰 1백만 개의 수를 나타낸다.

d. 각 파일에 다음 요소를 표시하여 정렬된 파일들을 병합하기 위해 힙을 사용할 수 있다. 각 반복 단계에서는 힙에서 가장 작은 요소를 선택하

고 그 다음 요소를 선택하여 힙에 삽입한다. n개의 파일로부터 출력될 다음 요소는 $O(\log n)$ 시간에 선택할 수 있다.

5 힙과 비슷한 구조를 상자의 열 위에 놓는데, 이 구조의 각 노드는 그 자손들 중에서 가장 적게 채워진 상자의 남은 용량을 알고 있다. 새로운 추를 어느 상자에 넣을지 결정할 때에는, 우선 왼쪽을 먼저 살펴보고(즉, 왼쪽 자손들 중에서 가장 적게 채워진 상자에 새 추를 넣을 수 있는 만큼 충분한 공간이 남았는지), 안 되면 오른쪽을 살핀다. 이는 힙의 $O(\log n)$ 깊이에 비례하는 시간을 필요로 한다. 추를 삽입한 후에는, 힙의 속성을 유지하기 위해 그 경로를 뒤져서 각 노드의 위치를 조정해야 한다.

6 보통, 디스크상의 순차 파일은 i번째 블록이 $i+1$번째 블록을 가리키도록 구현된다. McCreight는 노드 i가 노드 $2i$에 대한 포인터도 가지게 하면, 임의의 노드 n을 최대 $O(\log n)$번의 접근만에 찾을 수 있음을 알아냈다. 다음은 접근 경로를 출력하는 재귀함수이다.

```
void path(n)
       pre     n >= 0
       post    path to n is printed
   if n == 0
       print "start at 0"
   else if even(n)
       path(n/2)
       print "double to ", n
   else
       path(n-1)
       print "increment to ", n
```

이는 연습문제 4.9에 나오는 $O(\log n)$ 단계에 x^n을 계산하는 프로그램과 같은 형식임에 주목하라.

7 수정된 이진 탐색은 $i=1$로 시작하여 각 반복마다 i를 $2i$ 또는 $2i+1$로 설

정한다. $x[1]$에는 중간값이 있고, $x[2]$에는 1/4에 해당하는 값이, $x[3]$에는 3/4에 해당하는 값이 있는 식이 된다. S. R. Mahaney와 J. I. Munro는 n개의 요소를 가지는 정렬된 배열을 "힙 탐색" 순서에 집어넣는데 $O(n)$ 시간과 $O(1)$의 추가 메모리를 사용하는 알고리즘을 만들었다. 이 방법의 전단계로, 크기가 2^k-1인 정렬된 배열 a를 힙 탐색 배열 b에 복사하는 알고리즘을 생각해 보자. b를 4조각으로 나누고 각 조각을 앞에서부터 (1),(2),(3),(4)라 하면, a의 홀수 위치에 있는 요소는 (3),(4)에 순서대로 복사한다. a의 짝수 위치에 있는 요소 중 4로 나누어 나머지가 2인 위치에 있는 요소들은 (2)에 복사하고, 나머지가 0인 위치에 있는 요소들은 (1)에 복사한다.

11 C++ STL은 make_heap, push_heap, pop_heap, sort_heap 등의 오퍼레이션을 제공하는 힙을 지원한다. 이들 오퍼레이션을 다음과 같이 조합하여 간단하게 힙 정렬을 만들 수 있다.

```
make_heap(a, a+n)
sort_heap(a, a+n)
```

STL은 priority_queue 어댑터도 지원한다.

[칼럼15]

1 많은 문서 시스템이 입력에서 서식 명령어를 벗겨내고 단순 문자열만을 보여주는 방법을 제공한다. 긴 문자열에 대해 15.2의 중복 문자열 찾기 프로그램을 돌렸을 때, 나는 입력 문자열이 어떤 서식으로 되어 있는지가 매우 중요함을 알게 됐다. 그 프로그램은 King James 성경에 나오는 4,460,056개의 문자를 처리하는 데 36초가 걸렸고, 반복되는 가장 긴 문자열의 길이는 269자였다. 각 줄에서 절 번호를 없애자, 꽤 긴 문자열들

이 절 경계에 걸치게 되었고, 결과적으로 반복되는 가장 긴 문자열의 길이가 563자로 늘었는데, 실행시간은 그전과 거의 같았다.

3 이 프로그램은 매번 삽입을 할 때마다 많은 탐색을 수행하기 때문에, 메모리 할당에 소모되는 시간은 전체 실행시간에 비하여 매우 적다. 특수 목적의 메모리 할당자를 사용하여 처리시간을 약 0.06초 줄였는데, 이 단계만 놓고 보면 속도가 10% 빨라진 것이지만, 전체 프로그램에서 보면 2%의 시간에 지나지 않는다.

5 각 단어를 빈도와 연결하기 위해 또 다른 map을 추가할 수 있다. C 프로그램에서는 배열을 빈도 순으로 정렬하고 그 순서대로 출력하면 된다(어떤 단어들은 매우 여러 번 나오는 경향이 있기 때문에, 그 배열은 입력 파일보다 훨씬 작을 것이다). 전형적인 문서에 대해서, 우리는 키 인덱싱을 사용하고 빈도에 대한 연결 리스트의 배열을 범위 (이를테면) 1..1000으로 유지할 수 있다.

7 알고리즘 교재들은 "aaaaaaaa"와 같은 식으로 수천 번 반복되는 입력에 대해 경고한다. 나는 개행문자만으로 이루어진 파일을 입력하고 프로그램의 실행시간을 측정하는 것이 같은 효과를 얻으면서 더 쉽다는 것을 알게 됐다. 5,000개의 개행문자를 처리하는 데 2.09초가 걸렸고, 10,000개에 대해서는 8.90초, 20,000개에 대해서는 37.90초가 걸렸다. 이는 $O(n^2)$보다 조금 더 빠른 증가속도이고, 대략 $n \log_2 n$번의 비교 횟수에 비례한 결과일 것이다(각 비교의 평균비용은 n에 비례한다). 현실적으로 더 나쁜 상황의 예는 어떤 큰 입력 파일에 대한 두 복사본을 덧붙이는 것이다.

8 부분배열 $a[i..i+M]$은 M+1개의 문자열을 나타낸다. 배열이 정렬되어 있으므로, 첫번째와 마지막 문자열에 대하여 comlen 함수를 호출함으로써 그 M+1개의 문자열에 공통된 문자가 몇 개인지를 빠르게 결정할 수 있다.

```
comlen(a[i], a[i+M])
```

이 책의 웹 사이트에 이 알고리즘을 구현한 코드가 있다.

9 첫 번째 문자열을 배열 c에 읽어들이고 끝나는 위치를 NULL로 표시한다. 그 다음 두 번째 문자열을 읽어들이고 역시 끝나는 위치를 NULL로 표시한다. 그리고 본문에서 설명한 것과 같이 정렬한다. 배열을 스캔할 때 정확하게 하나의 문자열이 두 문자열 사이의 경계점(transition point) 이전의 위치에서 시작함을 보장하기 위해 XOR를 사용하라.

14 다음 함수는 k개의 단어(NULL로 끝나는)로 이루어진 단어열을 해시한다.

```
unsigned int hash(char *p)
    unsigned int h = 0
    int n
    for (n = k; n > 0; p++)
        h = MULT * h + *p
        if (*p == 0)
            n--
    return h % NHASH
```

Markov 텍스트 생성 알고리즘에서 이진 탐색 대신에 위의 해시 함수를 사용한 프로그램이 이 책의 웹 사이트에 있다. 이렇게 하면 평균적으로 $O(n \log n)$ 시간이 $O(n)$으로 줄어든다. 이 프로그램은 해시 테이블에 요소를 저장하는데 리스트를 사용하고, 단지 nwords개의 32비트 정수만을 추가한다. nwords는 입력된 단어의 개수이다.

찾아보기

2-패스 알고리즘 26, 27, 377
40-패스 알고리즘 23, 26
72의 법칙 134
9를 버리는 방법 133

ㄱ

가변 길이 레코드 201
가비지 컬렉션 202
가상 머신 205
가상코드(pseudocode) 24
개념적 블록(conceptual block) 31
개념적 블록 56
개념적 블록의 파괴 242
개방적 해싱 379
객체지향 프로그래밍 63
검증 기법 85
검증 방법 79
검증 언어 85
검증 원리 74
계약에 의한 프로그래밍 85
고속 이진 탐색 177
고수준(high-level) 디자인 55
공유 객체 200
균형 탐색 트리 304
균형 트리 304, 317
기수 정렬 333

ㄴ

나누어 푸는(divide-and-conquer) 접근 방법 222
나누어 푸는(divide-and-conquere) 기법 153
나누어 푸는 알고리즘 153
난수 발생기 229
난수표 237
날짜 함수 62
누적 161
누적 테이블 161

ㄷ

다중집합 285
다중 패스(multi-pass) 정렬 23, 333
다중 패스 알고리즘 26
다체 운동 시뮬레이션 117
단어 분석 62
단위에 의한 테스트 131
단위 테스트 133
단정문 78, 83, 99
대칭성 215
데이터 구조 재구성 120
데이터 구조화 63
데이터베이스 66
데이터 압축 200

도메인 언어　66
동운어　71
동적 할당　201
디버깅　108, 112
디자인 공간　246
디자인의 수준　121
디자인 프로세스　28, 245
디지털 숫자 표시 장치　71

ㄹ
라이브러리　318
랜덤 객체　338
랜덤 시드　199
루프를 펼치는 것　175
루프 불변식　76

ㅁ
맞춤법 검사기　62, 271
매크로　171
머지 정렬　19, 22, 333
메모리 절약　191
메모리 할당자　168
명세(specification)　21
문제 기술　21
문제 정의　26, 44, 122

ㅂ
반전　39
반전 코드　40, 384
발명가 패러독스　67
백(bag)　285
버킷　264
버튼코드　46
벡터 회전　34, 45, 170

반전 알고리즘　39, 40, 384
　블록 교환 알고리즘　39, 384
　저글링 알고리즘　38, 384
복호화　200
봉투 뒷면에 하는 간단한 계산　129
부분문자열　305
부분배열　219, 222
부호화　200
분할(partition)　222
분할값　223
분할 오퍼레이션　223
분할 코드　224
불변식　76
블랙 박스 절차 추상화　294
블랙 박스 컴포넌트　294
블록 교환 알고리즘　39, 384
비용 모델　343
비트맵　24
비트맵 데이터 구조　26
비트맵 정렬　24, 333
비트 벡터　24
빈(bin)　264

ㅅ
사용자 정의 컴포넌트　318
사운덱스　43
사회보장번호　211
삽입 정렬　219, 332
상자 채우기 문제　295
상향(bottom-up) 방식　79
생일 패러독스　407
선조건　84, 283
선택 구조　83
선택 정렬　333

센티널 173
셸 정렬 233, 333
순차 구조 83
순차 탐색 35, 173, 334
스캐닝 알고리즘 161
스캐폴딩 93, 107
스프레드시트 65
시간-공간 트레이드오프(tradeoff) 27
시간 측정 103
시뮬레이션 118
쓰레싱 207, 243

ㅇ

안전 계수 139
알고리즘 378
알고리즘 디자인 149
알고리즘 튜닝 119
어셈블리어 206
에러 메시지 62
역 인덱스 305
연결 리스트 168, 194
올림픽 게임 130
우선순위 큐 285, 336
워드(word) 171
유클리드 알고리즘 383
이분법 37
이진 탐색 34, 177, 335
이진 탐색 트리 260, 335
이진 트리 278
인라인 코드 171
인터프리터 60, 205
임베디드 시스템 205

ㅈ

저글링 알고리즘 170, 384
저글링 조작 38, 384
전철어구 34, 41
절차 추상화 294
접근 패턴 260
접두사 272
접미사 62, 272
접미사 배열 306, 317
접사 분석 272
정렬
    2-패스 알고리즘 26, 27, 377
    40-패스 알고리즘 23, 26
    고속 이진 탐색 177
    기수 정렬 333
    다중 패스 정렬 23, 333
    머지 정렬 19, 22, 333
    비트맵 정렬 24, 333
    삽입 정렬 219, 332
    선택 정렬 333
    셸 정렬 233, 333
    퀵 정렬 22, 222, 332
    힙 정렬 202, 333
정보 이론 200
정형분석 79
정확성 83
정확성 분석 83
주먹구구식 지침 41, 134
    72의 법칙 134
    9를 버리는 방법 133
    Little의 법칙 141, 393
지역구 리스트 237
집합 252
집합 표현 251

ㅊ

체스 게임 213
체스보드 213
최대합 149
최적화 167
추상 데이터 타입 294

ㅋ

캐시 168
캡슐화 68
커피 캔 문제 87
컨텍스트 20
코드 튜닝 120, 123, 167
쿠폰 수집가 문제 407
퀵 정렬 22, 222, 332
큐(queue) 141
키 인덱싱 197, 199, 336

ㅌ

탐색
    순차 탐색 35, 173, 334
    이진 탐색 34, 177, 335
    이진 탐색 트리 260, 335
    키 인덱싱 197, 199, 336
    해싱 317, 335
테스트 장치 96
테스트 케이스 85, 96
트레이드오프 27, 208

ㅍ

파이프라인 175
파이프라인 지연 175
패턴 인식 149
팩(pack) 209

ㅍ(우측)

퍼포먼스 117, 167
퍼포먼스 모니터 208
페르미(Fermi) 근사 146
평행 배열 196
폼 레터 57
폼 레터 생성기 58
폼 레터 스키마 58
표시(signature) 42
프로그래밍 스타일 108
프로그램 검증 78, 82, 85
프로파일 168, 183
프로파일링 120, 183

ㅎ

하이퍼텍스트 64
하이픈 삽입 규칙 70
하향(top-down) 방식 79
할당 정책 201
함수 171
핫 스팟 169, 183, 207
해시 테이블 301
해싱 317, 335, 379
    개방적 해싱 379
    폐쇄적 해싱 379
핸드헬드 컴퓨터 205
회전 38
회전 거리 171
효율성 117, 167
후조건 84, 283
희박 데이터 구조 194, 199
희박 배열 표현법 197
희박 행렬 194, 200
힙 277
힙 정렬 202, 333

A~D

Adams, J. L. 31, 56
Appel, A. W. 117, 176
Apple Macintosh 206
Awk 316
Brooklyn Bridge 140
Brooks, F. P., Jr. 67
C++ 63, 93, 252, 316
C++ STL 243, 253, 267
C 316
C 라이브러리 226
COBOL 59
Duff, T. 134

F~J

Fortran 196
Galloping Gertie 139
Gries, D. 87, 91
Hoare, C. A. R. 222
Iliad 308
Java 93, 107, 206, 316
JVM 206

K~M

k-그램(gram) 311
k-패스 알고리즘 378
Kernighan, B. W. 40, 202, 346
Knuth, D. E 44, 75, 139, 235, 282, 405
L2 캐시 207
Lesk, M. E. 46
Little의 법칙 141, 393
Lockheed 30
malloc 함수 168, 195

Markov 모델 337
Markov 체인 311
Markov 텍스트 316
McConnell, S. 72
McIlroy, M. D. 40, 62, 208, 271
Mississippi 129
MP3 표준 201

N~S

n-체 운동 문제 117
O 표기법 119, 150
Perl 59, 316
QA(Quality Assurance) 73
qsort 226
Roebling, J. A. 140
Sedgewick, R. 226, 235
Shannon, C. E. 312
Sherlock Homes 310
siftdown 함수 283
siftup 함수 281
Smalltalk 63

T~Y

Tacoma Narrows Bridge 139
Tcl 107
Thompson, K. L. 213
Van Wyk, C. J. 168, 346
Visual Basic 60, 65, 107
Vyssotsky, V. A. 46, 139
Windows CE 205
Wright, M. H. 176
Yeager, C. 25